宋初朋党

与太平兴国三年进士

（修订本）

何冠环 著

中西书局

作者简介

何冠环,1955年生,广东江门新会人,香港中文大学文学士、哲学硕士,美国亚利桑那大学(University of Arizona)哲学博士,专攻宋代史,师从著名宋史学者罗球庆教授与陶晋生院士,先后任教于香港公开大学、新加坡南洋理工大学、香港教育大学、香港理工大学,2015年退休。现担任香港树仁大学历史系及香港新亚研究所客席。2006年起获选为中国宋史研究会理事,2010年获选为岭南宋史研究会副会长,2014年获选为中国宋史研究会副会长。著有《宋初朋党与太平兴国三年进士》(1994)、《北宋武将研究》(2003)、《攀龙附凤:北宋潞州上党李氏外戚将门研究》(2013)、《北宋武将研究续编》(2016)、《宫闱内外:宋代内臣研究》(2018)专著五种,以及发表学术论文数十篇。

敬献给:
　　罗球庆老师、陶晋生老师

目录

修订本说明   1

引言   1

第一章 "同年关系"在宋初的发展   1

第二章 遗材竞奔的太平兴国三年榜   13

第三章 初试啼声：胡旦、田锡和赵昌言的早年仕宦（978—983）   31

第四章 公然树党：从雍熙北伐到端拱政争（984—988）   53

第五章 暗通宫闱：党争与继位之争   71

第六章 "君子"与"小人"之争：赵昌言、冯拯与真宗初年的党争（997—1003）   131

第七章 随波逐流，左右逢源：冯拯与真宗后期的党争（1004—1022） **167**

第八章 其有后乎：太平兴国三年进士之子孙 **251**

结论 **317**
附录一：北宋中叶边臣李师中事迹考 **321**
附录二：太平兴国三年进士可考亲属名目 **371**
附录三：参考书目 **384**

后记 **410**
修订本后记 **412**

修订本说明

本书初版时,考虑一般读者未必有兴趣看史实的考证,于是尽量将涉及史事考证或相关史事的背景叙述放在每一章后的尾注(endnotes),方便读者一气呵成地阅读。有朋友表示效果不错,但更多朋友认为注释比正文更好看,故事更有趣,建议放入正文,更方便阅读。为此,修订本尽量将涉及太平兴国三年进士的事迹,从原本的注释部分移至正文。另外,中西书局的编辑建议,遵从目前通行的做法,将注释由尾注改为每页下的脚注(footnotes)。另外,修订本的注释也比初版详细,让读者可一目了然注释与正文的关系。

本书初版以繁体字出版,今次中西书局为了照顾国内广大读者的阅读习惯,改为简体字本出版。

参考的史籍方面，修订本尽量采用最新及较好的点校本，另外，也增入初版未引用，包括新出土的史料，及1994年以后出版的相关研究成果。

修订本在第八章增补了不少太平兴国三年进士后人的考述，并增加《北宋中叶边臣李师中事迹考》一章，放在附录一。另参考书目的编排，也按史籍作者的生卒先后及出版先后排列。

修订本改正了初版的一些小错误，惟整体观点未有大的更改。

2018年1月28日

引　言

以文官为主角的北宋朋党之争，史学界过去多着眼于乡谊、政见、道德及职能的因素，从而引申出"南人北人之争""新旧党争""君子小人之争"和"宰相台谏之争"等看法。然而，从许多案例发现，北宋士大夫交朋结党，其实没有局限于任何一种尺绳，每一个人都有他自己的标准，可以说既是因人而异，亦因时而异。他们可以凭乡谊来结纳同气，也可以借诗文广交天下英豪；他们中有人固然会奉圣贤之教，守正不阿，以识"君子"为幸，但亦有人会计算个人利害而甘心依附权势，做个投机"小人"。在这本小书里，作者想指出一点，就是北宋士大夫，也像唐代牛李党争的牛党一样，靠科举制度所衍生的座主门生及同年关系，交朋结党。

而本书的研究取向，则是集中于宋初"同年进士"与朋党关系的一方面。大概由于宋代登科录残缺不全，谁人与谁人属同年关系不易考见；故过去研究宋代党争的学者，似乎尚少从这一角度探究这一问题。本书作者故此不揣浅陋，尝试透过研究宋太宗（939—997，976—997在位）太平兴国三年（978）进士的政治生涯这一个案，从同年进士结党的角度，探究北宋朋党之争的面貌。本书所以要选择这一榜进士来研究，乃因为他们是宋代第一群公然以同年关系结党的进士。这一榜及第的进士共七十四人，姓名可考的凡十七人，存疑六人。他们当中，热衷结党或介入党争的有七至八人。宋代大有才名的胡旦（955？—1034？），既是这一榜的状元，还以党魁自任。[1]除胡旦外，被奉为首领的，还有这一榜的省元兼第三人榜眼赵昌言（945—1009）（按：宋代每

---

[1] 胡旦字周父，亦作周甫、继周，山东滨州渤海（今山东滨州市滨城镇旧滨城北）人。生卒年不详，按《东都事略·胡旦传》载其得年八十，而胡旦妻盛氏（？—1034后）于宋仁宗景祐元年（1034）七月壬辰（初五）献上其遗书《续演圣论》，疑胡旦即逝于是年。若据此逆推胡旦之生年，则胡旦当生于后周世宗（921—959，954—959在位）显德二年（955）。参见王称（？—1200后）《东都事略》（台北：文海出版社，1967年1月），卷三十八，叶五下（总页596）；李焘（1115—1184）《续资治通鉴长编》（以下简称《长编》）（北京：中华书局点校本，1979年8月至1995年4月），卷一百一十五，景祐元年七月壬辰条，页2688。

科的第二及第三人均被称为榜眼,与明清只以第二人为榜眼不同)和这一榜年最幼的探花冯拯(958—1023)(按:宋人承唐人之俗,以每榜年最幼的人称探花,自南宋末才以第三人为探花)。

至于他们的死党,包括李昌龄(937—1008)、董俨(945—1008)和陈象舆(?—1014后)(按:陈象舆是否胡旦的同年仍待考)。而这一榜的第二人榜眼、宋初名臣田锡(940—1003),和名列西昆诗人的薛映(951—1024),虽尽量持着"朋而不党"的态度,但他们与胡、赵交好,最终亦未能避免卷入党争。本书重点论述的,便是他们这几个人的仕宦生涯,特别是胡、田、赵、冯与薛五人的事迹。至于他们那些没有明显介入党争的同年生平,则仅会旁及。本书无意写成一本太平兴国三年进士合传,盖本书的主题是析论他们与宋初朋党的关系。为此,他们在政治以外的成就或表现,例如胡旦在宋代经学上的地位,田锡、薛映等之诗文在宋初文坛的地位,就叙述从略。①

---

① 有关胡旦在宋代经学和汉史研究的地位,可参阅金中枢(1928—2011)《宋代学术思想研究》(台北:幼狮文化事业公司,1989年3月),第一章第二节《胡周父的经学》,页62—68。关于田锡诗(转下页)

本书叙事的时代，起自太宗太平兴国三年，迄宋仁宗（1010—1063，1023—1063在位）景祐元年（1034）胡旦逝世止，历太宗、真宗（968—1022，997—1022在位）和仁宗三朝凡五十多年。这一段属于北宋前期的艰难岁月，宋廷一方面经历了几番因继统纷争而生的政治危机；另一方面，也为辽夏的交侵而难得安寝。然而内忧外患并未使宋廷士大夫时常和衷共济；相反，在许多时候，由于应付内外危机的政治立场和取向迥异，以及个别人物的政治野心，他们往往同舟而不共济，务党同而伐异。胡旦、赵昌言、冯拯等就是这类有野心而好结党自固的人。正如上述，本书即以析述他们的政治生涯为经，而以论述他们借同年关系结党之事为纬。本书前半部以胡旦、赵昌言为论述重心，后半部则围绕冯拯的宦途讨论，而田锡及薛映等的生平事迹，则会贯穿前后两部。

本书虽以胡旦一榜人的政治生涯为论述中心，但对

（接上页）文的评论，可参阅祝尚书《试论宋初西蜀作家田锡》，载《四川大学学报》，1990年第2期，页64—70。又田锡的诗文集《咸平集》，罗国威在2008年出版了校点本，附有介绍田锡生平事迹的《前言》，并附有《〈咸平集〉集外诗文辑目》及《田锡年谱》。参见田锡撰，罗国威校点《咸平集》（成都：巴蜀书社，2008年4月）。

太宗以后迄仁宗初年所发生的各次党争,不管胡旦一榜人担任的角色是主角还是配角,均加以剖述。故在这个意义上,本书又不啻是一部宋初党争史。不过,为免主客易置,正文尽量以写胡旦一榜人参与党争之事迹为主,其他相关的史事考证和解说,则放入注文。

本书除引言和结论外,书后有附录三,一为北宋中叶边臣李师中事迹考,二为太平兴国三年进士可考之亲属名目,三为参考书目。

对宋初政治人物不太熟谙的读者来说,胡旦这一榜人的名字是相对地予人陌生感觉的。虽然以官位计,他们一榜人也有冯拯拜相,赵昌言与李昌龄参政;而田锡、薛映、张鉴(947—1004)也可入名臣之列;但若论人才、论事功,胡旦一榜人总的来说,既不及前一榜的吕蒙正(944—1011)榜(太平兴国二年,977),更比不上有"龙虎榜"之称的后一榜苏易简(958—996)榜(太平兴国五年,980);①不过,正如上述,胡旦这

---

① 太平兴国五年进士被誉为"龙虎榜",始见于龚鼎臣(1009—1086)之《东原录》,另方回(1227—1307)之《瀛奎律髓》亦载吕蒙正一榜也曾被刘昌言(942—999)誉为"龙虎榜"。参见龚鼎臣《东原录》,《丛书集成初编》本(上海:商务印书馆,1935年),页(转下页)

一榜人,却是"首开风气",以同年关系结党。他们在宋太宗、真宗朝多次介入党争,虽多以失败而告终;但他们敢攻讦权贵,抨击朝政,比起他们多数循默的同僚,仍有可取之处。本书要考证的地方不少,除了一开始要考出有什么人在太平兴国三年登进士第外,还要弄清楚胡旦等人仕历之具体年月,而宋元人笔下有关他们事迹之真伪,也得一一辨明。

(接上页)16—17;方回撰,李庆甲集评校点《瀛奎律髓汇评》(上海古籍出版社,1986年4月),卷五《上吕相公》,页211。关于吕蒙正及苏易简两榜人才之盛,笔者的博士论文曾有所论及。可参见 Ho Koon-Wan (何冠环), *Politics And Factionalism: K'ou Chun (962 - 1023) And His T'ung-nien*, The University of Arizona, Ph. D. Dissertation, unpublished, 1990; pp. 34 - 41, 58, 81 - 84.

第一章

"同年关系"在宋初的发展

"同年"这种古代中国特别的社会关系，和"座主门生"关系一样，都是科举制度的产物。①同年是什么？唐中叶名臣李绛（764—830）答唐宪宗（778—820，805—820在位）之问时即言"同年，乃九州四海之人或同科第，或登科然后相识"。②而宋初名臣柳开

---

　　① 关于唐代登科进士拜座师之情况，可参阅傅璇琮（1933—2016）《唐代科举与文学》（西安：陕西人民出版社，1986年10月），页301—304。至于唐代进士登科后随即结为同年兄弟的情形，以及这种"年谊"之深浅状况，五代人王定保（870—954）有十分详细的描写，参见王定保《唐摭言》（上海古籍出版社，1978年5月），卷一，页3—4；卷三，页24—33、40—43；卷九，页94—95、99—100。又据《中国科举制度通史》的考述，古代朝鲜半岛的新罗与高丽，日本及交趾，在唐代以后均仿中国实行科举制度，惟日韩越三国的科举制度下，有否衍生这种同年关系？笔者不敢确定有无。参见张希清《中国科举制度通史·宋代卷》（上海人民出版社，2017年4月），上册，《总论》，页42—44。
　　② 参见司马光（1019—1086）《资治通鉴》（北京：中华书局点校本，1956年6月），卷二百三十八《唐纪五十四》，宪宗元和七年（812）正月辛未条，页7688—7689。按李绛当时被人指对其同年许季同（？—812后）徇私，故宪宗问李绛，是否"人于同年固有情"。李绛回答宪宗之问，当然不肯承认有同年有情。

(947—1000)在致其同年李巨源(？—992)的书中,更清楚明白说出同年关系为:

> 由辞学进士中出以为贵。同年登第者,指呼为同年。其情爱相视如兄弟,以至子孙累代,莫不为昵比,进相援为显荣,退相累为黜辱。君子者成众善,以利民与国,小人者成众恶,以害国与民。①

从唐代始,登科进士互称同年兄弟,十分普遍;②不过由某一榜进士单独结成的政治集团,在唐代却罕见。虽然唐代也曾出过包括韩愈(768—824)、李绛及王涯(764—835)在内的"龙虎榜",也有过令狐楚(765—836)、萧俛(？—842)挽救同年皇甫镈(？—820)不被唐穆宗(795—824,820—824在位)所诛的事,但他们并未在政坛上独领风骚。③台湾近年来曾有

---

① 柳开撰,李可风点校:《柳开集》(北京:中华书局,2015年11月),卷九《与朗州李巨源谏议书》,页125—126。
② 参见第3页注1。
③ 胡仔(1082—1143):《苕溪渔隐丛话·后集》(香港:中华书局点校本,1976年11月),卷二十一,页151。亦见王应麟(1223—1296)《玉海》(上海书店据光绪九年浙江书局刊本影印,1988年3月),卷一百十五《选举·科举二·唐龙虎榜》叶三十九上下(总页 (转下页)

学者专门述唐代进士与政治的关系，但只笼统地说登科进士结为集团，却举不出哪一榜进士曾结成政治集团。①可以解释的是，唐代取士每榜只二三十人，取士这么少，能攀上高位的人就相应的不多，而依靠同年关系结党也就不易了。

宋太祖（927—976，960—976在位）得国后，恢复科举，不过太祖一朝取士，和唐代一样少，每科平均只有十余人。太祖在建隆三年（962）九月下令禁止举子与知贡举以"座主""门生"相称，以防结党。②不过他并不禁同榜进士以"同年"相呼，而且还恢复了唐代"曲江宴饮，雁塔留名"之俗，让新科进士得以订同年之谊。③大概太祖认为他们人数有限，又散处各地，成

（接上页）2138；《资治通鉴》，卷二百四十一《唐纪五十七》，宪宗元和十五年（820）正月辛亥条，页7778。按是时穆宗已继位。

① 卓遵宏：《唐代进士与政治》（台北："国立编译馆"，1986年3月），第四章《进士士风败坏与政治之关系》，页140—142。

② 参见何忠礼《宋史选举志补正》（杭州：浙江古籍出版社，1992年3月），附录一：《宋代科举一览表》，页291—292；张希清《中国科举制度通史·宋代卷》，上册，《绪论》，页2—3；《长编》，卷三，建隆三年九月丙辰朔条，页71。按太宗以后，宋人仍旧座主、门生照称如仪，大概太祖这番禁令也行不了多久，好像柳开上书给他的座师李昉（925—996），便题为"上主司李学士书"。参见《柳开集》，卷七《上主司李学士书》，页95—98。

③ 《长编》，卷十四，开宝六年三月辛酉至乙亥条，页297— （转下页）

不了党，结不了派，故不用防范。

事实上，在五代或宋太祖朝登科的进士，从未有倚靠同年关系结成有力的朋党。即如在太祖开宝六年（973）登第的柳开，他那一榜（共二十七人）已是太祖朝取士次多的一榜；但照他所说，他的同年在登科十八年后，殁者已半，而他们当中能登上较高位的，只有状元宋准（937—989）和李巨源。然他说这话时，宋准已死而李巨源已贬，余下的则如枝叶飘散。①

检诸史实，太祖朝登第的进士，后来能晋身二府的寥寥可数。太祖一朝的十五榜状元，除了第一榜（建隆元年，960）的杨砺（931—999）和最后一榜（开宝八年，975）的王嗣宗（942—1019），总算在真宗咸平元年（998）十月及大中祥符七年（1014年）晋身枢密副使外，其他十三榜的状元都与二府无缘。太祖朝进士登

（接上页）298，《柳开集》，卷九《与朗州李巨源谏议书》，页125。按开宝六年（973）三月乙亥（廿一），太祖赐新科状元宋准钱二十万，以张宴会，则同年进士宴饮之俗当已复（按《长编》卷十八，太平兴国正月庚午条，页393则云"闻喜宴"后周时已有之），而柳开致书李巨源，直以同年相称，亦见同年之称呼相沿未废。关于宋代新科进士的闻喜宴，可参见张希清《中国科举制度通史·宋代卷》，下册，第十三章《宋朝贡举的期集与恩荣》，页600—607。

① 《柳开集》，卷九《与朗州李巨源谏议书》，页125—126。

第而能晋身二府的，除了杨、王二人外，就只有二人，其一是在乾德四年（966）二月登第的毕士安（938—1005）（该榜进士登第只有六人），因缘际会，以真宗的藩邸旧臣，在景德元年（1004）七月先拜参政，八月再擢为首相。他是太祖朝各榜进士中，惟一拜相的人。另一人是在乾德中登第的郭贽（935—1010）（按：他在乾德哪一年登第不详），因事太宗于藩邸的机缘，当太宗即位后，得以在太平兴国七年（982）四月甲子（初三）以中书舍人拜参知政事。而太祖朝诸科登第的人，就仅有在开宝五年（972）闰二月以三史及第的李惟清（943—998），在太宗至道三年（997）正月丙子（十一），赶上尾班车，以给事中擢同知枢密院事。他们势孤力薄，要与同年结成朋党自然不成气候。①

---

① 《长编》，卷一，建隆元年二月庚寅条，页9；卷七，乾德四年二月辛酉条，页167；卷十六，开宝八年二月戊辰条，页336；卷四十三，咸平元年正月丙寅条，页907；十月己丑条，页917；卷五十六，景德元年七月庚寅条，页1244—1245；卷五十七，景德元年八月己未条，页1251；卷八十三，大中祥符七年七月甲辰条，页1889；脱脱（1314—1355）纂：《宋史》（北京：中华书局，1977年11月），卷四《太宗纪一》，页68，卷五《太宗纪二》，页100；卷二百六十六《郭贽传》，页9174—9175；卷二百六十七《李惟清传》，页9216；卷二百八十一《毕士安传》，页9517—9520。按杨砺在太祖建隆元年二月庚寅（二十）状元及第，却要到真宗咸平元年（998）十月己丑（初四）才自翰林学士拜枢密副使，距他点状元足有三十八年；而王嗣宗在太祖开宝八年（转下页）

至于在五代登科、而在太宗朝拜相的卢多逊（935—986），虽然曾援引过他的同年李穆（928—984），而当卢多逊失败时，李穆也受累降职，到了李穆升任参知政事时，又回过头来帮助卢多逊从崖州（今海南三亚市）北还；但是卢、李两人并未以同年之谊结党，这点是太宗也承认的。①

同年进士得以结成朋党，要到太宗时。太宗登位后，大改太祖的取士政策。太宗大开登仕之门，光是他登位后的第一榜（太平兴国二年吕蒙正榜）已取士五百

（接上页）(974) 二月戊辰（廿五）夺魁，直至真宗大中祥符七年（1014）七月甲辰（二十）才入二府为枢密副使，足足要等四十年。宋人笔记载他以老辞副枢之位时，曾对真宗说："臣力不任矣，但恨天眼迟开二十年。"相较之下，毕士安在乾德四年二月辛酉（廿六）登第，到景德元年七月庚寅（初八）才自翰林侍读学士迁吏侍先拜参政，八月己未（初七）再拜首相，也要经三十八年才能进入二府，只是他尾运不错，因真宗要用他来平衡刚却有才的次相寇准（962—1023），他无甚功勋只靠真宗旧臣的关系就坐上首相的宝座。参见陈鹄（？—1215 后）撰，孔凡礼点校《西塘集耆旧续闻》（与《师友谈记》《曲洧旧闻》合本），（北京：中华书局，2002 年 8 月），卷十，"王嗣宗恨天眼迟开二十年"，页 394。

① 《长编》，卷二十三，太平兴国七年四月壬午条，页 518；卷二十四，太平兴国八年二月丙子条，页 541；六月丁亥条，页 546；卷二十五，雍熙元年正月辛未条，页 572—573；王明清（1127—1204 后）撰，汪新森校点：《玉照新志》（与《投辖录》同本），（上海古籍出版社，1991 年 2 月），卷一，页 9；司马光撰，邓广铭（1907—1998）、张希清点校：《涑水记闻》（北京：中华书局，1989 年 9 月），卷二，"李穆"（第 69 条），页 37—38。

人，远超太祖朝十七年取士的总数。①太宗除大量取士外，又擢用进士出身的人，比如吕蒙正，登科才十一年，便得以拜相。②总之，太宗的用人政策，给天下英豪前所未有的机会。那些骤登高位的进士，相率援引他们各自的同年、乡里及故旧，进入政坛，角逐权位。

新科进士在登科后除了举行期集外，并合资刊印"同年小录"，据宋人笔记所载，宋初当新科进士期集时，他们便以甲次高下，定出钱多寡，刊印"同年小录"和付游宴之费。有时富有但名次卑的则所出无几；相反贫而偏名次高的却要多付，弄到要借贷。当然，朋友尚有通财之义，何况情同兄弟、名注"小录"的同年兄弟，一般都有求必应。③期集和印小录可以说是他们

---

① 太祖朝十五榜，所取进士共一百八十八人，诸科共一百六十一人，特奏名一百零六人，合计不过四百五十五人。参见何忠礼《宋史选举志补正》，页291—292。

② 吕蒙正于太平兴国二年（977）正月戊辰（廿三）登科，到端拱元年（988）即拜相，前后仅十一年。参见《长编》，卷十八，太平兴国二年正月戊辰条，页393；卷二十九，端拱元年正月庚子条，页647。

③ 王栐（？—1227后）撰，诚刚点校：《燕翼诒谋录》（与《默记》合本）（北京：中华书局，1981年9月），卷五，页49。关于宋代传世的"同年小录"，有《绍兴十八年同年小录》，收入文渊阁《四库全书》。据叶梦得（1077—1148）的记载，这种小录登载了每人的生辰年月日时，用来叙齿。见叶梦得撰，侯忠义点校《石林燕语》（北京：中华书局，1984年5月），卷五，页67。至于宋代"同年小录"的编纂（转下页）

建立亲密同年关系的基础。他们登仕后，一有机会便走在一起，联络感情，巩固"年谊"，比如本书主角胡旦等人，便不时在京师和地方把酒言欢及互通消息。①这种同年进士诗酒文会之风俗，由北宋初到南宋末，一直至元代，历久不衰。这些士林视为佳话之盛事，既著录于宋元人文集，亦见于碑刻。这里值得一书的是南宋大诗人范成大（1126—1193），在宋光宗（1147—1200，1189—1194在位）绍熙元年（1190）正月，因应他们一

（接上页）状况，可参阅周必大（1126—1204）《文忠集》，文渊阁《四库全书》本，卷四十四《题盛京登科小录》，叶七下至八上；《录洪景卢容斋续笔》，叶八上至九下。据周必大的说法，在南宋时可以见到的北宋登科小录，最早是咸平元年（998）一榜。到元代，编修登科小录之俗尚存。有些地方，甚至取乡试发解进士的姓名，像登科记一样付梓印行以谋利。参见程端礼（1271—1345）《畏斋集》，文渊阁《四库全书》本，卷三《江浙进士乡会小序录》，叶六上至七上；陶宗仪（1329—1410）《南村辍耕录》（北京：中华书局，1959年2月点校本，1980年3月第二版），卷二十八，页344。关于宋代新科进士期集与编印同年小录的问题，可参见张希清《中国科举制度通史·宋代卷》，下册，第十三章《宋朝贡举的期集与恩荣》，页586—600。

① 胡旦一班同年进士，在京则聚会于赵昌言之第，在外则互相探访。参见本书第四章，及僧文莹（？—1078后）撰，杨立扬点校《玉壶清话》（与《湘山野录·续录》同本），（北京：中华书局，1984年7月），卷三，页31—32。文莹在这条笔记中载胡旦先后往扬州（今江苏扬州市）和杭州（今浙江杭州市）探望他的同年董俨（945—1008）和薛映（951—1024），并受到二人热情款待。虽然文莹这条记载在时间上有偏差，但胡旦等常在地方上互访联谊，当是不假。参见第五章91页注1。

榜的同年进士（隆兴元年，1163）十二人相聚于苏州（今江苏苏州市）而撰的《吴下同年会诗碑序》一文，便曾描述宋代新科进士缔结"年谊"的情况。范石湖这番生动的描述，正好印证补充上文所引柳开的说法，为何同年进士谊同兄弟：

> 进士科始于隋，盛于唐，本朝因之。偕升者，谓之同年，衣冠之好，由来尚矣。唐人尤熹期集，燕设之名，亡虑十数。而曲江大会，长安坊市为半空，天子至御楼以观。当此时，通榜之士，意气相予甚厚，否则有紫陌青云之讥。本朝略去浮侈，但存闻喜一燕。而为之同年之制，则加详焉。既朝谢，揆日集贡院，奉赐第录黄于香案，列拜庭下。礼毕，更以齿班立四十以上东序西乡，未四十西序东乡。推年最长若最少者各一人升堂，长者中立南乡，少者北乡。春官吏赞拜，少者拜，又赞，答拜。长者泊两序皆再拜，谓之拜黄门，序同年。所以明章风期，惠笃事契。委曲之意，过唐远矣。士大夫宁得轻负此

意,恝然云散,异日相视,如涂之人乎?①

同年进士赋诗饮酒、吟风弄月之余,对彼此之仕途升降并没有忽略。他们互为奥援,已是心照不宣。正如柳开所说,既情如兄弟,也就爱屋及乌,以照顾同年的亲人,视为理所当然的事。就以太平兴国二年和五年的进士为例,太平兴国二年登第的臧丙(940—992)之于同年马汝士(?—980前),苏易简一榜下登第的马亮(959—1031)之于其同年戴永(?—981后),都是情同手足,并推爱于同年之亲人。②不过,在另一方面,他们却常常来个党同伐异,分门别户。而始作俑者正是胡旦一榜人。

---

① 范成大所撰之《吴下同年会诗碑序》及其同年十余人之诗刻,收入陆增祥(1816—1882)《八琼室金石补正》(北京:文物出版社,1985年8月,影印1925年吴兴刘氏希古楼本),卷一百一十六,页821—823。同年进士会宴于京师,或相聚于地方,宋人以至元人文集均有载,可参见陈襄(1017—1080)《古灵集》,文渊阁《四库全书》本,卷十八《同年会燕诗序》,叶二下至四下;蔡襄(1012—1067)撰,吴以宁点校《蔡襄集》(上海古籍出版社,1996年8月),《蔡忠惠集》,卷七《清暑堂会同年》,页134;宋褧(1294—1346)《燕石集》,文渊阁《四库全书》本,卷十二《同年小集诗序》,叶十六下至十七上;沈梦麟(?—1335后)《花溪集》,文渊阁《四库全书》本,卷三《七言律诗·北京同年乡会》,叶五下。

② 《长编》,卷二十,太平兴国四年五月乙酉条,页452;卷八十五,大中祥符八年八月丙戌条,页1945。

第二章

遗材竞奔的太平兴国三年榜

宋太宗继位第二年（977），即开科取士。应试的贡士逾五千人，这一科录取以吕蒙正为首的进士一百零九人，诸科二百零七人。后来太宗觉得遗材尚多，又录取特奏名一百九十一人，共取士五百零七人，约为应试总人数的十分之一。比起太祖一朝取士总数的四百五十五人，还多五十二人。当时宰相薛居正（912—981）即认为取人太多，用人太骤，但太宗不以为然。①

到了太平兴国三年（978）夏，本来太宗早已下诏这一年停行贡举，但他忽然改变主意，认为前科遗材太多，下令"诸州去年已得解者，除三礼、三传、学究外，余并以秋八月集礼部"。据王应麟的说法，太宗这次大开仕进之门，是因郡县缺官，求才若渴所致。②

---

① 《长编》，卷十八，太平兴国二年正月丙寅至庚午条，页393—394。
② 《长编》，卷十九，太平兴国三年九月甲申朔条，页434；《玉海》，卷一百一十六《选举·科举三·景德考试新格》，叶二十（转下页）

这次匆忙赴试的前科遗材，共有三千人。胡旦前一科应该没有应试，据宋人笔记载，吕蒙正未登第时，曾与胡旦相识于某地（胡父为该地之县令）。胡旦待吕蒙正甚薄，有点看不起他。当有人说吕有诗才时，胡问吕诗有何警句，那人举一篇，末句是"挑尽寒灯梦不成"。胡旦就讥笑吕是个"渴睡汉"。吕闻之，甚恨而去。当吕高中太平兴国二年榜状元后，便使人告诉胡："渴睡汉状元及第矣。"胡旦的答复是："待我明年第二人及第，输君一筹。"从这条笔记看，胡旦当没有应太平兴国二年的试，不然，吕中状元的消息，就不必由吕告知。①

胡旦尚未应举，已显出其人狂傲自信的个性。宋人笔记说他"少有俊才，尚气凌物"，他曾对人夸口说："应举不作状元，仕宦不作宰相，乃虚生也。"据说胡旦

（接上页）上（页2148）；徐松（1781—1848）辑，刘琳、刁忠民、舒大刚、尹波等校点：《宋会要辑稿》（上海古籍出版社，2014年6月），第六册，《职官十三·礼部》，页3377。

① 欧阳修（1007—1072）撰，李逸安点校：《欧阳修全集》（北京：中华书局点校本，2001年3月），第五册，卷一百二十八《诗话一卷》，页1953；孔平仲（1047—1104）撰，杨倩描、徐立群点校：《孔氏谈苑》（与《丁晋公谈录》等三种合本），（北京：中华书局，2012年6月），卷三，"渴睡汉及第"条，页244。

应解试之年,郡守于座中闻雁叫,他即席赋诗曰:"明日春色里,领取一行归。"人都壮其言。而他在应试前致书他的好友田锡,也充分流露无比自信。他在太平兴国三年正月甲辰(十九)致田锡书中,邀田锡尽速来京师,声称合他、田锡和何士宗(?—1009后)三人之力,可以"振吾道,将横摆笔阵,铦淬辞锋,张雄文以遏其势(按指当时誉满京师、有望夺魁的赵昌言),鼓大名以挫其气"。他又说田锡可击其前,何士宗刺其后,他自己就左掎右角,又说"彼入我出,拔旗挟辀,斩将折馘。英声一振,京师动摇,为此之计,不亦大乎"。不过,一辈子谦厚的田锡给胡旦的覆信,就只是客客气气,没有提到要合力击败赵昌言。考何士宗也致书田锡,田锡在二月复他的信,也一样客气一番,没有像胡旦那样一副战斗格。至于胡旦笔下"名动京师"的山西汾州孝义(今山西吕梁市孝义市)人赵昌言来头不小,他是太宗晋邸心腹旧人、后官拜枢密使的石熙载(928—984)的外甥。据《青箱杂记》的记载,赵昌言尚为布衣时,旅游河朔,而拜谒名士柳开。柳开欣赏赵,请其叔父赐钱给赵,但柳叔不肯,柳开就夜里放火烧舍,其叔惧,即出钱三百缗予赵。可见赵当时已略有名气。而赵未登第前,已受翰苑前辈朝臣赵逢(?—975)与高锡(?—983)的推荐。①

这一科应试的人数,从太宗后来赠冯拯诗,可推知约三千人。这科的主考官是太宗晋邸旧臣、右补阙郭贽(935—1010),同考官有三人,分别是盐铁副使刘兼(?—980后)以及南唐降臣、同官太子中允而素有文名的张洎(934—997)和王克贞(?—980后)。②郭贽

---

① 参见王辟之(1031—1098后)撰,吕友仁点校《渑水燕谈录》(与《归田录》合本),(北京:中华书局,1981年3月),卷四《才识》,页40;田锡《咸平集》,卷三《书二·附胡旦书、答胡旦书、答何士宗书》,页40—44;吴处厚(?—1097后)撰,李裕民点校《青箱杂记》(北京:中华书局,1985年5月),卷六,页63—64;《长编》,卷二十,太平兴国四年正月丁亥条,页442;四月庚申条,页448;《宋史》,卷二百六十九《高锡传》,页9249—9250;卷二百七十《赵逢传》,页9257—9258;卷二百六十七《赵昌言传》,页9195。考高锡在后汉已举进士入仕,入宋后在太祖朝任知制诰。他曾因其弟应举而向赵的舅父石熙载请托,石不从而有嫌隙,但他仍举荐石的外甥赵昌言。赵逢也在后汉以甲科登第,太祖初年拜中书舍人,充史馆修撰判馆事,又擢枢密直学士加左谏议大夫,并曾知贡举。卒于开宝八年。赵、高二人都是太祖朝资深的文臣。又赵昌言为石熙载撰写的墓志,载郭茂育、刘继保编著《宋代墓志辑释》(郑州:中州古籍出版社,2016年2月),第二十五,《大宋故推忠协谋佐理功臣金紫光禄大夫守尚书右仆射上柱国乐陵郡开国侯食邑一千五百户食实封二百户赠侍中石公(熙载)墓志铭并序》(以下简称《赠侍中石公(熙载)墓志铭并序》),页55—56。赵昌言撰写石熙载的墓志铭时,自述他是石的表甥,说其父母得石的恩义异于众人,又记他十五岁时,得到石之善诱而为文。他与石氏诸子均交好,故受嘱而为此墓铭。

② 按王克贞《宋史》作克正,疑避宋仁宗赵祯讳改。他与(转下页)

取了赵昌言为奏名之首（即省元）。据《宋史·郭贽传》所载，当赵昌言儿时，郭一见便器之。当他知贡举，便以赵为奏名之首。赵的父亲赵叡（？—980后）与舅父石熙载与郭贽都是太宗藩邸旧臣，赵这番人脉就占尽优势。

是年九月甲申（初二），太宗在讲武殿亲自主持覆试礼部合格进士，分别作赋、诗和论一篇。太宗已准备翌年征北汉，收燕云；故此他所出的试题，也与之有关，分别是《不阵而成功赋》《二仪合德诗》《登讲武台观习战论》。文思敏捷，而好言兵事的胡旦，援笔立

（接上页）张洎均于太祖开宝九年（976）正月随李煜（937—978）降宋，并授太子中允之职。他是江西临江军新喻（今江西新余市）人，在江南素有直声，人称为长者。据魏泰（1050—1110）所记，他大约在太平兴国中死去，身后只余下一幼女。太宗念他是"江南旧族"，孤女令淑而堪怜，即作主配与刚拜参政的陈恕（946—1004）为继室。张洎则素有文名，为李煜所宠，善辞令。太宗即位后，以其文雅，选直舍人院，并委他考试诸州进士。刘兼是长安人，《宋史》无传。开宝七年（974）五月见任盐铁副使，曾受诏修《五代史》。《全宋诗》卷十六，收其诗七十四首。参见《宋史》，卷二百六十六《郭贽传》，页9174—9175；卷二百六十七《赵昌言传》，页9194—9195；《张洎传》，页9208—9209；《长编》，卷十五，开宝七年五月戊辰朔至丙子条，页319—320；卷十七，开宝九年正月丙子条，页362；《渑水燕谈录》，卷六《文儒》，页70；傅璇琮等主编《全宋诗》，第一册（北京大学出版社，1991年7月），卷十六，页232—246；魏泰撰，李裕民点校《东轩笔录》（北京：中华书局，1983年10月），卷二，页16—17；胡仔《苕溪渔隐丛话·后集》，卷十九，页132。

就，首先试成，结果他得偿所愿，压倒他在试前视为假想敌的赵昌言，大魁天下，不让他看不起的吕蒙正专美，这年他才二十四岁。至于考得第二名榜眼的田锡时年三十九，而第三名赵昌言时年三十四，均长于胡旦。胡旦三篇高中状元的诗赋不传，而田锡所写的三篇却因收入其文集而得以传世。①

这一榜共取进士七十四人，第二人榜眼是胡旦的布衣之交、四川嘉州洪雅（今四川眉山市洪雅县）人田锡，②第三人榜眼则是赵昌言，第四和第五名分别是福建福州古田的李巙（？—993后）和籍里不详的崔策（？—988后）。至于压榜之探花郎是河南孟州河阳（今河南焦作市孟州市）人冯拯。这一榜进士姓名可考的尚有河南洛阳人董俨、四川成都人薛映（951—

---

① 田锡：《咸平集》，卷九《律赋二·御试不阵而成功赋·以功德双美威震寰海为韵》，页83—84；卷十二《论三·御试登讲武台观兵习战论·限五百字已上成》，页110—111；卷十五《律诗一·御试二仪合德诗·七言六韵，用心字为韵》，页145；《宋会要辑稿》，第六册，《职官十三·礼部》，页3377；第九册，《选举七·亲试一》，页5388；彭百川（？—1209后）：《太平治迹统类》（扬州：江苏广陵古籍刻印社影印适园丛书本，1990年12月），卷二十八，页475；《长编》，卷三十三，淳化三年三月戊戌条，页734。

② 《咸平集》，卷二十四《陈州谢恩表》，页254—255；卷三十《先君赠工部郎中墓碣》，页367—368。

1024)、河北涿州范阳（今河北保定市涿州市）人张鉴（947—1004），以及山东济州金乡（今山东济宁市金乡县）人张肃（？—998后）、河南宋州楚丘（今河南商丘市梁园区）人李昌龄、山东徐州彭城（今江苏徐州市）人牛冕（945—1008）、山西泽州晋城（今山西晋城市泽州县）人宋太初（946—1007）、福建汀州长汀（今福建龙岩市长汀县）人罗彧（？—1005）、陕西耀州（今陕西铜川市耀县）人焦晟（？—978后）和湖南潭州湘乡（今湖南湘潭市湘乡市）人王利用（？—978后）。①

---

① 《宋史》，卷二百七十七《张鉴传、宋太初传、牛冕传》，页9415、9422、9439；卷二百八十七《李昌龄传》，页9652；卷三百零七《董俨传》，页10123；晁补之（1053—1110）：《鸡肋集》，文渊阁《四库全书》本，卷三十四《张穆之触麟集序》，叶三下至六上；《宋会要辑稿》，第九册，《选举二·贡举二》，页5265；《玉壶清话》，卷三，页31—32；《苕溪渔隐丛话·后集》，卷十九，页132；马蓉、陈抗等点校：《永乐大典方志辑佚》（北京：中华书局，2004年4月），第二册，《临汀志》，《进士题名》，页1421；李瀚章（1821—1899）等编：《湖南通志》（上海古籍出版社，1990年3月，据上海商务印书馆1934年版重印），卷一百三十四，页2696。林燫（？—1596后）：《万历福州府志》（北京：书目文献出版社，1990年2月，据日本内阁文库藏明万历二十四年刻本影印），卷十六，页138；《陕西通志续通志》，（台北：华文书局，1969年7月影印雍正十三年本），卷三十，页888。又清嘉庆修《四川通志》以薛映为淳化三年进士，当系误书。见杨芳灿（？—1816后）《四川通志》（台北：华文书局，1967年12月影印嘉庆二十一年本），卷一百二十二，页3688。

龚延明及祖慧教授编撰的《宋登科记考》,此榜登第的尚有连州(今广东清远市连州市)人邵奕及陈仪二人。但前者在龚氏增订的《宋代登科总录》中已被排除,而后者则明显失考,所谓陈仪其实是陈象舆的讹写。①另外陕西华州(今陕西渭南市华县)人韩丕(? —1009)、籍里不详的陈象舆、②福建建州建安(今

---

① 龚延明、祖慧编撰:《宋登科记考》(南京:江苏教育出版社,2009年11月),上册,卷二《太宗太平兴国三年(978)》,页15—16;龚延明、祖慧编撰:《宋登科总录》(桂林:广西师范大学出版社,2014年12月),卷二《北宋太宗朝·太平兴国三年戊寅(978)》,页44—49。龚延明在先前出版的《宋登科记考》,据清陆心源(1834—1894)《宋诗纪事补遗》卷二《邵奕》所考,以邵奕为太平兴国三年进士,但后出版的《宋代登科总录》却将邵奕的名字删落。又两书均据祝穆(? —1255)《古今事文类聚·前集》卷廿九《仕进部·会饮枢第》所引,而错将讹写的"陈仪"作为是赵昌言的同年,而不考这条的所谓陈仪,其实是有"陈三更"之称的陈象舆,而该条也将"董半夜"之称的董俨讹写为窦俨。参见祝穆《古今事文类聚·前集》,文渊阁《四库全书》本,卷二十九《仕进部·会饮枢第》,叶二十一上下。

② 考《宋史·韩丕传》以韩为太平兴国三年进士,惟据苏颂(1020—1101)所记,韩丕实为太平兴国二年进士,与吕蒙正等为同年。按田锡《咸平集》多处提到韩丕,但田锡并未以同年相称,《宋史》疑误书韩丕登第之年。参见《宋史》,卷二百九十六《韩丕传》,页9859;苏颂撰,王同策等点校《苏魏公集》(北京:中华书局,1988年9月),卷五十四《二乐陵郡公石公神道碑铭》,页814—815;《咸平集》,卷十五《律诗一·寄韩丕进士、府解后有诏旨权停贡举因成长句寄太素兼简韩丕茂才》页136、145;卷十六《律诗二·漳川即事寄韩丕拾遗》,页157。关于陈象舆是否太平兴国三年进士的问题,《长编》与《宋史·赵昌言传》只说陈象舆与赵昌言友善,而说赵与胡旦及董俨是同年。《宋会要·职官七十八》则说赵昌言、胡旦、陈象舆、董俨及梁颢都是(转下页)

福建建瓯市建安县)人李虚己(？—1008后)、涿州范阳(今河北保定市涿州市)人赵暎(？—978)、赵旸(？—983?)兄弟和李及(959—1028),亦一说为胡旦的同年。①至于胡旦于试前提到同是田锡好友的何士

(接上页)同年生。然失考梁颢只是赵的门生。文莹《玉壶清话》亦称陈是赵昌言同年,笔者认为《长编》及《宋史》所记当更准确。陈象舆当非赵昌言同年,惟他何年登第不详。参见《玉壶清话》,卷五,页51;《宋会要辑稿》,第九册,《职官七十八·罢免上》,页5189;《长编》,卷二十九,端拱元年三月甲子条,页650—651;《宋史》,卷二百六十七《赵昌言传》,页9195。按《宋登科记考》以韩丕在太平兴国三年登第,所引的是《宋史·韩丕传》及《雍正陕西通志》卷三十《选举·宋进士》与清王梓材《宋元学案补遗》卷六《侍郎韩丕先生》,并没有宋人的一手资料,而未有参看本书初版的考证。参见《宋登科记考》,上册,卷二《太宗太平兴国三年(978)》,页16。

① 至于李及、赵暎及赵旸三人,《畿辅通志》载其为太平兴国三年进士,惟据《宋史·赵旸附传》所载,赵氏兄弟虽举进士,但赵暎未成名而夭,而赵旸以父赵上交(895—961)荫补千牛备身出身,而非以进士登第入仕。疑《畿辅通志》编者错以赵氏兄弟举进士为登进士第。按赵暎早夭,而赵旸入仕后,历官秘书郎、殿中丞,终著作郎,年仅二十六。据说他有文集十卷,太宗曾取阅。参见黄彭年(？—1888后)《畿辅通志》(石家庄:河北人民出版社,1989年8月排印本),卷三十四,表十九,页5—91;《宋史》,卷二百六十二《赵上交传附赵旸传》,页9065—9067。至于跻身宋初名臣之列的李及,《宋史》及《东都事略》本传均未载其登科年月,《畿辅通志》称他于太平兴国三年登第,但明隆庆修的《仪真志》卷四,却说他是真宗时进士。考《长编》《宋会要辑稿》录其事迹,最早要到真宗景德二年(1005)六月。《宋史》《东都事略》则未具体言明其任职迁官之年月。只有《景定建康志》卷三十一载其于太宗淳化年间任昇州(今江苏南京市)观察推官。而据其卒年上推,若他确于太平兴国三年登第,其登科年龄便为二十,那他还要比这榜的探花冯拯年轻一岁登第(冯拯二十一岁登科),论理他亦应得探花之号(转下页)

宗，据龚延明及祖慧的考证，他这科落第，他要迟一科，即太平兴国五年（980）才登第。而据文莹的说法，治蜀名臣张咏（946—1015）也有参加，他所撰的《不阵而成功赋》，有"包戈卧鼓，岂烦师旅之威；雷动风行，举顺乾坤之德"。他以为擅场，可占大魁，不想考官说他对偶有失，而黜落之。他和何士宗一样，要两年后才登第。另外，与赵昌言及宋准交游甚厚的雍丘（今河南开封市杞县）人邢敦（949—1022），也大概在

(接上页)(按：宋人之俗，探花可以有二人，冯拯之外，尚可以有另一人）；但太宗只赐诗冯拯，不及别人，也就是说这一榜探花的名号是由冯拯所独得，而没有人比冯拯更年轻。《畿辅通志》之说，暂存疑不论。参见《宋史》，卷二百九十八《李及传》，页9908—9909；《东都事略》，卷四十五《李及传》，叶四下至五上（页684—685）；《长编》，卷六十，景德二年六月丁亥条，页1345—1346；《宋会要辑稿》，第十四册，《刑法三·诉讼》，页8398—8399；《全宋诗》，第二册，卷七十四，页853—854；《东轩笔录》，卷六，页68。至于《江西通志》载李虚己为太平兴国三年进士，显为误录。考《宋史·李虚己传》虽未言其登科年月，但称曾致尧（947—1012）为其同年，则李实于太平兴国八年（983）登科甚明。又《江西通志》以李氏为隆兴府人（即洪州，今南昌），《宋史》李虚己本传则作福建建州建安人，从《宋史》本传。参见《宋史》，卷三百《李虚已传》，页9973—9975；卷四百四十一《曾致尧传》，页13050—13051；赵之谦（？—1888后）《江西通志》（台北：华文书局，1967年12月影印光绪七年刊本），卷二十一，页469。按《宋登科记考》也将李及、赵睃及赵曦三人作是榜登第，所引也只是《畿辅通志》及清人及民国方志，也未参考本书初版的考证。参见《宋登科记考》，上册，卷二《太宗太平兴国三年（978）》，页15—16。又本书初版时误将是年诸科出身的桑光辅作是科进士，现删去。

此次举进士不第,而决定退隐。①

这一榜取士数目较前后两榜少,连同诸科的七十人,共一百四十四人而已,成功率只有百分之五;这一榜旨在取遗材,但依旧有像何士宗及张咏这样的人才落第。在宋代科举史上,这一科有几点值得一提:第一,这一科的考试首次在秋季举行(也是仅有的一次);第二,进士科从此加考论一首;第三,进士科考律赋,规定平仄次第用韵,而考官所出官韵,必用四平四仄。也许新的规定,令许多人一时不适应而再次下第,以致这

---

① 何士宗是蓬州(今四川南充市蓬安县)人,他在淳化元年(990)二月乙卯(初九)见任京东转运使。到淳化二年(991)七月,以殿中丞直史馆主判三司帐籍司,到至道元年(995)八月乙亥朔(初一)见任荆湖转运使,至道二年(996)正月丁巳(十六),宰相吕端等奏他在荆湖转运使任内为政苛细,因责知华州。他在真宗大中祥符二年(1009)十一月在知鄜州(今陕西延安市富县)任上坐赃抵法。以后事迹不详。他以后也不见与胡旦等人有密切的交往。参见本书17页及《长编》,卷三十八,至道元年八月乙亥朔条,页818;卷七十二,大中祥符二年十一月癸亥条,页1642;钱若水(960—1003)修,范学辉校注《宋太宗皇帝实录校注》(北京:中华书局,2012年11月),下册,至道二年正月丁巳条,页645—646;《宋会要辑稿》,第五册,《职官五·开拆司》,页3139;第十二册,《食货四十九·转运司》,页7097;《食货五十七·赈贷上》,页7326;第十三册,《食货六十八·赈贷一》,页7957;《宋登科记考》,上册,卷二《太宗太平兴国五年(980)》,页18;僧文莹撰,郑世刚点校《湘山野录》(与《玉壶清话》合本),(北京:中华书局,1984年7月),卷上,页4;《宋史》,卷四百五十七《隐逸传上·邢敦》,页13431。

一榜取士比预期的少。①

太宗尽赐新科进士绿袍和手版，和前科一样，太宗赐胡旦等新进士宴于开宝寺，并赐御制诗。太宗赐胡旦的诗云："报言新进士，知举是官家。"金口钦点胡旦做"天子门生"。除了胡旦外，探花冯拯也获赐诗："二三千客里成事，七十四人中少年。"据宋人所记，探花得赐御制诗，整个宋代只有冯拯一人。胡旦和他一登科便羡煞同年了。②

这一班新科进士照旧俗宴饮留名，互订同年之谊后，便各奔前程，登上仕途。照前一榜的恩例，胡旦、田锡、赵昌言、李巇四人授将作监丞通判诸州，崔策以下授大理评事充诸州通判或监当物务。其中胡旦接吕蒙正之职，授升州通判之美缺，而田锡和赵昌言，则分别任宣州（今安徽宣城市）和鄂州（今湖北武汉市）这二

---

① 《宋会要辑稿》，第九册，《选举七·亲试一》，页5388；《太平治迹统类》，卷二十八，页474；《燕翼诒谋录》，卷五，页48。
② 《宋会要辑稿》，第六册，《职官十三·礼部》，页3377；龚鼎臣：《东原录》，页2；《苕溪渔隐丛话·后集》，卷十九，页132。太宗在赐胡旦诗后注云："每相见，但劝为美善之事，莫教朝野人笑道：主文官家，知举不了。"太宗后来多次优容胡旦，也许由于胡旦是他亲点，怎样也要给自己留点面子。

处好地方的通判。①而年最幼的冯拯，据宋绶（991—1040）为他所撰的墓志铭所记，冯"太平兴国三年乡举茂才，策上第，起家廷尉平"，只记他起家大理评事，没记他授何州通判或监当官。②

为方便阅览，兹将太平兴国三年登科进士可考的十八人之姓名籍贯等资料，表列如下：

姓名	别字	科甲	籍里	家世	登第年	得年	任官
胡旦	周父	状元	滨州渤海	父县令	24	80	知制诰、秘书监
田锡	表圣	榜眼	嘉州洪雅	父祖不仕	39	64	右谏议大夫

---

① 考田锡自述他在是年九月二日"一举登第，释褐将作监丞"，然按《宋史·牛冕传》载，牛冕释褐授将作监丞通判郴州（今湖南郴州市）。考崔策以下七十人并为大理评事通判诸州及诸州监当。牛冕并非前四名，不应授将作监丞，疑《宋史》误记。参见《咸平集》，卷三十《考词·先君赠工部郎中葛碣》，页368；《宋会要辑稿》，第九册，《选举二·贡举二》，页5265；《宋史》，卷二百六十五《吕蒙正传》，页9145；卷二百六十七《赵昌言传》，页9195；卷二百七十七《牛冕传》，页9439；二百九十三《田锡传》，页9787；卷四百三十二《儒林传二·胡旦》，页12827。

② 参见《宋代墓志辑释》，第四十九《宋故推诚同德崇仁守正保节翊戴功臣武胜军节度使邓州管内观察处置等使开府仪同三司检校太尉兼侍中使持节邓州诸军事行邓州刺史判河南府西京留守上柱国魏国公食邑一万一千七百户实封肆仟陆百户赠太师中书令谥曰文懿冯公（拯）墓志铭并序》(宋绶撰)（以下简称《冯拯墓志铭》），页118—120。

姓名	别字	科甲	籍里	家世	登第年	得年	任官
赵昌言	仲谟	省元榜眼	汾州孝义	父府州幕职	34	65	参知政事、工部尚书
李莸	仲蕤	甲科第四人	福州古田				司封员外郎、直昭文馆
崔策		甲科第五人					福建路转运使、屯田员外郎
罗彧	仲文	甲科	汀州长汀				职方员外郎
牛冕	君仪	甲科	徐州彭城		34	64	右谏议大夫
张肃	穆之	甲科	济州金乡				员外郎
焦晟		甲科	耀州				
董俨	望之	乙科	河南洛阳		24	54	三司右计使、工部侍郎
宋太初	永初	乙科	泽州晋城		30	62	权御史中丞、右谏议大夫
薛映	景阳	乙科	益州成都	八世祖为唐中书令薛元超。父都官郎中薛允中，判大理少卿	28	74	礼部尚书、集贤院学士
张鉴	德明	乙科	涿州范阳	祖瀛州团练使张藏英，父供奉官	32	58	工部侍郎、枢密直学士

姓名	别字	科甲	籍里	家世	登第年	得年	任官
李昌龄	天锡	乙科	宋州楚丘	曾祖、祖县令,父李运太常卿	42	72	参知政事、户部侍郎
冯拯	道济	探花乙科	孟州河阳	父为宰相赵普门吏	21	66	宰相、侍中、魏国公
王利用		乙科	潭州湘乡				判常州

按：韩丕实于太平兴国二年登科，李虚己实于太平兴国八年及第，而陈象舆、李及与赵畯、赵曦兄弟已考不在太平兴国三年登科，故不列入本表内。

第三章

初试啼声：胡旦、田锡和赵昌言的早年仕宦（978—983）

胡旦、田锡和赵昌言等三人，在他们的同年中，科名最高、升迁最快，他们因而理所当然地成为其同年的领袖。所别者是胡旦和赵昌言的领袖欲强，而田锡平素喜独来独往。他们做完一任通判后，均循资升任左右拾遗、直史馆这个位列侍从、能够言事的清华之职。说他们克尽厥职也好，说他们借此机会表现自己、以博取君相的赏识也好，他们一有机会便上奏言事。其中，胡旦和田锡勇于上书君相，批评朝政；不过，这却干犯了当时专权任事的宰相卢多逊，和后来取代卢的赵普（922—992），甚至太宗，以致他们出仕便遭挫折。赵昌言等则较知养晦之道，未公然与元勋宰臣较量，而他们的早年仕途也较平稳。胡旦一开始即俨然以这一榜人的领袖自任，但当胡旦垮下来时，便由稳步上升的赵昌言取代其地位。以下分述三人的早年仕宦。

胡旦恃才傲物，高中状元前已扬言什么"应举不作状元，仕宦不作宰相，乃虚生也"①。而当任昇州通判时，即敢作敢为，把江南汰为民的大量僧徒，全数黥为兵丁。②对于这么一个其志不少、又敢说敢做的天子门生，卢多逊并无容纳的胸襟。胡旦数次上书言时政利病，均不见采纳，还在太平兴国六年（981）七月，自左拾遗被外放为淮南东路转运副使。③

田锡一样受到卢多逊的压抑。他在太平兴国五年（980）九月自宣州返京，授职左拾遗始，几次上书太宗，包括在五年随太宗幸大名府时进《圣主平戎歌》以及在六年二月己卯（十一）献《请皇帝东封书》，都受到卢多逊的留难。他要依常规，在阁门前署状"不敢妄陈利便，亦不敢希望恩荣"，并让卢多逊看过奏疏内容，得到准许，才可以上呈太宗。田锡深感不平，在太平兴国六年八月己卯（十五），他致书卢多逊，反对现

---

① 《渑水燕谈录》，卷四《才识》，页40。
② 《宋史》，卷四百三十二《儒林传二·胡旦》，页12827。
③ 《宋史》，卷三百零七《董俨传》，页10123；卷四百三十二《儒林传二·胡旦》，页12827；《宋会要辑稿》，第十二册，《食货四十九·转运司》，页7096。按《宋会要辑稿》以胡旦为淮南西路转运副使。据《宋史·董俨传》，是时为淮南西路转运副使者，为胡之同年董俨。疑胡旦接董俨之任。董俨大概于七年初也因诸路罢转运副使而改知光州（今河南信阳市潢川县）。

行的上书程序。他请求以后谏官上奏，不用再在阁门署上那样卑屈的具状。另在信中，他又为胡旦较早前上书求差遣，却被责令先往中书取状之事抱不平。①然而，他这番直言只令他遭遇与胡旦同样的命运，他开罪了卢多逊，当然不能留在朝中。九月，他被任为河北南路转运副使，做他所不愿意做的工作；不过，他仍争取任何机会向太宗上书，包括向太宗辞行的一刻，于是月甲辰（初十），田锡总算在离开京师前，首次得以越过卢多逊直接上书太宗。太宗对田锡的建议，虽未尽采纳，但对他的忠勤大为欣赏，诏嘉奖之，并赐钱五十万。大概在七年初，因诸路罢转运副使，田锡改知相州（今河南安阳市）。②

---

① 《咸平集》，卷四《上宰相书》，页51—53；卷十八《古风歌行二·圣主平戎歌》，页179—180；《宋史》，卷四《太宗纪一》，页66；二百九十三《田锡传》，页9787；《长编》，卷二十二，太平兴国六年九月乙未朔至壬寅条，页494—495。按田锡向卢多逊上书时的官职差遣是将仕郎、守左拾遗、直史馆、监盐院赐绯鱼袋。他在给卢多逊的书中，也提到他去年从宣州召回，入见太宗后，获授著作郎，但数日后又被差充京西北路转运判官。他不想担任外职，拜表申诉愿留在谏署，又献《升平诗》二十章，太宗悦之，又授以左拾遗直史馆，但他拜表谢恩时，到阁门呈表，却为阁门司所拒，说未便接受，须等卢多逊之旨意。他心中不平，故在八月上书卢多逊。

② 《咸平集》，卷一《奏议·上太宗论军国要机朝廷大体》，页10—13；《长编》，卷二十二，太平兴国六年九月壬寅条，页495— （转下页）

胡旦和田锡,官卑职微,虽有谏官的身份,但在制度上,上书言事首先要得卢多逊的准许。他们纵使怎样不满,也斗不过中书的宰相。田锡这次直接上书太宗,虽获太宗嘉许,但开罪了卢多逊。他的朋友都替他担心,劝他"宜少晦以远谗忌";然而田锡这班新进器锐,却不怕卢多逊等宿旧宰臣。田锡在河北任上,照样上书言事。①田锡等运气不算太坏,他们被调离京师,可算是塞翁失马,因为太宗与在是年九月复相的赵普,正策划一次大狱。胡旦等不在京师,正可置身事外,而太宗、赵普要对付的,又正是排抑过胡旦等的卢多逊,和卢投靠的太宗之弟秦王廷美(947—984)。

胡旦在淮南东路转运副使任上,似乎和在昇州时一

(接上页)498;《宋会要辑稿》,第十二册,《食货四十九·转运司》,页7096。田锡这次直接上书太宗,他提出"军国要机者一,朝廷大体者四"。"军国要机"是当赏平北汉之军功;"朝廷大体"是请罢交州之征,使谏官、给事、起居供职,广建京师各部司衙署,以及废囚徒荷铁枷之刑。按《宋大诏令集》收有太宗答田锡全文,惟作九月壬辰。按:太平兴国六年九月没有壬辰,十月有壬辰(廿八)。太宗答田锡之奏不应迟至十月底,疑壬辰乃壬寅之误。参见司义祖点校《宋大诏令集》(北京:中华书局,1962年10月初版,1997年12月二版),卷一百八十七《政事四十·慰抚上·答田锡上疏玺书·太平兴国六年九月壬辰》,页683。

① 《长编》,卷二十二,太平兴国六年九月壬寅条,页498—499。田锡这次在河北上书,主要言边事,他不主张轻举妄动,这与胡旦进取的主张不同。

样,恣意行事,不理上司怎样看,他行事粗疏,容易给人找到把柄。后来太宗清算他旧账,便说他当日是"少年气锐,所为不法"①。太宗总算爱才,而他也懂得向太宗表现自己的才学,上书太宗述说他撰《汉春秋编年》的计划,太宗虽对侍臣表示怀疑胡旦能写出什么,但仍同意他干下去。②在太宗对胡旦的另眼相看下,胡旦的"不法"未被追究,大概在七年初,太宗罢诸路转运副使,胡旦和其他人一样,改授知海州(今江苏连云港市)。不过,他在海州年余,到八年中,他又再被劾"沉湎于酒,恣行鞭扑,妄奏部下吏课最,以图侥幸,增置胥吏,侵用官钱"。他原本已被逮捕系狱,幸而这一年八月逢上大赦,而太宗又爱才,结果他又一次避过处分,而且不久还得以回朝,并迁右补阙、直史馆之职。③

---

① 《宋太宗皇帝实录校注》,上册,卷二十七,太平兴国八年十二月丁未条,页93。
② 《长编》,卷七十四,大中祥符三年十二月辛酉条,页1697—1698;《玉壶清话》,卷三,页29—30。按胡旦虽不若文莹所言,这时已完成《汉春秋编年》,但他在淮南转运副使任上开始撰写是书,当无异议。有关《汉春秋编年》的撰写时日,可参阅金中枢的考证,参见金中枢《宋代学术思想研究》,页63—64。
③ 胡旦从淮南东路转运副使任上改知海州的具体时间不详,《宋会要·食货四十九》在太平兴国六年九月条下载太宗诏选朝臣十 (转下页)

胡旦的同年董俨则没有他的运气。董俨字望之,他在登第后授大理评事、通判饶州。跟着升秩为著作佐郎,太平兴国五年授左拾遗、直史馆,六年七月迁为右补阙充淮南西路转运副使,大概也在七年初改知光州。《宋史》和《长编》说他"狂躁务进,不乐外官",因而在八年五月上疏求还京师。其实胡旦、田锡等都不想当

(接上页)人复为转运使后,续载以胡旦、田锡、赵昌言、董俨等三十人自转运副使改知州。疑二诏并不命于同时,只是辑录《宋会要》的人错放在一起,造成错觉。考田锡改知相州,即是在七年初张洎去职后,而不是在六年九月。笔者认为胡旦亦当在七年初始徙知海州。据《宋太宗实录》所记,胡旦在海州日,曾犯过罪,适逢遇赦,才得以免罪。而太宗怜才,故召他还朝。考证胡旦徙知海州和后来还朝的日子,可从他遇赦的日子入手。关于胡旦遇赦的年月,有两个可能:一是太平兴国六年十一月辛亥(十七)的南郊大赦,二是八年八月壬辰(初九)因大水之故之赦令。笔者认为胡旦在八年八月遇赦还朝的机会较大,因为据《长编》所记,胡旦于八年八月辛亥(廿八)即以右补阙、直史馆之职上书请修时政记,在时间上完全吻合。而胡旦在八年归阙,也吻合《宋史·胡旦传》称他在海州,逾年召归的说法。参见《宋太宗皇帝实录校注》,卷二十七,太平兴国八年十二月丙午条,页93;《宋史》,卷四《太宗纪一》,页67、70;卷四百三十二《儒林传二·胡旦》,页12827;《长编》,卷二十二,太平兴国六年十一月辛亥条,页505;十二月壬辰条,页509;卷二十四,太平兴国八年八月壬辰条,页549;辛亥条,页550—551;《宋会要辑稿》,第五册,《职官六·时政记》,页3169;第十二册,《食货四十九·转运司》,页7096;《宋大诏令集》,卷一百十九《典礼四·南郊二·太平兴国六年南郊赦天下制·十一月十七》,页408;卷二百十五《政事六十八·恩宥上·霖雨河决后年丰德音》,页816;《宋太宗皇帝实录校注》,上册,卷二十六,太平兴国八年八月壬辰条,页32—33。

外官，不仅董俨一人；大概是他不会说话（他后来便因在真宗前胡言乱语而被贬，详下文），本身又没有什么可以得到太宗欣赏的地方（他没有胡旦的文才），说不定又给宰相赵普恶评一番，才惹得太宗大怒（赵普与董俨后来之过节不知是否种因于此时），将他贬职。董俨亦于太平兴国七年初，从淮南转运副使罢知光州，在光州年半后，他不想再当外官，于是在八年五月上疏求还京师。不知何故太宗大动肝火，于是月己巳（十四），把他自右补阙直史馆削史职，黜为秘书丞徙知忠州（今重庆市忠县）。①

田锡在太平兴国六年九月担任河北南路转运副使，驻河北重镇大名府。值得一提的是，田锡任河北南路转运副使，相州归他监察。而当时知相州的，正是他们一榜人的同知贡举张洎。张洎不懂吏事，判狱糊涂，弄到部内不治。田锡对于称得上是他座师的张洎，并没有包庇，而是据实上奏朝廷。张洎不服，要求廷辩。太宗爱

---

① 《宋史》，卷三百零七《董俨传》，页10123；《长编》，卷二十四，太平兴国八年五月己巳条，页545；《宋会要辑稿》，第十二册，《食货四十九·转运司》，页7096。按《长编》说董俨被削职后仍知光州，《宋史》本传则说他徙知忠州，今从《宋史》。

他文才，觉得他既不懂吏事，调回朝廷供职便算。七年初太宗罢各路转运副使，田锡即补张洎之缺，继知相州。①

田锡在这件事上，秉公办理，没有维护张洎，一方面固然是他正直无私、不群不党性格的反映。另一方面，也是他们一榜人的普遍现象：对于提拔他们登科的知举，不像唐人风俗，必奉为座主。比如胡旦和田锡，便只以翰林学士宋白（936—1012）之门人自居，而从未视郭贽、张洎等为座师。②相较之下，年谊在他

---

① 据《长编》所载，在太平兴国六年十二月，当时知相州的张洎，对一个杀六人而自首的张姓男子，居然"悯其情"而打算上奏开释他。可笑的是连这个张姓男子都觉得张洎这样判法不妥，而自愿服刑。据说这件奇案传遍河朔，猜想人们叹息再三的不只是张某的奇行，还有张洎莫名其妙的审问和判决。田锡奏劾张洎的，大概这是其中一桩事。参见《长编》，卷二十二，太平兴国六年九月壬辰条，页509；《宋史》，卷二百六十七《张洎传》，页9209；卷二百九十三《田锡传》，页9790。

② 据王禹偁（954—1001）在太平兴国四年（979）十一月写给宋白的信中所说，胡旦、田锡二人是最早拜入宋白门下的。而胡旦和田锡以宋白之门人自居，早在他们登科前。胡旦在太平兴国三年正月致书田锡，即说"近者拾遗（按指宋白）拜官，小子躬贺，喜沃无已，吾子可知"。胡旦后来在淳化二年（991），不理违制，擅离坊州徙所，也要去探望被贬鄘州的宋白，可见他和宋白师弟之谊不浅。至于田锡与宋白师生之深厚情谊，具见于他赠宋白的十多首诗中。田锡对郭贽和张洎不见亲密，而胡旦后来更曾嘲笑郭贽，利用张洎，显然他们并未奉郭贽等为座师。参见《咸平集》，卷二《书一·贻宋小著书》，页33—34；卷三《书二·附胡旦书》，页40；卷四《书三·贻青城小著书》，页47—（转下页）

们一榜人心中，其分量要重得多。

田锡在相州，照样上书言事，但此番却是"不报"，并未受到太宗采纳或嘉许。他在相州年余，在八年（983）调知睦州（今浙江建德市），他在睦州建孔子庙，又上表请朝廷赐经籍给诸生，大得当地士子的好感。① 不过，他的忠诚，要许多年后才再得到太宗的欣

（接上页）48；卷十五《律诗一·寄浦城宋白小著、樽前吟呈宋白小著、览韩偓郑谷诗因呈太素、渭北即事书呈太素、和太素春书、和太素早春书事忆游京国、览太素新编、寄梁周翰补阙杨徽之宋白拾遗、渭北春昼日作思蜀洛旧游寄太素、晚望因寄宋太素府解后有诏旨权停贡举因成长句寄太素简韩丕茂才》，页133、135—139、142—145；卷十六《律诗二·秋夜有怀寄副翰宋白舍人》，页158；卷十七《古风歌行一·寄宋白拾遗》，页165—166；《宋史》，卷四百三十二《儒林传二·胡旦》，页12830；卷四百三十九《文苑传一·宋白》，页13000；陆游（1125—1209）撰，李剑雄、刘德权点校《老学庵笔记》（北京：中华书局，1979年11月），卷六，页72；祝尚书《王禹偁事迹著作补考》，收入《稽古拓新集——屈守元教授八秩华诞纪念》（成都出版社，1992年12月），页389—391。关于胡旦嘲笑郭贽之事，参见本书90页。

① 关于田锡知睦州之年月，《宋史》和《淳熙严州图经》均系于八年。然《长编》在八年十二月条下，称田锡于是月以权知相州之职上书。然据李焘引《咸平集》之注，田锡之奏，实上于七年十二月，则《长编》所云田锡在八年仍知相州，恐是误置。又据《严州图经》所记，田锡在雍熙二年（985）仍知睦州。他回朝大概在是年底。参见《咸平集》，卷一《奏议·上太宗条奏事宜·太平兴国七年十二月上，时以右补阙知相州，入迎上此奏》，页14—17；《长编》，卷二十，太平兴国七年十二月辛酉条，页530；卷二十四，太平兴国八年十二月己酉条，页563—566；卷二十五，雍熙元年八月癸巳条，页583—585；《宋史》，卷二百九十三《田锡传》，页9789—9790；陈公亮（？—1185后）《淳熙（转下页）

赏，而得以回朝。

胡旦等之仕途在这几年算不上顺利；不过，在太平兴国七年四月，他们总算避过太宗登位以来最大的一场政治清算。他们当看到这场大狱，是太宗为了遂其传子之愿而弄出来的。无权无势、但求自保的秦王廷美固然成为牺牲品，曾作过太宗从龙之臣而邀太宗宠信的卢多逊，也因投机失败而成为陪葬品，遭太宗反脸无情地远贬极南的崖州。当然，在另一方面，以赵普为首的一大群甘作太宗帮凶的投机分子，则得到高官厚禄作为报酬。①

(接上页)严州图经》，卷一，收入中华书局编《宋元方志丛刊》，第五册（北京：中华书局，1990年5月），页4288、4298、4300、4309。

① 卢多逊在太祖时曾帮助太宗打击赵普，以巩固太宗的储位。太祖开宝六年（973）八月甲辰（廿三），赵普垮台，罢相出外，卢多逊在九月己巳（十九）得以擢升为参知政事，相信是权倾朝野的太宗推荐，以酬其功。太宗即位后，在开宝九年十月庚申（廿七）论功行赏，再将他擢为宰相。他又继续打击太宗讨厌的赵普。他何以失宠？张其凡（1949—2016）认为是太宗不满他专权。笔者以为卢捉错用神，以为太宗真的会传弟而去结好秦王廷美，也是太宗要来个兔死狗烹之原因。秦王廷美之所谓"交结"大臣，其实太宗自己在当开封尹和晋王时做得更有迹，这次不过是"欲加之罪"。当然，廷美不知避忌，不识明哲保身，也有取祸之道。笔者推测太宗之箭伤在六年九月前后复发，卢多逊侦知后告诉廷美，廷美于是交结太宗近臣，准备一旦太宗"驾崩"，他就接位。谁知"金匮之盟"不可信，卢多逊不足恃，而太宗在得到赵普输诚而箭伤得到控制后，就与赵普着手暗设圈套清除亲弟。在太宗授意下，太宗心（转下页）

不过,帝王对功臣来个鸟尽弓藏或兔死狗烹却是屡见不爽的。胡旦所亲睹的是,当大局已定,赵普便于太平兴国八年十月己酉(廿七)被罢相出外。太宗对赵普如此无情,相信是为了他所属意的继承人、他的长子楚王元佐(966—1027)的缘故。当太宗觉得赵普已无利用价值,而又怕赵普对元佐不利时,他就像对卢多逊一

(接上页)腹柴禹锡(941—1004)、杨守一(923—988)于太平兴国七年三月首告廷美谋反。廷美首先解开封尹之职,在太宗心腹监视下出守洛阳。到四月,赵普抓着卢多逊交结廷美"谋为不轨"之证据,将卢下狱。审判结果是事前既定的,卢多逊免受刑诊,什么都招认。他与家属被流于今日属海南岛的崖州。总算是赵普手下留情,没听权知开封府李符(?—984)的话,将卢流放于当时被认为必死的烟瘴之地春州(今广东阳春市)。至于廷美则被降为涪陵县公,幽禁于房州(今湖北十堰市房县)。一群地位低微的廷美亲随和卢多逊手下的堂吏被处斩;而与二人亲近的文臣武将,包括卢的同年、翰林学士李穆均被贬降。司马光的《稽古录》写到这里,特别大书"连坐者甚众"。替太宗除去传子之障碍的赵普,自然继续做他的宰相,首告廷美的柴禹锡和杨守一,则分别超擢为枢密副使和枢密都承旨。有关"金匮之盟"与廷美之狱之讨论,可参阅张其凡《赵普评传》(北京出版社,1991年5月),第六章《赵普与太宗》,页185—208;第七章《赵普的晚年》,页209—213;及何冠环《论宋太宗朝之赵普》,香港中文大学研究院历史学部硕士论文,1979年6月(未刊稿),第一章《赵普与宋太宗朝之政争及继统纷争》,页15—82。并见何冠环《宋太宗箭疾新考》,《香港中文大学中国文化研究所学报》,第20卷,1989年,页42—43、49—52;司马光撰,王亦令点校《稽古录》(北京:中国友谊出版公司,1987年12月),卷十七,页679;《长编》,卷二十二,太平兴国六年九月辛亥条,页500—502;卷二十三,太平兴国七年三月癸巳朔至五月癸丑条,页514—520;八月庚申朔条,页525;卷二十四,太平兴国八年四月丁未条,页544;《宋史》,卷三《太祖纪三》,页40;卷四《太宗纪一》,页54。

样,对赵来个兔死狗烹。①胡旦等摇撼不动的宿旧宰臣赵普和卢多逊,都双双因政治投机而倒台。有讽刺意味的是,新进器锐、聪明一世的胡状元,却不察前车之鉴,又学人作政治投机,而从此和赵普一伙,结下不解之怨。

胡旦在赵普被罢前两月,即是年八月辛亥(廿八),以右补阙直史馆上言,指出五代自后唐以来,中书与枢密院皆置时政记,中书就委末厅宰相,枢密院即委枢密直学士,每月编修送史馆。他又说后周显德中,宰相李谷又奏枢密院置内庭日历。但以后却因循阙废,教史臣无凭撰集。他请令枢密院仍旧置内庭日历,委文臣任副使者与直学士轮次记录送史馆。他这番专业的意见获得太宗采纳。是日太宗下诏,诏自今军国政要,并委参政李昉撰录,而枢密院令副使一人纂集,每季送史馆。李昉迎合太宗,更请时政记每月先奏御才付史馆,自然得到太宗同意。胡旦此次建议,无疑博得太宗欣赏。②

---

① 参见张其凡《赵普评传》,第七章,《赵普的晚年》,页213—216;何冠环《论宋太宗朝之赵普》,第一章,第五节《赵普二度罢相之分析》,页83—93。
② 《长编》,卷二十四,太平兴国八年八月辛亥条,页550—551;《宋会要辑稿》,第五册,《职官六·时政记》,页3169。

太平兴国八年（983）十二月，黄河在滑州（今河南安阳市滑县）的水患暂时得到控制，一如以往，朝臣又不免歌功颂德一番。胡旦可能以为刚获太宗赏识之时，再上一篇迎合太宗的颂词，或可进一步讨好太宗。他于是奏上《河平颂》一篇，在恭维太宗"圣明"之余，又对已经被远贬和被逐出京师的卢多逊和赵普大加鞭挞，以为这正中太宗下怀。他在序文中露骨地指责卢、赵二人：

> 贼臣多逊，阴泄大政，与孽弟廷美，咒诅不道，共造大难。赖天地社稷之福，圣皇之灵，觉而黜之。时又强臣普，恃功贪天，违理背正，削废大典，架豪杰之罪，饰帝王之非，榛贤士之路，使恩不大赉，泽不广洽。越八年夏，河拥积石，溃龙门，荡砥柱，泊大伾。高峰为羁，长岸为桔，怒无所作，水潦群汹，大决于滑。……汉家法制，以灾异责三公。申命有司，明举旧典，即谴普于邓，假节为帅，示优恩也。……是天子前黜多逊，后谴普，防大患而遏大灾也。

而他颂的正文更用到"逆逊投荒,奸普屏外"的字句。①那是赵、卢及他们的支持者所不能容忍的。胡旦大概以为,卢、赵已无望回朝,骂他们愈甚,则痛恨二人的"准皇储"楚王元佐当会愈高兴,而自己一旦得到元佐的欢心,将来晋升便大大有望。另一方面,他又可替自己以及受过卢、赵排抑的同年出气,又可博取正直敢言的美名。 不过,他的如意算盘却打不响,他错估了太宗的反应。这场大狱是太宗一手导演的,他利用赵普除去亲弟,又任由赵普乘机铲除其宿敌卢多逊及他的一党;但后来弄到人心惶惶、株连无辜,却未必是太宗的本意。太宗何尝不知他这样做,必招人物议。这敏感的事,自然不提为佳。偏偏胡旦自作聪明,弄巧反拙。结果太宗览奏后大怒,斥胡旦"词意悖戾","敢恣胸臆狂躁如此",要将他贬逐。赵普的好友王祜(924—987)乘机落井下石,指胡旦"指斥大臣,谤讟圣代,下流讪上"。在无人为他辩解的情况下,胡旦被降职为

---

① 《宋太宗皇帝实录校注》,上册,卷二十七,太平兴国八年十二月丙午条,页87—89;《长编》,卷二十四,太平兴国八年十二月丙午条,页561。考南宋岳珂(1183—1243)评论胡旦《河平颂》这两句话时,认为他是迎合祖宗之恶。参见岳珂撰,朗润点校《愧郯录》(北京:中华书局,2016年1月),卷六,"绍兴嘉泰二词",页82。

殿中丞、商州（今陕西商洛市商州区）团练副使，再一次被逐出京师。①

不知是哪一位知制诰所撰，胡旦在责词中被骂得狗血淋头，历数他入仕以来的不是，教素来自负的他大失面子：

> 右补阙直史馆胡旦，猥以庸琐，谬升科级，兼领太史，为吾近臣。顷以江淮漕运，俾司其事，赏赐甚厚，恩奖备至。年少气锐，所为不法。朕思欲全度。尽与洗涤，俾领东海，欲其自新。而乃沉湎于酒，姿行鞭朴，妄奏部下吏课最，以图侥幸，增置胥吏，侵用官钱。丑迹升闻，逮捕系狱，证左已具，适会大赦。朕犹示含垢之道，未行黜幽之典，

---

① 张其凡指出，胡旦由于看穿太宗对赵普其实提防多于看重，所以胆敢上言，指斥赵普。张氏又说胡旦投机不成，被太宗降罪，是因他"戳穿了太宗君臣之间关系的伪装"。此论甚是；不过，笔者以为元佐的因素也不宜忽略，胡旦投的机，不仅是太宗，还是在迎合元佐。胡旦后来参预拥立元佐之谋，相信他早在此时，已与元佐有渊源。至于王祐，他是王旦（957—1017）之父，与赵普素有旧，自然维护赵普，向胡旦落井下石。参见《宋太宗皇帝实录校注》，卷二十七，太平兴国八年十二月丙午条，页89—90；《宋会要辑稿》，第八册，《职官六十四·黜降官一》，页4766；《宋史》，卷二百六十九《王祐传》，页9242—9243；张其凡《赵普评传》，第七章《赵普的晚年》，页214—215。

俾在禁掖，司吾策书。乃敢献颂阙廷，毁讟公辅，词意狂悖，莫甚于兹。人之无良，惟曰靡足；言之不善，虽远必违。岂可置于周行？所宜投之四裔。尚通朝籍，俾隶方州。我非无恩，尔宜自省。可授殿中丞充商州团练副使，依分司官例支给半俸，仍不得签署州事。①

当胡旦和田锡力撼宿旧宰臣失败，自身难保时，他们一榜的省元赵昌言则一步一步地冒升，取代胡旦，成为他们一榜人的新领袖。

上一章已言及，赵昌言的父亲赵叡是太宗藩邸旧僚，太宗为开封府尹，选他为雍丘及太康两令，舅父石熙载又是太宗的心腹，加上他在廷试时"辞气俊辩"给太宗甚佳印象，据说太宗见其父名，就对左右说，赵父就是曾任开封府下的县令，当太宗生辰时必献诗百韵为寿，又称他善训其子。金口一开，赵昌言自然擢置甲科，故早年仕途比胡旦、田锡等顺利。他做完一任鄂州通判后，和胡、田二人一样，升为左拾遗、直史馆。他

---

① 《宋大诏令集》，卷二零三《政事五十六·贬责一·胡旦责官制·太平兴国八年十二月丁未》，页755。

没有留在京师供职，而是出任荆湖路转运副使。他比胡、田优胜的地方，是他有治理地方的才干。他在湖北，政绩不俗。值得一提的是他在湖北任上，识拔了李沆（947—1004）和王旦（957—1017）这两个刚在太平兴国五年登第的进士。据王旦子王素（1007—1073）的记载，王旦登第时，为岳州平江令，赵昌言时为荆湖路转运使，见王旦异之，即议以其女配王旦。王旦向其在京师之父王祜请示，王祜同意。王旦便做了赵昌言的东床快婿。①李沆和王旦二人，在真宗朝先后拜相，当政

---

① 赵昌言也在太平兴国七年初，自荆湖转运副使改知袁州，《宋史》本传作"青州"，疑为笔误。参见《宋会要辑稿》，第十二册，《食货四十九·转运司》，页7096；《宋史》，卷二百六十七《赵昌言传》，页9194—9195、9198；王素撰，张其凡、张睿点校《王文正公遗事》（与《清虚杂著三编》合本）（北京：中华书局，2017年7月），第53条，"赵尚书昌言参知政事"，页75；第86条，"公初登第"，页89。考赵昌言父后任安州和申州观察判官，卒年不详。又宋人王得臣（1036—1116）记富弼（1004—1083）曾对他说一则掌故，称太宗平北汉取太原后，想乘胜取幽州，询及众人，参知政事赵昌言回答说，"自此取幽州，犹热鏊翻饼耳"。但殿前都指挥使呼延赞（？—1000）却说书生之言不足尽信，此饼难翻。后来太宗竟往攻幽州而败北，正如呼延所说。于是富弼对王得臣三叹说，武人中亦有人。此则笔记所记赵昌言及呼延赞当时的官职大误。赵昌言在太平兴国三年刚登第，根本不可能随太宗征北汉，也无资格在御前发言。呼延赞一辈子都未任殿帅。赵昌言在太宗晚年任枢副及参政时也许主张伐辽取回幽燕，但他绝非如此信口开河的人。不知是王得臣误记，还是富弼张冠李戴，弄错了别人。参见王得臣撰，俞宗宪点校《麈史》（上海古籍出版社，1986年10月），卷上《忠谠》，页16。

近二十年，他们对赵昌言后半生的仕途极有助力。有趣的是，赵昌言在太宗朝，可说是李沆和王旦的庇护者；但到了真宗时，却反过来受二人庇护。

赵昌言在太平兴国七年初罢荆湖转运副使，改知袁州（今江西宜春市袁州区）。大概在太平兴国八年，他回京升任知制诰之要职，并且受命预修《文苑英华》。①在他们一班同年中，赵是第一个做到这个文臣竞逐、有望从此青云直上的禁职的。事实上，赵也是他们一榜中第一个进入二府出任执政的人。他在早年仕途上比胡旦等顺利，除了因他本身的才干外，对他有利的

---

① 赵昌言出任知制诰的年月不详，考太宗下令修《文苑英华》在太平兴国七年九月，而《宋会要辑稿》所著录的首批编修者并无赵昌言之名，大概这时赵昌言仍未回京参预修书。赵的女婿王旦的情形相同，本传亦称其预修《文苑英华》，但他的名字也不见于《宋会要辑稿》所载之编修者名单，盖王旦要到淳化初年才回京加入编书工作。据此推断，赵昌言最快大概要到八年才回朝任知制诰。又据《宋会要辑稿》所记，赵昌言任知制诰尚早于韩丕和徐休复（？—991后）（徐与韩同为太平兴国二年进士），按二人均于八年任知制诰，则赵昌言亦不当迟于八年出掌外制。而赵昌言撰于太平兴国九年（即雍熙元年）四月之石熙载墓志铭，结衔已为职方员外郎、知制诰。足证赵任知制诰在太宗雍熙改元前。参见《宋会要辑稿》，第一册，《帝系一·大臣·太宗朝》，页17；第五册，《崇儒五·编纂书籍·文苑英华》，页2835；《宋史》，卷二百六十七《赵昌言传》，页9195；卷二百七十六《徐休复传》，页9399，卷二百九十六《韩丕传》，页9859；赵昌言《赠侍中石公（熙载）墓志铭并序》，页55—56；《欧阳修文集》，第二册，卷二十二，《居士集》卷二十二《碑铭二首·太尉文正王公神道碑铭并序》，页345。

地方，是太宗因念故吏之谊（赵昌言父是太宗幕邸旧臣），而对他另眼相看。① 另外，赵的舅父石熙载在太平兴国六年九月辛亥（十七）自枢密副使、刑部侍郎官拜户部尚书充枢密使；而极赏识赵，将他选为省元的郭贽，也在七年四月甲子（初三），当赵昌言回朝时任参知政事。朝中有人，而赵这时又不像胡旦和田锡那样公然和宰相对着干，自然在仕途上较顺利了。②

赵昌言在太平兴国九年五月丁丑（廿八），以将仕郎职方员外郎的职位奉敕撰写《新修晋祠碑铭》，大大表扬太宗在即位后"东平江浙"，然后"南下漳泉"，继而在太平兴国四年五月"仗天威兮举天步，兴兹戎务廓万宇"，平定北汉的伟业。全文善颂善祷，肯定让太宗心花怒放。③ 十一月丁巳（十一），太宗改元雍熙，正受太宗眷宠的赵昌言在雍熙年间便领导他的同年在朝中大展身手。

---

① 见本书 48 页。
② 《长编》，卷二十二，太平兴国六年九月辛亥条，页502；卷二十三，太平兴国七年四月甲子条，页515；卷二十四，太平兴国八年七月丁卯条，页548—549。按郭贽于太平兴国七年四月拜参政，八年七月罢，赵昌言若因其荐为外制，当在八年七月前。
③ 《全宋文》，第六册，卷一〇五《赵昌言·新修晋祠碑铭并序·太平兴国九年五月丁丑》，页13—15。该碑铭录自天一阁藏明代地方志选刊本嘉靖《太原县志》卷五。

第四章

公然树党：从雍熙北伐到端拱政争（984—988）

胡旦被贬的翌年（984），太宗改元雍熙。这年正月，被太宗幽禁于房州的廷美忧悸成疾而卒。太宗完全解除了传子的障碍后，便再将精力放在整军经武的事上。不少人都猜想到，太宗在不久的将来，会再挥军幽燕，报太平兴国四年高梁河之役的一败之耻。①

雍熙二年（985）是胡旦等人在仕途上从逆转顺的一年。赵昌言虽然连续失去了郭贽和石熙载两个有力的庇护人，但太宗对他文武兼资的才干愈发赏识，除了在是年正月，任他为同知贡举外，数月后又命他出知河北

---

① 太宗于雍熙元年二月壬午朔（初一）御崇政殿，亲自检阅诸军将校，又在是年四月乙酉（初五），往金明池观习水战。到了雍熙二年（985）二月丙戌（十一），更对宰相宋琪（917—996）等言及石晋割地予辽之旧事，声称"割地甚非良策"，他要收复燕云之意甚明。宋琪岂不知太宗之意？他只好回答说："方今亭鄣肃清，生灵安泰，皆由得制御之道。恢复旧境，亦应有时。"见《长编》，卷二十五，雍熙元年正月丁卯至二月壬午朔条，页572—573；四月乙酉条，页576；卷二十六，雍熙二年二月丙戌条，页594—595。

重镇天雄军（即大名府，今河北邯郸市大名县）。①大名府是宋朝防备辽南侵的要塞，也是宋攻辽的前进基地，任长官的必是有武干的重臣。赵昌言膺此要职，足见太宗对他的器重。

胡旦倒霉了一年多后，这回看准太宗的意向，洋洋洒洒地写了一篇《平燕议》，力主攻辽，收复幽燕。结

---

① 石熙载于雍熙元年正月戊午（初七）去世，赵昌言于是年四月为他舅父撰写墓志铭。至于郭贽已于前一年七月因醉酒失仪被罢参政职。雍熙二年一科，知贡举是翰林学士贾黄中（945—996），同知贡举的除赵昌言外，还有七人，包括赵的知举张洎、开宝六年的状元宋准、太平兴国五年的状元苏易简（958—996）和他的同年宋湜（950—1000）、南唐陪臣徐铉（917—992）、吕蒙正的同年韩丕、太祖宰相范质（911—964）的从子范杲（？—992后）和有份修《文苑英华》的席贻庆（？—995后）。这年三月己未（十五），太宗亲试合格进士一千九百七十七人，这一榜的状元是郓州须城人梁颢（963—1004），而遗才再中选之七十六人之首是昇州上元人洪湛（963—1003）（太宗将洪湛升为第二名）。赵昌言在这月便出守大名府，而梁颢刚好又选为大名府观察推官，在赵昌言幕下。关于梁颢中状元的年岁，宋人笔记有作八十二者，实为附会，刘乃和氏已考证此说之不确。参见《长编》，卷二十四，太平兴国八年七月丁卯条，页548—549；卷二十六，雍熙二年三月己未至壬戌条，页595；《宋史》，卷二百四十九《范质传附范杲传》，页8797—8799；卷二百六十七《赵昌言传》，页9195；卷二百九十六《梁颢传》，页9862—9864；卷四百四十一《文苑传三·洪湛》，页13057；赵昌言《赠侍中石公（熙载）墓志铭并序》，页55—56；《宋太宗皇帝实录校注》，上册，太平兴国九年正月戊午条，页99—101；中册，卷三十二，雍熙二年正月癸亥条，页267；三月己未至壬戌条，页293—297；刘乃和《关于梁颢的传说和事实》，原载《北京师范大学学报》1961年第4期，现收入刘氏著《励耘承学录》（北京师范大学出版社，1992年7月），页400—402。

果，他得到太宗重新起用为左补阙、直史馆，回到京师。①他和赵昌言都主张对外进取的政策，正投太宗所好，而得到擢用。

至于田锡、张鉴、牛冕和董俨等也在这一年回到京师，分别出任判登闻院、监察御史、直史馆等职。董俨与胡旦、赵昌言交好，政见也相近；田锡虽然与胡为至交，但他和张鉴一样，不以出兵幽燕为然。而牛冕也和田、张二人一样，和胡旦走得不算太近。②胡旦要联合他们多数的同年，结党成派，则要待赵昌言回朝，升任

---

① 《宋史》，卷四百三十二《儒林传二·胡旦》，页 12828—12829。按《宋史》胡旦本传未明言此奏上于何年，惟奏中说"太原克复以来，于今七载"。可知此奏上于雍熙二年。

② 《宋史》田锡本传不详其何时还朝判登闻鼓院，他在雍熙二年仍知睦州，以三年一任之例推断，田锡于雍熙二年底任满还朝而判登闻鼓院，甚为可能。又按《宋会要·职官三》载："太平兴国九年（按即雍熙元年）七月，诏改匦院为登闻院，仍令谏院依旧差谏官一员判院。"田锡在雍熙二年官右补阙，身份正吻合这差使。张鉴于太平兴国六年十二月以左赞善大夫知婺州（今浙江金华市婺城区），就加著作郎，至雍熙二年四月离任还朝。他和田锡一样，不同意出兵幽燕，他虽是涿州人，但当太宗问群臣讨幽州方略时，他却上疏极言不可。董俨于雍熙三年二月庚申（廿一）以右补阙加直史馆，推想他当已于二年底自忠州回朝复任右补阙之职。参见《宋史》，卷二百七十七《张鉴传》、《牛冕传》，页 9415、9439；卷二百九十三《田锡传》，页 9790；卷三百零七《董俨传》，页 10123；《宋会要辑稿》，第五册，《职官三·中书省·登闻院》，页 3079；《宋太宗皇帝实录校注》，卷三十五，雍熙三年二月庚申条，页 436；《八琼室金石补正》，卷九十四《婺州题名碑记》，页 659。

更高职位之后。

雍熙二年虽说是胡旦东山复起的一年,但这年九月楚王元佐纵火焚宫而被废为庶人的意外,①却对胡旦等的仕途投下一层阴影,因为痛恨赵普的元佐被废,赵普就有望复出。

雍熙三年(986)正月,太宗下诏出兵三路攻辽。太宗满以为可雪高梁河一败之耻,并收复幽燕。可惜事与愿违,这次北伐又以宋军惨败告终。②当宋军败讯传来之时,在邓州(今河南南阳市邓州市)的赵普在五月丙子(初九)奏上了他有名的《雍熙三年请班师表》。赵普在表中痛陈北伐之弊,并力主严惩怂恿太宗伐辽的人。这清楚表示,倘若赵普重新掌权,他一定不会放过胡旦等人。赵普一片忠心,除了大为改善太宗对他的恶感外,还给太宗次子陈王元僖(966—992)留下深刻印象,为他日后复相留下一伏笔。③

---

① 参见何冠环《宋太宗箭疾新考》,页52—53。
② 《长编》,卷二十七,雍熙三年三月庚辰至五月丙子条,页608—614。有关雍熙北伐之论述,可参见张其凡《赵普评传》,第七章《赵普的晚年》,页227—232。
③ 《长编》,卷二十七,雍熙三年五月丙子条,页614—617。关于赵普上这奏疏的讨论,可参见张其凡《赵普评传》,第七章《赵(转下页)

赵昌言也在宋军惨败后，在六月乙巳（初八）遣天雄军观察支使郑蒙乘驿赴阙上书。不过，他和赵普不同，他并不是说太宗北伐不对，而是说宋军惨败，过在主帅曹彬（931—999）违反太宗的战略而致败北。他请斩曹彬等败将，以振军心。太宗本就心有不甘，还想再战，赵昌言的话，正中下怀，又大大给他保留了面子。太宗览奏嘉叹，优诏褒奖他。七月乙亥（初八），赵昌言被从大名府召回，擢升为宪台之长的御史中丞。太宗曾驾幸金明池，特召赵昌言从游，宪官从游宴，自赵昌言始。他圣眷方隆，擢入二府是早晚的事。①

赵昌言在雍熙四年（987）四月己亥（初七）再自御史中丞晋升为右谏议大夫、枢密副使，位列二府大臣。因当时河朔用兵，枢密副使张宏（939—1001）循默备位，无所建明，而赵昌言多次上言论北边利害，于是太宗将二人的职位两易。这年赵昌言年四十三，他是太平兴国三年进士中第一位出任知制诰、御史中丞和二府

（接上页）普的晚年》，页232—236；何冠环《论宋太宗朝之赵普》，第三章《赵普与宋太宗朝之辽夏政策》，页246—270。

① 《长编》，卷二十七，雍熙三年六月乙巳条，页619；魏泰：《东轩笔录》，卷十三，页149；《宋史》，卷二百六十七《赵昌言传》，页9195。

执政的。①

至于他的同年好友田锡和胡旦也分别取得太宗的欢心，其中胡旦在是年五月，又凭他熟悉典故的长处，上言指旧制文武臣僚皆以功行上下各赐谥法，近年来却成阙典，而须本家请谥，所费甚多。他指出现有建隆以后文武臣僚三品以上合赐谥的百余人，他请令史馆编录文状送礼部定谥，并付史馆收入国史。今后臣僚薨卒，就令礼官取本家行状定谥，再送考功司详覆，另令考功司关送史馆，永为定式。太宗对他这番合理的建议自是乐从。宋人笔记对胡旦议谥法的事，曾提到他乘机捞了一笔，据载武宁军节度使同平章事歧国公陈洪进（915—986）三月庚寅（廿二）卒，他的家人请赐谥。胡旦就扬言应谥"忠靖"。可忠靖乃是下军的军号。陈子惧怕，就贿胡以白金数镒，于是改正为"忠顺"。胡旦于雍熙四年九月丁卯（初七），再自右补阙、直史馆升为户部员外郎充史馆修撰。同月他又上言，请修本朝开国

---

① 据王瑞来的考证，赵昌言拜枢密副使在四月己亥（初七），而非《宋史·太宗纪二》所记的四月癸巳朔（初一）。徐自明（？—1220后）撰，王瑞来校补：《宋宰辅编年录校补》（北京：中华书局，1986年12月），第一册，卷二《雍熙四年》，页47—48；《宋史》，卷五《太宗纪二》，页80。

以来的帝纪、表、志及列传，并提出应该立传的臣僚的名字，包括太祖从龙功臣、官至枢密副使的李皇后父李处耘（920—966），将李列为功臣三人之首，这显然博取了李皇后的欢心。[①]就像在太平兴国八年八月的上言，无疑胡旦的渊博获得太宗的欣赏。

田锡比胡旦早三个月当上知制诰，他获得太宗欢心的方法是献诗。田锡在九月丁丑（十七）上《乾明节祝圣寿诗二十韵》，得到太宗欢心，并和诗以赐。田锡随即上表谢恩，再次恭维太宗一番。丙子（十六），田锡又上书请东封泰山。太宗即以他守起居舍人知制诰。相信赵昌言也有份推荐。[②]

胡旦到是年十二月辛亥（十七），终于获授知制诰之职，据宋人笔记载，胡旦在是年五月，曾问一自称会相

[①] 《宋会要辑稿》，第四册，《礼五十八·谥》，页2013；《宋太宗皇帝实录》，中册，卷四十二，雍熙四年九月丁卯条，页500；程俱（1078—1144）撰，张富祥校证：《麟台故事校证》（北京：中华书局，2000年12月），《残本》，卷三下《国史》，页313—315；吴曾：《能改斋漫录》，卷十三，"陈洪进子以白金赂改父谥"，页391；《宋史》，卷五《太宗纪二》，页78；卷四百八十三《世家六·陈洪进》，页13692。

[②] 《咸平集》，卷二十三《表一·谢御制和祝圣寿诗表、进乾明节祝圣寿诗表》，页234、241；《宋太宗皇帝实录》，中册，卷四十二，雍熙四年九月丁丑条，页502；《长编》，卷二十八，雍熙四年九月丙丑至丁丑条，页639。

人的越州僧海慧大师仲休（？—987后）他何时可以当知制诰？该僧回答说很快，但预言他若草赞善大夫制便会有祸，被胡旦指为妖言而不信。当然，这则笔记之预言纯为附会不足信，但胡旦之热衷此职却是宋人之共识。田锡有幸为胡旦撰写出任知制诰的制辞，田锡自然大大赞美胡旦的文才与学识，并提到他在《春秋》学上的造诣：

> 敕：朕以王道致时雍，人文化天下。而制诰之职，侍从之臣，必敷求其才，简拔精选。俾朕约束言语，与三代同风。以尔具官胡旦，学识该通，笔力遒健，杰出多士，绰有文名。自中台为郎，史阁供职，得《春秋》之徽旨，见褒贬之余才。然未司吾言，宁满尔志。是用升于清切之禁，观其润色之词。无令元白常扬，专美前代。勉修儒行，以答殊恩。①

因端拱改元，群臣加官，是年（988）二月庚子

---

① 委心子（？—1117后）撰，金心点校：《新编分门古今类事》（北京：中华书局，1987年7月），卷十《胡旦制诰》，页157；《咸平集》，卷二十八《制诰一·户部员外郎充史馆修撰胡旦可知制诰》，页334；《宋太宗皇帝实录》，中册，卷四十二，雍熙四年十二月辛亥条，页529。

(十三)赵昌言自左谏议大夫加工部侍郎。丁未(二十),田锡自起居舍人迁兵部员外郎,胡旦自户部员外郎迁司封员外郎并依前知制诰。董俨和陈象舆也分别在是月戊申(廿一),以刑部员外郎并升为本曹郎中,出任度支副使和盐铁副使的要职。至于牛冕也在四月丁亥朔(初一)自左正言直史馆。①

在此也附带一述,太平兴国三年一榜的第四人李蕤和第五人崔策的事迹。据王禹偁(954—1001)的《送李蕤学士序》所说,王称李蕤为司封李学士,说他文行策名江左。大概他在南唐时有文名,入宋后在太宗"即位之二祀,锁厅举进士甲科",即他以现任官员应举。王说他馆殿十余年,其间司外计,典大郡亦多。又说他以名曹职,出佐庐江(即庐州)。于是王为他写此序文。②至于崔策,早在雍熙四年九月庚辰(二十),以

---

① 《宋太宗皇帝实录》,卷四十三,端拱元年二月庚子条,页554;丁未至戊申条,页561;卷四十四,端拱元年四月丁亥朔条,页581;《长编》,卷二十八,雍熙四年四月己亥条,页633。按董俨在雍熙四年四月己亥(初七),以刑部员外郎直史馆,与右神武将军王继升(925—988)同掌水陆发运司。太宗以他有理财之能,于是擢他为度支副使。

② 据徐规教授(1920—2010)的考证,王禹偁这篇送李蕤的序文,或撰于端拱年间。王称李为学士,也许是直昭文馆,或指他在南(转下页)

屯田员外郎之官充福建路转运使，其事迹亦仅载及此。当以赵、胡为首的在京的同年进士，在端拱元年开始公然不避地结党时，似乎没有找上李、崔二人，也许二人在外而没有参与。

这个"同年党"的核心成员包括胡旦、赵昌言、董俨、陈象舆，和赵的门生兼在大名时的幕僚、雍熙二年榜的状元梁颢。田锡虽与胡旦和赵昌言交好，但他素来不群不党，故并未加入他们的"夜半之会"。胡、赵等五人，"尽同年生，俱少年，为一时名俊"，常常在京师赵昌言家作长夜之饮，而"棋觞弧矢，未尝虚日"，常常乘醉夜分才归，据说京师的金吾吏逐夜要等候他们的马首声诺。陈象舆醉，以鞭捶其吏说："金吾不惜夜，玉漏莫相催。"他们不避人耳目，故京师的人有"陈三更，董半夜"的说法。他们以清议自命，抨击朝政，但也很有野心。他们的行动到端拱元年达到高峰。①

(接上页)唐时所带的学士。参见王禹偁《小畜集》，《四部丛刊初编》本（台北：台湾商务印书馆，1965年），卷二十《送李巖学士序》，页140；徐规：《仰素集》（杭州大学出版社，1999年5月），年谱卷，《王禹偁事迹著作编年》，页148；《宋太宗皇帝实录》，中册，卷四十二，雍熙四年九月庚辰条，页504。

① 《长编》，卷二十九，端拱元年三月甲子条，页650—651；《玉壶清话》，卷五，页51—52。

正当他们意气风发地公然结党时,他们的大对头赵普居然得到太宗的谅解,于雍熙四年十二月,从襄阳(今湖北襄樊市)来朝。当太宗见到这个和他恩怨纠缠不清的老臣时,竟大为动容。更令人触目的是,早在雍熙三年十一月出任等同皇储之开封尹、权倾朝野的陈王元僖,竟立时上表太宗,请复相赵普。他的表文更有所指地说,若赵得以复相,"当使结朋党以驰骛声者气索,纵巧佞以援引侪类者道消"①。另一场政争已是山雨欲来了。

在赵普回朝后的第二个月,太宗再改元端拱。未几,以赵昌言为首的新进"同年党",便与以赵普为首的旧功臣元老势力展开斗争。揭开斗争序幕的是赵昌言等打垮宰相李昉(925—996)的行动。

端拱元年正月,胡旦指使一个与他亲近的佣书人翟颖(胡旦为他改名翟马周,以他是唐太宗的名臣马周[601—648]复出)击登闻鼓,讼告宰相李昉失职,指他当辽兵入寇时,不忧边务,只顾饮酒作乐。翟还自荐为大臣,并历举数十人可为朝臣。胡旦并期赵昌言为内

---

① 张其凡:《赵普评传》,第七章第三节《第三次担任宰相》,页236—237。

应。胡旦大笔写的这篇讼词，果然奏效。太宗于二月庚子（十三）即解去李昉的相职。不过，胡旦等失算的是，赶走了无甚干才的"老好人"李昉，赵昌言不但未能更上一层楼，还让手段厉害而又得到陈王元僖支持的大对头赵普有机会复相！①

太宗罢退李昉的同时，拜赵普为首相，而擢升胡旦曾看不起的吕蒙正为次相。据称赵普也一力推举吕，以阻太宗喜欢的赵昌言拜相。太宗另又擢升吕的两个同年王沔（949—991）和张宏为参知政事和枢密副使。赵普再度当权后，立即对付胡旦一伙。是年三月，他得到刚晋位许王的元僖帮助，找到胡、赵等结党及种种"不法"罪证。结果太宗大怒，诏捕翟颖下狱审问，尽得赵昌言等罪状。太宗将胡、赵五人全部贬黜：赵昌言贬为崇信军（即随州，今湖北随州市）节度行军司马，不得签署公事。陈象舆、董俨和胡旦分别贬为复州（今湖北天门市）、海州、坊州（今陕西延安市黄陵县东北）团练副使，梁颢责为虢州（今河南三门峡市灵宝

---

① 《长编》，卷二十九，端拱元年二月乙未至庚子条，页647；三月甲子条，页650—651；《宋史》，卷二百六十七《赵昌言传》，页9195。

市)司户参军,至于胡旦指使上书的翟颖,更被决杖流海岛。赵普公布赵昌言的罪名是:"枢密副使、工部侍郎赵昌言,早以微才,擢居重任。訏谟之效,未见尽忠;险诐之踪,颇闻于树党。交结非类,玷辱清朝。"至于胡旦等之罪名也是"盐铁副使、户部郎中陈象舆等,自膺选任,累践清华,戴君既乏于尽忠,结党乃通于非类,险诐无已,踪迹自彰"。总之,结党就是罪状。赵普痛恨赵昌言,本来还要定他死罪,总算太宗爱才,赵昌言方不致像太宗佞臣侯莫陈利用(?—988)那样,落个身首异处的下场。①

---

① 《长编》,卷二十九,端拱元年二月庚子条,页647—648;三月甲子至乙亥条,页650—652;《宋太宗皇帝实录校注》,卷四十四,端拱元年三月甲戌至乙亥条,页575—579;《宋会要辑稿》,第八册,《职官六十四·黜降官一》,页4768;第九册,《职官七十八·罢免上》,页5189;《宋史》,卷二百六十七《赵昌言传》,页9195。有关赵普与赵昌言等之争的讨论,可参阅张其凡《赵普评传》,第七章第三节《第三次担任宰相》,页238—241;何冠环《论宋太宗朝之赵普》,第一章第七节《端拱复相与政争》,页105—116。张氏认为"赵普打击赵昌言、胡旦一伙人,实际上是打击太宗亲信中企图扰乱时政、改变太祖之制的人"。此说略嫌笼统,笔者以为赵普为防止赵昌言等在太宗身边,再影响太宗出兵辽国,以雪雍熙之耻,才一定要置赵昌言于死地。事实上赵普之杀侯莫陈利用,也基于同样理由。笔者以为赵普要杀侯莫陈,不在于他乱法纪,实在于他是当年有份鼓吹雍熙北伐的人。有关侯莫陈利用得太宗宠信之原因和其事迹,可参阅何冠环《宋太宗箭疾新考》,页40—43,"侯莫陈利用考"。

这次赵昌言等被黜,与他气味相投早有交情的柳开,在八年后,即至道元年(995)十二月,当柳开为其堂兄柳肩吾撰写墓志铭时,就明言"今凤翔赵公昌言,适为枢密副使,谴于随,害赵者构开。及京,去知全州。"柳开虽没有明言害赵又构他的人是谁,但推知他指的是赵普或其党。①

赵普这次痛下杀手,把胡旦等人一网打尽,一方面是报私怨(胡旦、陈象舆都与他有过节);②另一方面也为了他们主张攻辽的政见。赵普主张弭兵,反对轻举妄动,对于好作大言、爱纸上谈兵如胡旦之流,自然不能容忍。赵普见太宗喜欢赵昌言,有任他为相之意,就更得尽早除掉他。而胡旦及赵昌言攻击过的曹彬和李昉,既与赵普交好,又同属功臣元老,③这次党争,也

---

① 柳开:《柳开集》,卷十四《宋故朝奉大夫守太子左赞善大夫河东郡柳君墓志铭并序》,页194。
② 胡旦当日上《河平颂》痛骂赵普已见上文,陈象舆与赵普的过节,据《长编》所记,当赵普罢相出镇时,他贻书十阁,体式皆如申状。收到赵的表状的人识得赵普的厉害,都不敢接受而封还赵普,只有陈象舆不当一回事,照收如仪。以忌刻好报复著称的赵普,以陈象舆慢己,他重掌权力后,自然不会放过胡、陈二人。参见《长编》,卷二十九,端拱元年三月甲子条,页651;《涑水记闻》,卷一,第24条,"杯酒释兵权",页12。
③ 李昉在太祖朝曾维护过赵普,而赵普在太宗时又为曹彬(转下页)

就有新进士与旧勋臣抗争的色彩。至于许王元僖之所以帮助赵普，也暗藏储位争夺的因素。元僖所以力荐赵普复相，笔者以为正因赵普不见容于元佐。元佐虽被废，但明德李皇后（960—1004）一直心向他，而太宗原本也最钟爱他，一旦太宗回心转意，元僖是很难与其长兄及其支持者抗衡的。除非元僖能找到一个太宗信任而不会向元佐输诚，又压得住群臣的元勋重臣的帮助。赵普正是元僖要找的人，二人自然一拍即合。元僖要借助赵普之力以固储位，赵普也得倚太宗爱子为内助。①二人宫中相府，里应外合。胡旦等行事既疏，又乏有力奥援，碰上政治斗争老手的赵普，焉能不败？

（接上页）申辩过。关于李、曹两家，宋真宗曾誉："国朝将相家能以声名自立，不坠门阀，惟昉与曹彬家尔。"他们既交好，又同属宋之功臣集团。参见《宋史》，卷二百五十六《赵普传》，页 8940；卷二百六十五《李昉传附李宗谔传》，页 9136、9142。

① 何冠环：《论宋太宗朝之赵普》，第一章第六节《赵普与楚王元佐、许王元僖》，页 94—104。

第五章

暗通宫闱：党争与继位之争

胡旦等在端拱政争中惨败，一方面是结党之迹太显露，授对手以口实；另一方面是欠缺有力的内助所致。经一事，长一智。他们在下一回合的党争中，已懂得暗中勾结太宗和李皇后信任的宦官王继恩（？—999），而他们也因此介入继位之争。

田锡本来没有和胡旦等结党，并且也曾上书支持过赵普的政策。他在端拱二年（989）正月上奏，为赵普不预军事决策不平，他说："去年招置义军，札配军分，宰相普等亦不知之。岂有议边陲，发师旅，而宰相不与闻！若宰相非才，何不罢免？宰相可任，何不询谋？今宰相普三入中书，再出藩镇，重望硕德，元老大臣，人所具瞻，事无不历，乞陛下以军旅之事，机密之谋，悉与筹量，尽其规划，此乃国家大体，君父至公。"大大捧了赵普一番。他也同样为次相吕蒙正说话，据宋人笔记所载，田锡任知制诰时，太宗命一个地位低微的小使臣三班奉职在出使回来后上殿,报告所见民间利病。但田锡认为不妥,他上言说太宗若令三班奉职上殿言事,那置吕蒙正以下何用?太宗接受他的谏言,就罢召这个三班奉职上殿。不过,他在这年十月上言论旱灾,却不中太宗之意,加上奏中有"阴阳失和,调燮倒置,上侵下之职而烛理未尽,下知上之失而规过未能,所以成兹咎征"的话,把君相一齐开罪了(这时赵普抱疾在告,在中书当是吕蒙正和王沔)。他就无法不去职了。他不合为胡旦的好友兼同年,到底不见容于赵普等。端拱二年十月,他以上言触怒宰相,罢知制诰,出知陈州(今河南周口市淮阳县)。①

他出知陈州。好友王禹偁先后撰有《送田舍人出牧淮阳》、《和陈州田舍人留别五首》及《寄田舍人》等诗七首送之。徐规教授引述其中最末一首《寄田舍人》,

① 《长编》,卷三十,端拱二年正月乙未条,页675—676;卷三十二,端拱二年九月壬申条,页689—690;《宋史》,卷五《太宗纪二》,页89;卷二百九十三《田锡传》,页9790;《咸平集》,卷二十四《表二·陈州谢恩表、海州谢恩表》,页254—256;洪迈(1123—1202):《容斋随笔》(上海古籍出版社,1978年7月点校本),《容斋四笔》,卷十四,页774;夷门君玉撰,杨倩描、徐立群点校:《国老谈苑》(与《丁晋公谈录》等三种合本),(北京:中华书局,2012年6月),卷二,"三班奉职上殿言事"条,页68。

指出其中显出田锡的风骨,及王禹偁对好友直谏被贬的感受:

> 出处升沉不足悲,羡君操履是男儿。左迁郡印辞纶阁,直谏书囊在殿帷。未有金谐征贾谊,可无章疏雪微之。朝行孤立知音少,闲步苍苔一泪垂。

徐氏也指出王、田二人交谊,亦见王的《酬赠田舍人》所述:

> 忆昔逢君在邹鲁,翰林丈人东道主。一言得意便定交,数日论文暗相许。尔来倏忽十余年,共上赤霄连步武。禁中更直承明庐。深喜蒹葭依玉树。两制惟君最清慎,笔力辞锋有余刃。方期夜直金銮坡,谁知共理淮阳郡。①

---

① 王禹偁:《小畜集》,卷七《律诗·送田舍人出牧淮阳》,页40;《和陈州田舍人留别五首、寄田舍人》,页41;卷十二《歌行·酬赠田舍人》,页85—86;徐规:《仰素集》,年谱卷,《王禹偁事迹著作编年》,页144—145。

田锡的厄运未去,淳化三年(992)五月,他对陈州民张矩(?—992)杀死同里王裕一家两口一案,未有仔细审问,而让凶手逍遥法外。王裕的儿子王福为雪枉,应募为卒,上京告御状。太宗大怒,令御史台审理此案,结果张矩伏法,而田锡及陈州通判郭渭(?—992后)在是月丁未(十四)均坐失职贬官。田、郭分别被贬为海州和郢州(今湖北钟祥市)团练副使。田在陈州和海州,都曾上书自述生平,在海州并进《感恩诗》五十首,却未能再打动太宗召他回朝。他的好友时贬商州(今陕西商洛市商州区)团练副使的王禹偁同病相怜,有诗《寄海州副使田舍人》相赠,诗云:

> 系即匏瓜转即蓬,可怜踪迹与君同。眼前有酒长须醉,身外除诗尽是空。闲采紫芝饥可疗,欲浮沧海道应穷。声名官职相磨折,休意西垣药树红。①

---

① 王禹偁:《小畜集》,卷九《律诗·寄海州副使田舍人》,页57;徐规:《仰素集》,年谱卷,《王禹偁事迹著作编年》,页162;《咸平集》,卷二十四《表二·陈州谢恩表、海州谢恩表》,页254—256;《宋大诏令集》,卷二百三《政事五十六·贬责一·责田锡等诏·淳化三年五月丁未》,页756;《宋史》,卷二百九十三《田锡传》,页9790—9791。

不知田锡读毕此诗是何味道。值得一提的是，在这段日子里，他的同年如胡旦等似乎与他没什么联络，也不载有赠诗（按：胡旦等诗文集不传）。据他所撰的《乞住涟水军寄居》《谢许涟水寄居》《谢侄男昌裔加阶》三奏状所记，他离开海州，到达涟水军（今江苏淮阴市涟水县），访问纲运稍并之情，他见河道未通，就请求留在涟水军。在该月十四日，他收到太宗敕书准他在涟水军暂住。他又说待日后郊禋，就可在涟水军请给料钱。稍后他又上奏，感谢太宗授其侄前涟水军主簿田昌裔，以礼毕圜丘而获加阶为文林郎。考太宗在淳化四年正月辛卯（初二）祀天地于圜丘，大赦天下。田昌裔加恩而田锡上表谢恩当在此时。田在表中称："臣昨因谪宦，已遂量移，寻蒙圣慈，许寄涟水。"他大概就在淳化四年获量移较近京师的单州（今山东菏泽市单县东南）团练副使。这段日子是他一生最倒霉的。而在这年春，他的同年李蕤则以司封员外郎直昭文馆，与乐史（930—1007）奉命一同出使两浙巡抚。李以后的事迹不详。①

---

① 《咸平集》，卷二十四《表二·谢量移单州表》，页257；卷二十六《奏状一·谢除侄男昌裔涟水主簿》，页286；卷二十七（转下页）

当胡旦这一榜人仕途失意时,吕蒙正及其同年则如日中天。除了吕蒙正拜相,王沔、张宏为参政及副枢外,张齐贤(943—1014)亦因赵普的力荐,于端拱二年七月甲申(初六)复为枢密副使,另外王化基(944—1010)也在同年九月戊子(初十)自驾部员外郎知制诰被擢为右谏议大夫权御史中丞。此外,李至(947—1001)、陈恕(946—1004)和温仲舒(944—1010)也各任要职。①到淳化元年(990)正月戊子(十一),赵普以老病告退时,吕蒙正一榜人便独领风骚。②

吕蒙正和他的同年,其实和胡旦等人一样,互相声

(接上页)《奏状二·乞在涟水军寄居、谢许涟水军寄居、谢侄男昌裔加阶》,页291—293;《宋史》,卷三百六《乐史传》,页10111。考田锡在谢其侄授涟水军主簿一奏中,言及他"解演诰之职司,荷颁条之寄任,遂拜章以陈乞,方积忧虑,蒙宸旨以曲从,特与除授,里闾之内,一家增荣"。大概田昌裔授涟水军主簿是田锡在端拱二年十月罢知制诰之时。

① 《长编》,卷二十九,端拱元年九月丁未条,页657;卷三十,端拱二年七月甲申条,页681—682;九月戊子条,页687;《宋史》,卷二百六十六《温仲舒传》,页9182;卷二百六十七《陈恕传》,页9198—9199。李至在端拱元年九月见任秘书监,而温仲舒则以上书称旨,在端拱二年七月与寇准同擢为枢密直学士,陈恕则任给事中、盐铁使。

② 《长编》,卷三十一,淳化元年正月戊子条,页697。赵普自端拱二年秋,便以病免朝谒。及冬,病益重,于是称病笃而三上表致政。太宗于是授他为西京留守兼中书令。

援照应，只是吕蒙正要比胡旦、赵昌言谨慎聪明，虽有比党之实，却不露结党之迹。值得注意的是，有"龙虎榜"之称的太平兴国五年榜进士，以苏易简、李沆、寇准为代表，这时已慢慢冒起，成为宋廷一股可以挑战吕蒙正等的新兴力量。不过，寇准等后来却成为胡旦等党争的对手，而非盟友。①

　　淳化二年（991）是政争激荡的一年。首先是在这年三月，寇准揭发他的同年王淮（？—992后）之罪，借以打击王淮兄长、当时专权任事的参政王沔。而王沔又和在四月刚升任参政的同年张齐贤和陈恕互攻。到了九月，刚拜副枢的温仲舒，又借吕蒙正妻舅左正言度支判官宋沆（？—999后）等五人伏阁上书请立元僖为太子事，恩将仇报地攻倒吕蒙正。②

----

①　太平兴国五年榜的状元苏易简早在雍熙二年已升为翰林学士；李沆则于端拱二年三月自知制诰拜翰林学士，寇准则受知于太宗，在端拱二年七月己卯（初一），擢为枢密直学士。参见《长编》，端拱二年七月己卯条，页680；洪遵（1120—1174）编《翰苑群书》，收入傅璇琮、施纯德编《翰苑三书》一（沈阳：辽宁教育出版社，2003年3月），卷十《学士年表·自建隆至治平》，页77—78。

②　《长编》，卷三十一，淳化元年十二月辛酉条，页708；卷三十二，淳化二年二月癸丑至丁巳条，页711—712；二月己丑至三月己巳条，页713—715；九月丁丑至乙巳条，页719—723；《宋史》，卷二百六十六《王沔传》、《温仲舒传》，页9180—9183；卷二百九十六《杨徽之传》，页9869，卷四百三十九《宋白传》，页12998—13000。　（转下页）

值得一提的是，暗通宫闱，有份上书拥立元僖的五人中，也包括太平兴国三年的探花冯拯在内。考冯拯登科后，补大理评事通判峡州（今湖北宜昌市），稍后权知泽州（今山西晋城市），再徙坊州。太平兴国年间，他一直在外，故得以避过秦王廷美之狱，也没介入胡旦在太平兴国八年攻击赵普的事。他在雍熙二年四月前已迁太常丞一度还京，未几奉命出使江南，视察旱情，并查官吏能否。他还奏称旨，即擢为右正言，权知石州

（接上页）寇准准备攻击王沔前，他的两个同年谢泌（950—1012）和张观（944—996）已上言间接地抨击王沔专权，王沔偏偏又与自己的同年张齐贤和陈恕失和，弄到四面受敌。不过，寇准借攻击自己的同年王淮来打击用法不公的王沔，虽说是伸张公道，但亦有如杨徽之（921—1000）等以为他是投机取富贵，凑巧他与温仲舒交好，人们就将温攻吕、寇倒王的事相提并论，说他们均出卖同年了。有关讨论，可参阅 Ho Koon-wan, *op. cit.* pp.78-84。关于吕、温二人的恩怨，宋人笔记有一说，称温不忿输给吕，得不到状元而妒恨吕。吕拜相后，又不肯在太宗前承认温是他昔日的布衣之交，故二人交恶。不过，据群书所记，吕、温二人交情甚密，温知汾州（今山西吕梁市汾阳市）时，以私通监军家婢之故，除籍为民，穷困京师有年，是吕蒙正竭力援引，他才得复籍。至于温攻吕之口实，是指吕为相，为报复当年同里的张绅（？—998后）不肯借钱给他，而一口咬定张绅在知蔡州（今河南驻马店市汝南县）时贪污，把他革职。太宗相信温的话，以张绅是洛中豪家，不会受贿，肯定是吕蒙正挟私怨陷害张绅。不过，后来却又证明张绅确有受贿。参见吴处厚（？—1089后）撰，李裕民点校《青箱杂记》（北京，中华书局，1985年5月），卷一，页2；曾枣庄、刘琳编《全宋文》（上海辞书出版社，2006年8月），第二十九册，卷六百零九《富弼十一·吕文穆公蒙正神道碑·熙宁元年》，页42—43。

（今山西离石市）。岁余代归，再出使河北，与转运使樊知古（943—994）计度边储。使毕，回朝担任判三司户部理欠凭由司，改度支判官。①

冯拯参加上书，一方面是他投机性格使然，以为许王元僖是太宗钟爱的人，他成为王储是早晚的事，故上书以讨许王之欢心。另一方面，很有可能是元僖的人授意他这样做。冯拯与他的同年胡旦及赵昌言的政治立场很不同，他与赵普有很深的渊源，宋绶为冯拯写墓志铭，谈到他与赵普的关系，说其父"列考与故太师真定王赵公有同府之契。真定节制河桥，公修名上谒，燕语弥日，许以远至"。而《宋史·冯拯传》则说，冯拯登科前曾以文干谒赵普，得到赵的大大赞许，说他将来也会富贵寿考，同赵普一样。司马光《涑水记闻》则说冯父是赵普的门房。赵普有一次见到冯拯，奇其状貌，因而鼓励他读书，他登第也靠赵普为他延誉。魏泰《东轩笔录》也有相类的说法，说冯父是赵普的管家，而冯拯见赵时只有十余岁，因弹雀于赵普所坐之帘前而为赵所识，立召其父，嘱他好好给冯拯读书。司马光和魏泰

---

① 《宋史》，卷二百八十五《冯拯传》，页9608；《宋太宗皇帝实录校注》，卷三十三，雍熙二年四月乙亥朔条，页313。

之说可信，宋绶和《宋史》所记，不过是饰去冯拯出身寒微的事实而已。赵普是冯拯的大恩人，赵普复相，冯拯当然投其门下，听他吩咐。当赵普复相并成为许王最大的支持者后，冯拯很可能因赵普之故，投靠了元僖。当胡旦、赵昌言与赵普斗法时，冯拯不在京，这倒使他不致左右做人难。他出使江南和河北都有表现，加上太宗对他早有印象，他在淳化元年回朝后，即出任度支判官的要职。不过，冯拯等五人没有料到，太宗不但没有顺理成章地应众人之请立元僖为太子，还痛责宋沆等"词意狂率"，将他们重贬以惩躁妄。而且连累了吕蒙正在是月己亥（初三）被罢相。冯拯在六天后（乙巳，初九）也自左正言黜知端州（今广东肇庆市）。在他们一榜进士中，他年最少，他的特点是懂得依附权势，赵普与许王固然要攀附，同年也自然要攀附，其他有势的人也照样依附。若说他们同年中，田锡最鲠直不群，那冯拯则刚好相反，他是最势利最懂看风转舵的。寇准最看不起他，但偏偏是他做了后来胡旦等打垮寇准的急先锋。①

---

① 上书五人中，带头的宋沆在九月辛丑（初五）被责为宜州（今广西河池市宜州市）团练副使，左正言尹黄裳与冯拯同日被黜知 （转下页）

因内斗及外人的攻击，吕蒙正一榜人的力量大受削弱。首先是张宏在淳化二年四月辛巳（十二）罢枢副为吏部侍郎，然后王沔、陈恕二人再在九月丁酉（初一）双双罢参政，吕蒙正在两天后罢相。虽然张齐贤在九月己亥（初三）代吕蒙正为相，王化基也在同月庚子（初四）真除御史中丞，却是得不偿失。寇准一群则是这一年政争的胜利者，除了他在四月辛巳（十二）升任枢副外，李沆也在九月己亥（初三）拜参政。另外，苏易简已当上翰林学士承旨，大用在望。①

(接上页)邕州（今广西南宁市），右正言、太平兴国八年的状元王世则（？—1000后）黜知象州（今广西来宾市象县），赵昌言在雍熙二年任知贡举时所取的右正言、第二人榜眼洪湛黜知容州（今广西玉林市容县）。尹、王、洪三人本皆直史馆，都被解史职。他们五人都被贬往岭南，算是严责了，参见《涑水记闻》，卷六，第153条，"冯拯"，页104；《冯拯墓志铭》，页120；《东轩笔录》卷二，页15；《长编》，卷三十二，淳化二年九月己亥条，页720；辛丑至乙巳条，页723；《宋史》，卷二百八十五《冯拯传》，页9608；卷四百四十一《文苑传三·洪湛》，页13057。

① 《长编》，卷三十二，淳化二年四月辛巳条，页714；九月丁丑条至十月辛巳条，页720—724；《翰苑群书》，卷十，叶五上；《宋史》，卷二百六十六《苏易简传》，页9172—9173。按苏易简迁中书舍人拜翰林学士承旨，在淳化二年九月。苏在是年十月辛巳（十六）献《续翰林志》二卷，太宗嘉之，赐诗二章，纸尾批云："诗意美所居清华之地也"。苏即请将太宗赐诗刻石以昭示后世。太宗欢喜，再以真草行三体书写其诗，命翰林待诏吴文赏刻之，并遍赐近臣。他又以飞白书"玉堂之署"四大字，令中书召苏付之，将之榜于厅额。太宗对苏说："此永为翰林中美事。"而苏回奏说："自有翰林，未有如今日之荣也。"苏易简懂得讨太宗的欢心，而太宗对他甚厚，有意等他名望足后升为参政。

这一年的政争有两点值得注意：第一，同年进士为了自身的利益考虑（可以美其名曰帮理不帮亲），一样可以攻击或出卖本来"情同兄弟"的同年；正如其他什么同乡、亲属、座主门生关系，在政治权势利害前，不见得人人都会重义轻利、不来个卖友求荣。第二，党争已牵涉继统问题。宋沆等上书，显然是受元僖及其党羽所鼓励。其实，太宗已视元僖为当然的继承人，元僖一党急于要"太子"这一名分，相信是怕李皇后、王继恩支持的元佐，会得到太宗的原谅，而以长兄无可争议的身份夺回皇储之位。赵普已病废，元僖大概指望吕蒙正一伙支持他，以巩固储位。而吕蒙正一伙中，大概也有人以为可以"投其所好"地请太宗正式立元僖为太子，以收拥立之功，增加自己的政治本钱。不过，宋沆等人未察太宗在立储事上有难言之隐，盖太祖孝章宋皇后（952—995）一日在世，太宗要公开正式立自己的儿子为太子，只怕会引起宋皇后等太祖旧人的非议。①而以太宗雄猜之性情，哪能让宋沆这等小臣做如同拥立的

---

① 参阅蒋复璁（1898—1990）《宋太祖孝章宋皇后崩不成丧考》，收入《珍帚斋文集》，卷三，《宋史新探》（台北：台湾商务印书馆，1985年9月），页288—297；何冠环《宋太宗箭疾新考》，页50—51。

事?太宗曾对近臣表示:

> 屡有人言储贰事,朕颇读书,见前代治乱,岂不在心?且近世浇薄,若建立太子,则宫僚皆须称臣。宫僚职次与上台等,人情之间,深所不安。盖诸子冲幼,未有成人之性,所命僚属,悉择良善之士,至于台隶辈,朕亦自拣选,不令奸险巧佞在其左右。读书听书,咸有课程,待其长成,自有裁制。何言事者未谅此心耶?

反对吕蒙正的人,便可借这件最敏感的事来大做文章。吕蒙正一向是行事谨慎的人,不会不知太宗的心事。他可能不知妻弟宋沆上书的事,但宋沆是他所擢用,他就脱不了关系。他罢相为吏部尚书的制词责他以"援引亲昵,窃禄偷安",话说得极重,可见太宗对他的猜疑与不满。①

胡旦与赵昌言等在淳化二年后才慢慢从贬所回升。当他们仍在外时,他们另一个同年李昌龄慢慢

---

① 《长编》,卷三十二,淳化二年九月己亥条,页720。

崛起。李昌龄字天锡，宋州楚丘人。他出身官宦之家，父李运（？—982）官至太常卿。他登第后，先后通判过合州（今重庆市合川市）和银州（今陕西榆林市横山县党岔乡党岔村大寨梁）。京师开金明池，他献诗百韵予太宗，得到嘉许而擢右拾遗、直史馆。出知广州前，曾知陈州以及当过淮南转运使。他一直当外官，至淳化二年才代还。他在广州，不能廉洁自守；不过，他实有干才。回朝后，即以治广州市舶之经验，建议改革市舶官买之制；另外，他又建议许广西山民以半价卖象牙予官，两得其利。李昌龄有治剧之才，但最大的毛病是贪财。他在知广州时几乎被劾贪污而致罢官，幸而太宗信他，还擢他为枢密直学士，并在是年八月己卯（十三）掌新设的审刑院。太宗对他信任有加，不久又命他掌铨职，继而调任户部使。到了淳化三年（992），再调度支使，很快又升任御史中丞。除了需要文才的两制职位外，朝中要职他几乎都做过，他入二府是无人会怀疑了。他官符如火，除了太宗赏识其才外，相信是权势甚大的中官、官拜皇城使的王继恩的内助。他交结王继恩的时间不详，大概是掌审刑院时，与主管皇城司之王继恩往来。①

淳化三年,当赵普离开宋廷后,仍得太宗眷顾的赵昌言终于还朝,拜右谏议大夫。因有人主张弛茶盐禁,以省转运之费,太宗就命他为江淮两浙制置茶盐使,并委他的同年薛映与右司谏张秉(961—1016)副之,但他反对弛茶盐禁,太宗初时不纳,促他前往,但赵固执如初。太宗勉强他不来,就改派户部副使雷有终(947—1005)代之,卒以无利而罢。稍后太宗命他再知大名府。②

就在赵昌言东山复出的时候,赵普和许王元僖相继在这年的七月乙巳(十四)和十一月己亥(初十)死

---

① 参见《宋史》,卷一百九十九《刑法志一》,页4971—4972;卷二百八十七《李昌龄传》,页9652—9653;《长编》,卷三十二,淳化二年八月己卯条,页718—719;《玉海》,卷一百七十一《宫室·太平兴国金明池》,叶四十六下(总页3149);《宋会要辑稿》,第六册,《职官十五·审刑院》,页3423。据《宋史·刑法志一》所记,李昌龄在雍熙三年以判刑部上言,以旧制大理定刑送部,详覆官人法状,由主判官下断语,乃具奏。至开宝六年,阙法直官,致两司共同断定覆词。他请宜令大理所断案牍,寺官印署送详覆。得当,则送寺共奏,否则疏驳以闻。按李昌龄在雍熙三年尚未还朝,他在淳化二年才以枢密直学士知审刑院,疑此条实系于淳化二年。

② 赵昌言在淳化二年复职知蔡州,三年召拜右谏议大夫还朝。他被谪随州(崇信军)凡三年。参见《宋史》,卷二百六十七《赵昌言传》,页9196;卷三百一《张秉传》,页9996。

去。已告老的赵普是久病而死,元僖却是糊里糊涂地被其宠妾张氏误毒身亡。赵普病亡,太宗既念旧情,又因兔死狐悲之故,哀悼不已;及元僖意外身死,太宗先是痛不欲生,跟着却转深哀为极怒,本来痛惜元僖之死,追赠太子之号;但当有人告发元僖生前种种"不法"事,而经王继恩"查明属实"后,元僖马上"失宠",不但太子的名号失去,他的宠妾张氏以及亲吏均被诛或被重谴,包括元僖的宫僚、后来成为胡旦等的对手、太宗誉为"大事不糊涂"的名相吕端(935—1000)。①

能够告发太宗爱子的人,笔者以为只有太宗的李皇后。李皇后一直心向元佐,这次对元僖来个死无对证的攻击,一方面可报元僖当年挑拨元佐与太宗反目之恨;另一方面正好为元佐当年纵火的事开脱。李皇后和主审此案的王继恩要造成元僖生前曾以巫蛊之术暗害父兄的

---

① 《长编》,卷三十三,淳化三年七月乙巳至己酉条,页737—738;十一月己亥至丙辰条,页740—742;《宋史》,卷二百八十一《吕端传》,页9514。关于赵普和元僖之死之讨论,可参阅何冠环《宋太宗箭疾新考》,页53—54;张其凡《赵普评传》,第七章第四节《赵普之死》,页243—250。另丁谓的《丁晋公谈录》对吕端在太宗朝经多番折腾,却不以为意的器识度量有详细的描述并称美。也记述寇准向太宗推荐他器识非常,以他渐老,请太宗早用。然后近臣皆上言,称朝廷宜大用他。参见潘汝士(?—1037后)撰,杨倩描、徐立群点校《丁晋公谈录·外三种》(北京:中华书局,2012年6月),"吕端器识"条,页20—21。

印象,并不太难。太宗箭伤久久不愈,而元佐当年如同疯狂的行为,性格一向多疑的太宗,甚有可能相信王继恩侦查此案的"结论":一切都是元僖暗中作怪。

元僖死后,宫中势力最大的便是李皇后。李后外倚执掌禁旅的长兄、名将李继隆(950—1005),①内恃太宗宠信的大宦官王继恩。而由王继恩出面,联结朝臣,一意要复立元佐。胡旦一群,正是王继恩交结的对象。②

胡旦自端拱元年三月被谪为坊州团练副使后,闲了四年。淳化二年九月,胡旦、田锡奉为师的翰林学士

---

① 李继隆字霸图,潞州上党(今山西长治市)人,是太祖功臣李处耘的长子,自太祖朝始,几乎无役不预。在太宗朝,有数次击败辽军的战功,号称名将。淳化以后,官至马军都指挥使。他以后兄之亲、功臣之后,深受太宗信任。他手握兵权,是李皇后之外助。关于李继隆及其潞州上党外戚将门的事迹,笔者在2013年撰有《攀龙附凤:北宋外戚潞州上党李氏外戚将门研究》(香港:中华书局,2013年5月)一书,其中第二章《功比卫霍:宋太宗朝外戚名将李继隆》(页87—177)可以参考。

② 王继恩在淳化五年官内臣当时班官最高职位的昭宣使,兼掌皇城司,控制皇城保安,他与李继隆一内一外,作为李皇后之后盾。考《长编》与《宋史·王继恩传》说王"喜结党邀名誉,乘间或敢言荐外朝臣,由是士大夫之轻薄好进者从之交往"。胡旦、李昌龄以至在外围的冯拯就是所谓"轻薄好进者"。参见《长编》,卷四十一,至道三年五月甲戌条,页865;《宋史》,卷四百六十六《宦者传一·王继恩》,页13603—13604。

宋白，因牵入尼居道安之狱被贬鄜州（保大军），胡旦大概是同病相怜，就什么都不管，擅自离开坊州去鄜州探望宋白（按鄜州和坊州相连，俱在陕西路，胡旦由坊州的州治中部县北行百十里，便是鄜州州治洛交县）。当然，他随即被弹劾；不过，太宗到底怜才，这次并不处分他。①

同月，李沆拜参政，胡旦又生希望，盼和他一同做过知制诰的李沆，念同事之谊援引他回朝（按：李沆在雍熙三年十月拜知制诰，至端拱二年三月擢翰林学士，胡旦则于雍熙四年十二月任此职，端拱元年三月贬，二人共事凡四月）。据宋人笔记载，胡旦致书李沆，贺他升任参政。然胡旦老毛病不改，依然好论人长短，他在信中，一方面大大称誉李沆，想李援引他；另一方面，却又诋毁吕馀庆（927—976）、郭贽、辛仲甫（927—1000）、陈恕几个已罢职的参政。他说："吕参政以无功为左丞，郭参政以酒失为少监（按郭是胡旦的知举），辛参政非才谢病优拜尚书，陈参政新任，失旨退归两

---

① 陆游：《老学庵笔记》，卷六，页72；洪遵：《翰苑群书》，卷十，叶五上。据《翰苑群书》，宋白在淳化二年九月自翰林学士责保大军行军司马，故胡旦前往探望，亦当在此时后。

省。"李沆对胡旦这种扬己抑人的做法大不为然，不肯荐引胡旦，胡可说是弄巧反拙。他回朝不成，不过总算在淳化二年起知明州（今浙江宁波市）。据文莹所记，他赴任途经扬州和杭州，却先后向他两个至好的同年董俨和薛映大打秋风。他拿了二人一笔金银，并不少谢，以为理所当然，自己贪财，还说董俨什么都好，只是性贪。贬谪数年，看来未令他狂气收敛。他不甘居外，最后大概通过李昌龄，走了王继恩的路子（赵昌言相信也出了力），在淳化五年得以再次回朝。他和李昌龄自然都依附了王继恩。①

---

① 按《东都事略》及《宋史》胡旦本传均记胡旦徙知山西的绛州（今山西运城市新绛县），而没提知明州。然据《乾道四明图经》、《延祐四明志》及《玉壶清话》所载，胡旦于淳化二年底（或三年初），继陈充（944—1013）知明州，直至淳化五年才回朝，任工部员外郎、直集贤院。虽然《玉壶清话》记胡旦顺路探访董俨和薛映，时间不合（按董俨知扬州在淳化五年后，而薛映要到咸平初才知杭州）；但胡旦在淳化二年后知明州的可能性很大。至于他在知明州前后有否知绛州，暂不可考（按清人编纂的《绛州志》无胡旦任官之记录）。胡旦还朝时，李沆已罢，而赵昌言则已升任参政。当然，亦多半是王继恩替他说话所致。参见《宋史》，卷四百三十二《儒林传二·胡旦》，页12830；卷四百三十九《文苑传一·宋白》，页12999—13000；《长编》，卷三十二，淳化二年三月己巳条，页714，九月丁丑条，页720；《翰苑群书》，卷十，叶五上；《东都事略》，卷三十八《胡旦传》，叶五上下（页595—596）；赵善璙（？—1208后）撰，程郁整理《自警篇》，收入戴建国等主编《全宋笔记》第七编第六册（郑州：大象出版社，2016年2月），卷四《接物类·厚德》，页103；张津（？—1169后）《乾道四明图经》，收入中（转下页）

值得一提的是薛映,他字景阳,出身后蜀世家,父薛允中(?—965后)原为后蜀给事中,归宋为都官郎中。乾德三年(965),薛允中以判太理少卿上言论妇为舅姑守丧的制度。薛映以世家子而应举出仕,并成为比他迟一榜登第的李沆的长婿。薛映进士及第后,授大理评事,历通判绵州(今四川绵阳市东)、宋州和昇州,累迁太常丞。获御史中丞王化基荐擢为监察御史,知开封县(今河南开封市开封县),太宗召对,擢为江南转运使。胡旦大概在他任江南转运使时向他打秋风。他在淳化三年,以监察御史与秘书丞刘式等上言,请罢诸榷务,令商人就出茶州军榷场算买,既可大省辇运,而商人又都可得到新茶。正如上述,宋廷起初命赵昌言为茶盐制置使,但赵不愿,极陈不便,于是在十月丙子(十六)改以三司盐铁副使雷有终为诸路茶盐制置使,而以右司谏张秉与薛映为副使。在胡旦的同年中,薛映颇有

(接上页)华书局编《宋元方志丛刊》,第五册(北京:中华书局,1990年5月),卷十二,页4979;马泽(?—1320)《延祐四明志》,收入《宋元方志丛刊》,第六册,卷二,页6154;卷八,页6267;《玉壶清话》,卷三,页31—32;王存(1023—1101)撰,王文楚、魏嵩山点校《元丰九域志》(北京:中华书局,1984年12月),卷三《陕西路·永兴军路》,页113、118。

吏才,并是在真宗朝仍然活跃的少数人。①

不过,胡旦等暗通宫闱的事,却一一看在被太宗誉为"大事不糊涂"的吕端眼中。吕端是太祖参政吕馀庆之弟,浮沉宦海多年。他与赵普的关系匪浅,政见上也与赵的主张接近。他先后当过秦王廷美和许王元僖的僚属,曾经受累贬官多次。太宗总算知人,在淳化四年(993)六月壬申(十五),擢他为参知政事。王继恩及胡旦一伙也想不到,吕端才是他们真正的对手,而不是锋芒毕露、在同日罢枢副、而在十月壬申(十八)出守

---

① 《玉海》,第六册,卷一百八十一《食货·茶法·淳化制置茶盐使》,叶二十五上(总页3330);《宋史》,卷一百二十五《礼志二十八·凶礼四》,页2930;卷一百三十六《食货志下五·茶上》,页4479;卷二百六十六《王化基传》,页9184、9186;卷三百一《张秉传》,页9996;卷三百五《薛映传》,页10089—10090。薛映为李沆之长婿,见载于杨亿(974—1020)《武夷新集》,文渊阁《四库全书》本,卷十《宋故推忠协谋佐理功臣光禄大夫尚书右仆射兼门下侍郎同中书门下平章事监修国史上柱国陇西郡开国公食邑三千八百户食实封一千二百户赠太尉中书令谥曰文靖李公墓志铭》,叶六上;及《王文正公遗事》,第20条,"王沂公曾李观察维薛尚书映一日谒公",页57。又刘式的儿子刘立礼(?—1037后),后来做了冯拯的女婿。又《宋史》本传记薛映后自监察御史改左正言直昭文馆,为江淮两浙茶盐制置副使,惟《玉海》及《宋史·食货志下五》则记薛映上言时为监察御史。另与薛映一同任赵昌言及雷有终副使的,据《宋史·张秉传》所记,实是赵普的侄婿、寇准同年张秉,而非《宋史·食货志下五》所记的左司谏张观。另参见本书87页注2。

青州(今山东潍坊市青州市)的寇准。①

这年九月,河北、河南大水成灾,太宗将复相的李昉、新参政的贾黄中(945—996)、李沆和同知枢密院事温仲舒等宰执大臣作为代罪羊。十月辛未(十七),将他们尽数罢免(吕端例外)。而复任吕蒙正为相,并擢升苏易简为参知政事。另又擢升苏的同年向敏中(949—1020)及太宗的晋邸旧臣赵镕(944—998)并为同知枢密院事。而在大名府的赵昌言,这回英雄有用

---

① 有关吕端的生平及其黄老思想,可参见张其凡《吕端与宋初的黄老思想》,收入邓广铭、郦家驹主编《宋史研究论文集》(1982年年会编刊)(郑州:河南人民出版社,1984年7月),页385—411。对于赵普与吕端的关系,张氏只考证了《丁晋公谈录》之误,指出所谓赵普在中书奖誉吕端,实是张冠李戴,原来指的是吕蒙正(页389)。笔者以为赵普奖誉吕端,实亦在情理之中,只是宋人笔记往往将人事时间颠倒,弄得后人真假不分。按吕端长兄吕馀庆,是赵普多年好友,当年赵普被卢多逊攻击,吕始终维护赵普,交情实非泛泛,爱屋及乌,赵普在太宗朝复相后,提拔故人亲弟,实很自然。何况吕端之政治思想又与赵普相同,赵、吕关系虽史书详述的不多,但可以推想得到,当会是很深。又考赵普在真宗初年获追封韩王,正是吕端独相的时期,吕端之报答赵普知遇,亦甚明显。参见《宋史》,卷二百六十三《吕馀庆传》,页9098—9099;张其凡《赵普评传》,第十章第一节《宋朝对赵普的追崇褒录》,页283—286。寇准在淳化四年六月壬申(十五),与知枢密院事张逊(940—995)相争,张被贬而寇被罢同知枢密院事;不过,太宗对寇准仍很看重,给他知青州的好差事。当时人们已看出,太宗很快便会再重用寇准。参见《长编》,卷三十四,淳化四年六月壬申条,页750;十月壬申条,页756。

武之地了。他整治河防，肃清奸猾，管军管民，上下井然。据《玉壶清话》所记，当时黄河贯流大名府，由于府中豪猾之辈蓄储刍粟以谋利，他们暗中使人掘开大名府的河堤，造成水淹。赵昌言侦知，即仗剑露刃，尽取豪猾的刍廪积给府用。当澶河涨，流入御河，赵又出动禁军，杀牛备酒，募豪右出资，派士卒负土护河。众人乐从，不数日，水退城保。赵守大名府无虞，太宗自然大为嘉奖，马上召他晋京，十月丁丑（廿三）擢为给事中拜参知政事。太宗特别告诫他说："半夜之会，不复有之。"至于半夜之会另一主角董俨，在外多年后，移知泰州（今江苏泰州市）。一年后，以户部员外郎知泉州（今福建泉州市），跟着召为京东转运使。到了淳化四年五月，太宗罢盐铁、度支、户部三使，只置三司使。十月，太宗即命左谏议大夫魏羽（944—1001）为三司左计使，董俨升为右谏议大夫三司右计使。但他想更上一层楼，据苏颂的记载，董俨想取代失宠的枢密副使刘昌言（942—999）。他于是使狡计，挑拨刘昌言与正得宠的张洎。他故意对判集贤院杨徽之说，太宗眷宠翰林学士张洎与钱若水，早晚会大用。直史馆钱熙（953—1000）与刘昌言厚善，杨徽之与他见面时，告诉他董之话。钱熙马上告诉刘昌言，刘不知何故，却告诉张洎。张为了固宠，就向太宗告发杨徽之使钱熙飞语中伤他。太宗大怒，召见刘昌言质其语，刘也说杨中伤他。太宗大怒，将杨徽之贬为山南东道行军司马，钱熙落职通判朗州。董俨累了杨徽之被贬，却一时扳不倒刘昌言，他也进不了二府。淳化五年十二月，太宗又分三司为三使，董俨因罢右计使出知扬州，太宗在至道元年正月戊辰（廿一）以钱若水为右谏议大夫同知枢密院事，替代罢给事中的刘昌言。四月癸未（初七）张洎拜参政。董俨枉作小人，奸计害了刘昌言及杨徽之，但他未能补上执政。据文莹说，胡旦曾到扬州探过董俨，他举止豪奢，胡旦拿走了他的一批酒器，到了杭州看薛映，还对薛说："董望之材器英迈，奇男子也，然止是性贪。"不知胡旦说董俨的贪，是否还包含贪恋权势。他后来在至道二年十一月徙知潭州。接他扬州之任的是至道元年四月罢翰林学士知滁州的王禹偁（954—1001）。据徐规教授所考，王禹偁在至道三年正月或二月仍在扬州时，有诗相赠，云："依依行色满帆樯，又借仁风惠远方。暂去长沙非贾谊，犹虚计相待张苍。槛前波浪潇湘阔，雨后汀州橘柚香。翰苑放臣知最幸，愿听民讼继甘棠。"王元之学士的话，有几分是真实，有几分是应酬话，看到董的为人行事便可知。他稍后迁给事中，真宗继位后，到咸平三年才归朝。塞翁失马，他一直在外，倒避过参预他的旧党友老同年胡旦、李昌龄在太宗末年立元佐之谋。①

胡旦和赵昌言等像董俨一样，学得聪明，不会再笨到像以前那样公开结党，他们已懂得暗通宫闱。赵昌言甫拜参政，他的女婿、时任知制诰的王旦，已懂得马上主动提出以回避为理由要求解职。②赵昌言倒是学得聪明了，懂得迎合太宗的喜好。是年闰十月宰执议事时，当太宗批评后蜀主孟昶（919—965）治狱之失时，他便与苏易简齐声附和，并引述南唐主李煜亦有此弊。当太宗阐述其"清静致治，黄老之旨"的治国之道时，他就

---

① 苏颂：《苏魏公文集》，下册，卷五十一《翰林侍讲学士正奉大夫尚书兵部侍郎兼秘书监上柱国江陵郡开国侯食邑一千三百户食实封二百户赠太子太师谥文庄杨公神道碑铭并序》，页767；《长编》，卷三十四，淳化四年九月丙午至丁丑条，页753—756；《玉壶清话》，卷三，页31—32；卷五，页51—52。《宋史》，卷五《太宗纪二》，页91—92、96—97；卷二百九十六《杨徽之传》，页9868；卷三百七《董俨传》，页10123；孙逢吉（？—1093后）：《职官分纪》（北京：中华书局影印文渊阁《四库全书》本，1988年2月），卷十三，页298—299；王禹偁：《小畜集》，卷十一《律诗·送董谏议之任湘潭》，页76；徐规：《仰素集》，年谱卷，《王禹偁事迹著作编年》，页199、213。

② 《长编》，卷三十四，淳化四年十月丁丑条，页756—757。

回奏现在朝廷无事,边境谧宁,是行好事之时,一意来迎合太宗。其实无论胡旦、田锡到赵昌言都懂得以美言讨好太宗,以博取信任。①

太宗与赵昌言君臣没有料到翌年(淳化五年,994)却非"朝廷无事,边境谧宁",而是多事之秋,蜀民李顺(?—1017)在是年正月率众攻陷成都(今四川成都市),而党项首领李继迁(963—1004)与其族兄李继捧(962—1004)也在这年春叛宋,攻袭银夏。太宗分别派王继恩讨李顺,李继隆征李继迁。苦战半年,李顺败死,李继捧被擒,李继迁投降,乱事暂时平定。论功行赏,王继恩升为新设的宣政使。②

---

① 《长编》,卷三十四,淳化四年闰十月己亥至丙午条,页757—758;李攸(?—1135):《宋朝事实》,《国学基本丛书》本,(上海:商务印书馆,1935年4月),卷十六,页240。按《宋朝事实》记赵昌言回答太宗之话,在淳化三年,考诸《长编》,当系四年之误。
② 《长编》,卷三十五,淳化五年正月甲寅朔至戊午条,页766—767;二月甲申朔条,页772;三月甲寅至四月乙酉条,页774—778;四月壬寅条,页780;卷三十六,淳化五年五月癸丑至六月壬午朔条,页784—789;八月甲午条,页792;《宋史》,卷四百六十八《宦者传一·王继恩》,页13603。关于李顺起事,吴天墀教授(1913—2004)与徐规教授都有专文考述,值得参考。参见吴天墀《王小波、李顺起义为什么在川西地区发生》《水神崇奉与王小波、李顺起义》《李顺死年考证》,载吴著《吴天墀文史存稿》(成都:四川大学出版社,1998年9月),页43—91;徐规《关于李顺之死》,载徐著《仰素集》(杭州大学出版社,1999年5月),页584—588。又关于李继隆生擒李继捧,降服李继迁(转下页)

王继恩炙手可热，连一向行事谨慎有分寸的吕蒙正竟也讨好他，说王继恩有平贼功，请太宗授他"执政之渐"的宣徽使之职。太宗虽宠王继恩，但还不致这样糊涂。他痛斥吕蒙正糊涂，说"朕读前代史书多矣，不欲令宦官干预政事。宣徽使，执政之渐，止可授以他官"。但吕蒙正等仍坚持说王继恩大功，非此不足赏。太宗不从，怒责吕蒙正等之余，即命翰林学士张洎和钱若水别立宣政使之名，序位在昭宣使上，授给王继恩，并加王继恩顺州防御使。[①]身为参政的赵昌言这次没有表态，笔者怀疑这次论功授职，他和胡旦等有份在背后出主意。大概老于世故的吕蒙正和吕端等也知道，他们一提出赏王继恩以宣徽使，非被太宗斥责不可，但他们也不能开罪王和在他背后的李皇后之宫闱势力。二人大概只是作态，并非本意如此。

(接上页)的始末，可参见何冠环《攀龙附凤：北宋外戚潞州上党李氏外戚将门研究》，第二章《功比卫霍：宋太宗朝外戚名将李继隆》，页151—158。

[①] 《长编》，卷三十六，淳化五年八月甲午条，页792；《宋史》，卷四百六十八《宦者传一·王继恩》，页13603。按王继恩原先所官的昭宣使是诸司使臣之极，在皇城使之上，可授内臣或武臣。他新授的宣政使，是专授内臣班官之阶。真宗以后，在宣政使上，又加宣庆使、景福殿使及延福宫使三阶。

王继恩虽然收复成都，击败了李顺的主力，但他善后无方，军士漫无斗志，四川依旧不稳，李顺之余党随时有死灰复燃之可能。赵昌言在李顺起事之初，就极力反对派大臣安抚，主张发兵镇压，无使乱事滋蔓。后来乱事一发不可收拾，赵主剿之见就显得有先见之明。然太宗对于用剿抑用抚的方法以平定四川的乱局，一时犹豫不决，盖宋军的斗志成疑。当原籍四川的参政苏易简主张抚的策略时，赵昌言就趁着摄祭太庙、斋宿中书的机会，获太宗召对滋福殿时，力称国家士马精强，所向无不克，认为李顺余党不足虑，并即时奏上攻取之策，自荐领兵平乱之任。太宗大喜，八月癸卯（廿四），任赵昌言为西川、峡路招安马步军都部署，自王继恩以下，都受赵昌言的节制。①对于赵膺此重任，王继恩、胡旦等自然是乐见和支持，因为赵昌言执掌重兵，一旦有事，相信赵会是他们可靠与强大的奥援。

---

① 《长编》，卷三十六，淳化五年八月丁酉至癸卯条，页792—793；九月条，页795；《宋史》，卷二百六十六《苏易简传》，页9172—9173。据《宋史·苏易简传》所载，原籍四川的苏易简，曾与赵昌言不协，至忿争于太宗前。笔者认为二人正是在平蜀问题上各持己见：苏主抚，而赵主剿。苏易简在九月推荐他的同年张咏守蜀，正是以抚的策略收拾王继恩留下的残局。

沉寂了许久的田锡也在赵昌言即将出征四川的同时，上书论政一番，而得以复直集贤院。[1]而熟知军务的张鉴，这一趟受知于太宗。当新授知益州张咏密奏王继恩驭众无方，请太宗派近臣"分屯师旅，以杀其势"时，太宗选中了出身将家的张鉴，并召对于后苑。张鉴不像赵昌言那样热切于统领师干，也许他和王继恩的关系不如他的同年胡旦等密切。他对太宗说，成都新近收复，军旅未和；假如骤然易帅，怕军心会变生不测。他主张以使者身份入蜀安抚。太宗接纳他稳重的建议，命他以枢密直学士的身份，并给他空名宣头及以廷臣多人随行。他在十二月抵成都后，与张咏通力合作，共同讨捕李顺余部，招抚胁从的蜀民，并使王继恩的部兵平安地离开成都，使蜀境得以转危为安。事平回朝，张鉴以功拜左谏议大夫充户部使。事后证明，张鉴的低调做法，要比赵昌言那样大张旗鼓聪明。[2]

---

[1] 《长编》，卷三十六，淳化五年八月乙巳条，页794—795；《宋史》，卷二百九十三《田锡传》，页9791。按田锡《宋史》本传记，他责授海州团练副使后，徙知单州（今山东菏泽市单县东南），召还时为工部员外郎。他上奏论时政时官兵部员外郎，"俄召直集贤院"。疑在是月上奏之后。

[2] 《长编》，卷三十六，淳化五年九月条，页795；十二（转下页）

胡旦等人正在得志之时,他们的老对手、太宗极赏识的寇准,在是年九月从青州奉太宗急诏回朝。太宗这时旧创复发,他终于要考虑他的继承人问题了。尽管李皇后等为元佐说了许多好话,但太宗还是首先考虑元佐的同母弟、太宗第三子元侃(即后来的真宗)。当太宗问寇准何人可以为储时,寇准首先很有智慧地说:"陛下为天下择君,谋及妇人、中官,不可也;谋及近臣,不可也。唯陛下择所以副天下望者。"暗指太宗不可谋及李皇后、王继恩及胡旦等人。到太宗提出元侃的名字时,他即回奏"知子莫若父,圣虑既以为可,愿即决定"。据《寇莱公遗事》的记载,当太宗说以寇准明智不阿顺,才问他,要他明言时,寇准便明白地说"臣观诸子皇孙,无不令美,至如寿王,得人心深矣"。寇准毫不含糊的支持,令太宗下定决心以真宗为继承人。九月壬申(廿三),太宗以元侃为开封尹,改封寿王,大赦天下,并在乙亥(廿六)擢有"定策之功"的寇准为左谏议大夫参知政事。太宗并对首相吕蒙正称赞寇准"临事明敏,今再擢用,想益尽心",并指示吕等要协

(接上页)月戊寅朔条,页802;《宋史》,卷二百七十七《张鉴传》,页9416;僧文莹:《玉壶清话》,卷八,页82。

力同德,事情要从长而行。吕端表示谦退,请位居寇准之下。但太宗以他任参政在寇之前,于是月丙子(廿七)命吕为左谏议大夫,位在寇准之上。吕端间接表态支持太宗的决定,可看出他的世故与智慧。①

以寇准、吕端为首的拥元侃派,与王继恩、胡旦等为首的拥元佐派,从此明争暗斗。当寇准仍未回朝时,赵昌言已被相信是支持元侃的人中伤,说他什么"鼻折山根,此反相也,不宜委以蜀事"。这时病得疑神疑鬼的太宗,居然相信这番鬼话,令仍在路上、刚抵凤州(今陕西宝鸡市凤县)的赵昌言停止前进,将军权交给王继恩,并罢参政,以工部侍郎知凤翔府,"以策安全"。司马光《涑水记闻》曾载中伤赵昌言的,是当时在青州的寇准。这种似是寇准仇家所诬的传闻,李焘已辨其非。当然赵昌言大张旗鼓、大摆架子入蜀的作风,也是自招人忌。据赵之外孙王素所记,当赵昌言出京赴

---

① 《长编》,卷三十六,淳化五年九月壬申至乙亥条,页797;卷三十八,至道元年八月壬辰条,页818—819;《宋史》,卷二百八十一《寇准传》,页9528—9529;佚名撰,赵维国整理:《寇莱公遗事》,载戴建国等主编《全宋笔记》,第二编第一册(郑州:大象出版社,2006年1月),页125。关于寇准力赞太宗立真宗为储之讨论,可参阅 Ho Koon-wan, *op.cit.*, pp.99-100。

蜀时,"慷慨气焰甚盛",赵婿王旦与赵的表弟石中立(972—1049)送别赵后,王旦对石中立说,他的"妇翁此行,未言成功,得不被褐,幸矣"。可见王旦已看到有人要中伤赵,王旦可以看出的,当是朝中的人,而不是远在青州的寇准。王素又说,当有言事者说赵的委付太重时,太宗说他已派人"徐观其处置如何"。太宗回答的人,似是近臣,而不像尚未回朝的寇准。赵昌言夜抵凤翔府,当地官吏迎谒不及,他就斩关而入。他之"威风"马上被人奏报太宗,结果赵被罢兵职,改知凤翔府。按王素言外之意,他的外祖招忌,多少也是自取。①不过我们也可以从侧面看到,拥元佐与拥元侃两

---

① 司马光《涑水记闻》载太宗罢赵昌言兵权事,有二则自相矛盾的说法:一说赵为僧茂贞所谮,一说赵为寇准所中伤。南宋初李攸所撰的《宋朝事实》,则将二说牵合为一,说茂贞谮赵昌言于前,寇准攻击赵于后。李攸之说失实之处有二:一是说寇准当时知凤翔府(今陕西宝鸡市),不审寇准当时实知青州;二是说寇因谮言而得拜参政,而不考太宗所以擢用寇准,实因他定策立元侃为太子所致。李焘《长编》则采茂贞诬赵之说,而以寇准进谮言之说不可信。不过,近人柴德赓(1908—1970)却认为,既然寇准在真宗晚年曾投机地以献天书博取复相,则他早年借中伤赵昌言而邀宠于太宗之说法,并非不可能。笔者以为寇准进言之谗说,于理不合。若非传闻之误,只怕是寇之仇家所作伪以厚诬他。据《宋史·赵昌言传》,寇准一向欣赏赵昌言。寇当权时,一直倚重赵昌言,二人从未见有其他相倾之记载。再说,太宗一直宠信寇准,以寇准自视甚高之性情,他似乎不必靠密谮赵以博取太宗对他之注意。且他也一样无子息,他若真的这么说,岂非连自己也包括其中?另(转下页)

派在太宗晚年明争暗斗的白热情况,而寇准当时确被认为是拥元侃派的领袖。

寇准拜参政后,得君之专,信任之隆,众所瞩目。他名虽副相,但太宗却授予他等同宰相的权柄。① 经他援引入二府的,有至道元年(995)四月癸未(初七)代替吕蒙正为相的吕端,以及同日拜参政的张洎。另外李昌龄也靠寇准的推荐,在至道二年二月庚辰(初九)自御史中丞晋给事中拜参政。考李昌龄在御史中丞任上

(接上页)外,寇准若做过这种对不起赵昌言的事,他的同年李沆和王旦怎会在后来再支持他?他又如何会见重于士林?寇准后来献天书,自然是他一生的污点,但他这么做,也有他正大的理由,我以为柴氏仅以此点而论寇准在淳化五年中伤赵昌言之说可信,似嫌武断。参见《长编》,卷三十六,淳化五年九月条,页796—797;《涑水记闻》,卷二,第50条,"赵昌言";第51条,"赵昌言折颂",页24—25;《宋史》,卷二百六十七《赵昌言传》,页9196—9197;Ho Koon-wan, *op.cit*, pp.237-243;柴德赓《宋宦官参预军事考》第二节《北宋领兵大珰》,原载《辅仁学志》第十卷第一、二合期,1941年1月,现收入柴著《史学丛考》(增订本)(北京:商务印书馆,2017年6月),页50—93;《宋朝事实》,卷十七,页275;《王文正公遗事》,第75条,"赵尚书昌言参知政事",页75。

① 太宗在至道元年四月戊子(十二),从吕端之请,下诏:"自今参知政事宜与宰相分日知印,押记衙班,其位砖先异位,宜合而为一,遇宰相、使相视事及议军国大政,并得升都堂。"太宗这么做,纯是因人设制,为了让资望尚不足拜相的寇准可以合法地当权而改制。后来寇准罢参政,太宗便马上取消参政可以与宰相分权的制度。见《长编》,卷三十七,至道元年四月戊子条,页812;卷四十,至道二年闰七月辛未条,页848—849。

多有作为。他在至道元年七月,便劾陕西转运使郑文宝(953—1013)转运粮饷往灵州的制置乖当,太宗于是以李的同年盐铁副使宋太初代为陕西都转运使。他在同年八月又与知开封府裴丽日上言,以开封府所属诸县所欠夏税,并令折纳大麦。他们以限期之内皆不能交付的人户,若令他们折纳,必致不前为由反对。太宗以三司失于计度,重困疲民,诏御史台劾三司司录与仓司官吏,而民所欠租税,许以枣豆大小麦取便输纳。同月辛巳(初七)又以中丞担任郊祀大典的仪仗使。太宗擢升他为参政,也以他能办事之故。①

在这里得说明一下,寇准对胡旦一榜人的态度,是因人而异的: 对于恃才傲物、而又善于迎合帝后和交结中官的胡旦,寇准厌恶之余,实也心存顾忌;②对鲠

---

① 《长编》,卷三十七,至道元年四月癸未条,页810—812;卷四十,至道二年七月丙寅条,页846—847;《宋史》,卷五《太宗纪二》,页99;潘汝士:《丁晋公谈录》,"吕端器识"条,页20—21;《宋太宗皇帝实录校注》,下册,卷七十六,至道二年二月庚辰条,页668—669;《宋会要辑稿》,第三册,《礼二十八·郊祀五使》,页1309;第十三册,《食货七十·赋税杂录》,页8102;第十五册,《兵二十七·备边一》,页9182—9183。考李昌龄在二年二月庚辰(初九)拜参政同日,太宗又加吕端自银青光禄大夫户部侍郎上柱国东平郡侯为光禄大夫门下侍郎兼兵部尚书依前同平章事,而寇准与张洎就并加金紫光禄大夫进封郡侯。
② 寇准在至道元年正月丁卯(二十),便借论太宗佞幸赵(转下页)

直狷介的田锡,则敬重而不深交。而与他一样才兼文武、但性情刚烈而又与他的同年李沆、王旦关系密切的赵昌言,寇准是器重有加。至于对他恭顺而有才的李昌龄(也包括他们的知举张洎),寇是不吝提拔的。惟对惯于投机的冯拯,寇既瞧不起还要压制。然而,寇准没想到,一年后正是胡旦、冯拯发难,而李昌龄与张洎下石,把他赶下台来。

至道元年四月甲辰(廿八),太祖宋皇后去世。五个月后,八月壬辰(十八),太宗正式立元侃为太子。李皇后及她的支持者自然很失望,要设法破坏元侃的储位。据《寇莱公遗事》的记载,就在元侃以太子的身份接受京师百姓的祝贺,太宗命六宫皆登御楼以观,李皇后听到百姓歌呼"吾帝之子,少年可爱"时,就甚为不

(接上页)赞(?—995)、郑昌嗣(?—995)伏诛事,而对太宗说"今之衣儒服、居清列者,亦颇朋附小人,为自安之计"。笔者怀疑他这一番话,和他在淳化五年九月所说的一样,实在间接指斥"居清列"而为太宗"近臣"的胡旦。考赵赞和董俨曾构陷过朝臣黄观(?—1006后),胡旦和董俨是一党,他和赵赞不会没交往。寇准不直斥胡旦之名,大概因太宗方宠胡旦,而胡又有王继恩的奥援,轻易扳不倒。胡旦交结王继恩,暗通宫闱的事,寇准显然早已知道。据宋人笔记所载,寇准素来便厌恶胡旦。参见《长编》,卷三十七,至道元年正月丁卯条,页808;卷六十三,景德三年六月戊寅条,页1417—1418;胡仔《苕溪渔隐丛话·前集》,卷二十五,"寇莱公"条,页171。

悦而归告太宗。太宗马上召见寇准,说出"四海心属太子,欲置我何地?"又说"百姓但有太子,而不知有朕,卿误朕也"这番居然疑忌起自己所立太子的怪话来。幸好寇准善于应对,再拜,说"太子,万世嗣社稷之主也,若传之失其人,实为可忧,今天下歌得贤主,陛下大幸,臣敢以为贺",才将太宗莫名的猜疑去除,不然后果难料。从种种旁证推测,挑拨太宗父子的人,最大可能的正是当时在场的李皇后,她显然回宫后对太宗说了真宗及寇准许多坏话。《长编》记太宗听完寇准为太子辩解的话后,"趋宫中,语后嫔以下,六宫皆前贺"。猜想六宫之主的李皇后这时其实内心痛恨寇准破坏她的大事。①

有寇准保护,李皇后一党就不容易动摇元侃的储位。因此要打倒元侃,就首先要除掉太宗言听计从的寇准。至道元年十一月王继恩从四川奉召回京,二年正月辛酉(二十)入对便殿,太宗慰劳久之。在胡旦、李昌

---

① 《长编》,卷三十八,至道元年八月乙亥朔条,页818;《寇莱公遗事》,页125;《宋史》,卷五《太宗纪二》,页97—98,卷二百八十一《寇准传》,页9529。并参见何冠环《宋太宗箭疾新考》,页51有关太宗奇怪心理的相关讨论。

龄等协助下,一班"轻薄好进"的士大夫便和王继恩暗中在京师的多宝僧舍相会,密谋推倒元侃的储位,其中包括医过太宗箭伤、又与寇准颇有交的诗人潘阆(?—997后)。胡旦等这次学得聪明了,不再像在雍熙、端拱时公然在赵昌言家聚会,而改在僧舍佛寺暗通消息。①他们花样不少,除了由潘阆借疗治太宗时进言、影响太宗对元侃的印象外,又在至道二年四月丁丑(初七),找一个平民韩拱辰到检院上言,说王继恩功大赏薄。太宗总算明智,没有听二人的话,还将二人贬逐。②

① 《长编》,卷四十一,至道三年五月甲戌条,页865—866;《宋史》,卷五《太宗纪二》,页98;卷四百三十二《儒林传二·胡旦》,页12830;卷四百六十六《宦者传一·王继恩》,页13604;《宋太宗皇帝实录校注》,下册,卷七十六,至道二年正月辛酉条,页648—649。按王继恩在至道元年十一月奉诏自四川回朝,到至道二年正月辛酉(十四)抵京,太宗见于便殿,慰劳久之。关于潘阆之事迹,可参见何冠环《宋太宗箭疾新考》,"潘阆考",页44—45;张其凡《吕端与宋初的黄老思想》,页390。

② 早在潘阆之前,已有王得一其人,因疗治太宗箭疾而乘机劝太宗立元侃为储。潘阆于至道元年四月因王继恩之荐入见太宗,他和太宗"论诗"后(其实是疗疾),于是月丙申(二十)获赐进士及第,但未久又被追回诰赐,理由是他"所为狂妄故也"。笔者以为潘阆像王得一般,趁机"妄言"立储之事。当然,他是反对以元侃为储的。太宗这时并未改变主意,当然以潘阆所言为狂妄。至于上书的韩拱辰,就说王继恩"有平贼大功,当秉机务,今止得防御使,赏甚薄,无以慰中外之望"。这人很有可能是胡旦指使。利用平民上书论政,胡旦在端拱时便干过。不过,这次试探性之上书没起到作用,太宗览书后大怒,以韩拱辰妖言惑众,把他杖背黥面配隶崖州禁锢,只差没杀掉他。见《宋太宗(转下页)

不过，这年六月发生由王继恩主审之御医赵自化（？—1004后）事件，几乎牵涉了元侃。①真宗后来说，他在这段日子里，实在常忧人中伤，恐储位不保。②真宗这

（接上页）皇帝实录校注》，下册，卷七十七，至道二年四月丁丑条，页683—684；《长编》，卷三十七，至道元年四月丙申条，页812；卷四十一，至道三年五月甲戌条，页865—866；《宋史》，卷四百六十六《宦者传一·王继恩》，页13604；何冠环《宋太宗箭疾新考》，"僧茂贞、王得一考"，页43。

① 至道二年六月，有一个名叫郑元辅的平民，上告御医赵自化"漏泄禁中语"及"指斥非所宜言等事"。太宗最初的反应是"甚骇，亟命宣政使王继恩就御史府鞫之"。后来总算查出郑是挟怨诬告。太宗将郑处斩，而以赵自化坐侍医禁中，却与非类交结，将他贬为郓州别驾。猜想太宗起初的反应如此强烈，是他以为赵自化真的漏泄了他的病情。太宗的健康是很敏感的事，假若赵自化在王继恩的审问下，说出打探太宗健康的是皇储元侃，那后果就不堪设想了。大概因寇准在位，王继恩有所顾忌，不敢以赵自化一案诬陷元侃。参见《宋太宗皇帝实录校注》，下册，至道二年六月戊戌条，页714；《宋史》，卷四百六十一《方技传上·赵自化》，页13508；何冠环《宋太宗箭疾新考》，页51，注20。

② 据《长编》及《梦溪笔谈》所记，在至道二年五月辛丑（初二），太宗令开封府判官杨徽之等三人按行管内诸州民田，旱甚者就免其税。杨等上所免租数，以开封府十七县皆以岁旱免税。时为参政的寇准便说开封府冬夏税岁收三十万斛，令蠲免五分之一，其间贫下及新归业的理当免却，但那些形势户免税就有侥幸之嫌。太宗同意寇准的看法。于是立时有人向太宗打小报告，欲中伤当时任开封尹的元侃，大概说他想收买民心。太宗得报后，有御史迎合太宗之意，上书言开封府放税过实。太宗于是命京东、西两路诸州选官覆按。当时有份覆按的亳州判官王钦若（962—1025）作出对元侃有利的报告，说他所按的太康、咸平两县不但没有放税太多，还嫌不够，他主张完全豁免所欠的税。但其他使者都说放税过多。王钦若后来深受真宗（即元侃）宠信，亦种因于此。真宗后来对辅臣（可能是吕端）说："当此之时，朕亦自危惧。钦若小官，敢独为百姓伸理，此大臣节也。"又按至道二年二月辛巳 （转下页）

时能化险为夷，自然是由于被太宗誉为魏徵（580—643）的寇准之保护。在至道二年七月，王继恩等终于找到一个难得的机会，把炙手可热的寇准打倒。发难的是胡旦那倒霉多年的同年冯拯。

冯拯自从淳化二年被贬端州后，为了博取太宗好感，一直不放过任何机会，连连上书言事，包括请遣使括诸路之隐丁，更制版籍，以及议盐法通商共十余事。他又献在端州所著的《番禺纪异集》五卷呈上太宗。晁公武（1105—1180）记冯拯在淳化中谪知端州后，见岭

（接上页）（初十）前任御史中丞的，是李昌龄，他的继任人是吕蒙正的同年、人称儒厚长者的左谏议大夫许骧（943—999），但许以疾请辞，太宗不许，许却以久病不能供职，以至太宗晚年到真宗初年阙御史中丞，有些职务要由侍御史知杂事牛冕代理。看来打小报告的，不应是许。多半是专门刺探外情的勾当皇城司的宣政使王继恩。而一唱一和的御史，当是王的同党李昌龄或李的手下。考如本书106页注1所载，李昌龄在至道元年八月，曾与知开封府裴丽日上言，批评三司令开封府所属诸县所欠夏税，并令折纳大麦。李裴二人以为这种做法只能使民户不交税。于是太宗诏李昌龄的御史台劾三司录与仓司官吏。可见李昌龄对开封府属县欠税的情况甚为清楚。他很有嫌疑背后打新任开封尹真宗的属下杨徽之的小报告。至于许骧应该没有对不起真宗，不然，真宗后来也不会那么优待他。参见《宋史》，卷二百七十七《许骧传》，页9435—9436；《宋太宗皇帝实录校注》，下册，卷七十六，至道二年二月辛巳条，页670；《长编》，卷三十九，至道元年五月辛丑条，页832—833，卷四十二，至道三年十一月丙寅条，页888—889；沈括（1031—1095）撰，金良年点校《梦溪笔谈》（北京：中华书局，2015年11月），卷十二《官政二》，页122；《宋会要辑稿》，第十三册，《食货七十·赋税杂录》，页8102。

南鸟兽草木、民俗物情与中原异，于是录之，分类为三十门，共三百事。太宗被他打动了，想召他还朝委以政事，但在淳化五年九月回朝当政的寇准却压制他，不让他回朝，先把他徙去朗州（今湖南常德市），半途又将他调到广州当通判，冯拯深恨寇准，思欲报复是很自然的事。群书皆记寇准素来不喜冯拯，惟据孙抃（996—1064）所记，寇准和冯拯曾"并游"吕蒙正婿丁度（990—1053）祖父丁颛（？—980后）在开封的书楼，似乎二人相识很早，二人何时生嫌隙待考。①

宋绶在天圣元年（1023）十二月为冯拯撰写墓志铭，把冯拯从出仕到贬知端州，及后上书论政，再迁广州左通判这段失意的日子，婉转含蓄地写他如何努力求进以及治事之干练，至于他受寇准的打压就没有明白言及，只说"岂远孤而自薄，非贵势之能屈"：

---

① 晁公武撰，孙猛校证：《郡斋读书志校证》（上海古籍出版社，1990年10月），卷八《地里类·番禺记异五卷》，页355；《长编》，卷四十，至道二年七月丙寅条，页848；曾枣庄、刘琳编：《全宋文》（上海辞书出版社，2006年8月），第廿二册，卷四百七十五《孙抃三·丁文简公崇儒之碑》，页377、381；《宋史》，卷二百八十五《冯拯传》，页9608。考《宋史·冯拯传》记冯拯上言十余事，太宗欲召他还参知政事，以他当年有份上书请立元僖为皇太子而被太宗怒责，而当时他的官职尚低，既未任两制或枢密直学士，也未任御史中丞或三司使等要职，更未历枢副一阶，太宗超擢他为参知政事似不可能。疑《宋史》误记。

其初，脱巾沿牒，奔命于四方。兴事修官，靡监之不暇；强志精力，明习而不挠。离石近塞，武备为急，利兵搏粟，而师期以济；端溪服岭，伪政未革，书被履亩，而邦赋以均。七闽之南，恤孤终，问疾苦，则存恤之泽下究；大河之北，阅见粮，按边琐，则进孰之计上达。惟番禺之奥府，萃海舶之奇货。吏或贪墨，禁乃放驰，公检以刚肃，励其廉清，率和友僚，抑绝奸利，所居可纪，奏课连最，荐书交于车府，去思溢于郡合。其间以心术商功，利明而不苛。抗省官已责之请，键绝簿多门之蠹。凡所建白，足为程制。以才望任言，责忠而不疚；岂远孤而自薄，非贵势之能屈。前后陈时务而裨治体者，非可悉数。太宗厉精核实，而公以治行屡蒙褒劳。①

至道二年正月辛亥（初十），宋廷以祀天地于圜丘，大赦天下，中外文武加恩升官进秩。可寇准的老毛病发作，他率意而为，凡是他所喜欢的人，多得迁

---

① 宋绶：《冯拯墓志铭》，页119。

台省清秩；他所恶的或不识的，就依序而进。寇准对冯拯成见太深，在循例升官的事上仍要整冯拯一把，他连依序而进都不依，硬要抑压冯拯。据《丁晋公谈录》的记载，本来吕端将官广州左通判左正言的冯拯，及右通判太常博士的彭惟节均注授屯田员外郎，按屯田员外郎已是六部最低的工部四司之一，但寇准还要将冯拯降低一阶为虞部员外郎，而右通判太常博士彭惟节仍为屯田员外郎，反而高于冯拯（按工部四司：依次为工部、屯田、虞部、水部）。彭惟节自以一向居于冯拯之下，无论其差遣的右通判及本官的太常博士都比冯拯低，故他升官后，仍在章奏中列衔如旧不变，居于冯拯之下。太宗当然不知情，是年三月乙卯（十五），太宗仍命寇准祠社稷祈雨，张洎祠太庙，而李昌龄祈北郊。大概在是年六月，寇准收到广州的章奏，发现彭的名字在冯拯之下。他发怒之下，未及细想，就以中书札子将彭惟节升于冯拯之上，并且切责冯拯，只特免勘罪。寇的鲁莽做法，想不到反而给冯拯抓到寇准弄权的把柄。据载冯拯收到宋廷切责他的札子，就忿曰："上日阅万机，宁察见此细事？盖寇准弄权尔。"于是上告太宗申诉，并言及岭南官吏除拜不均等数事,而且将给他的中书札子封进。寇准没有想到,他的同年广南转运使康戬(?—1006)并不徇同年之谊,也不惧其权势,反而支持属于他监管的冯拯,亦上书指斥寇准专权,说吕端、李昌龄和张洎都是寇准所援引,吕端德之,张洎曲意奉迎,而李昌龄畏懦,皆不敢与寇准相抗,而全听命于寇准一人,于是让寇可以"任胸臆,乱经制"。①冯、康二人

---

① 康戬是高丽信州永宁人,字休佑,父康允,三世为兵部侍郎。他在开宝中,为父遭随宾贡肄业于国学,太平兴国五年登进士第,授大理评事知湘乡县(今湖南湘潭市湘乡市),再迁著作佐郎知江阴军(今江苏江阴市)及江州。他历官以清白力干闻,后改太常博士。苏易简在翰林,称其吏才,命为广南西路转运副使,赐绯鱼就迁正使。笔者猜想他不帮自己的同年寇准,反而协助冯拯,除了他也许持帮理不帮亲之原则外,也有可能为他的同年苏易简出口恶气,盖苏之罢参政,由张洎攻击所致,苏、张之争,寇准似乎没有帮自己的同年苏易简,而张攻倒苏,得拜参政,却是由寇准之推荐。大概在康的眼中,寇准和张洎是一伙,这次支持冯拯倒寇,正可一石二鸟。康后官至工部郎中。他屡被诏褒其能政,他所至好行事,上章多建白,以竭诚自任。他是宋人眼中的直臣能吏。景德三年(1006)卒。参见《宋太宗皇帝实录校注》,下册,至道二年七月丙寅至闰七月己巳朔条,页726—732;《丁晋公谈录》,"寇准僭擅改授"条,页17;《宋会要辑稿》,第二册,《礼十八·祈雨》,页951;第五册,《职官一·中书门下省》,页2976;第九册,《职官七十八·罢免上》,页5191。《长编》,卷三十七,至道元年四月癸未条,页811—812;卷四十,至道二年七月丙寅条,页846—848。《宋史》,卷五《太宗纪二》,页99,卷二百八十一《寇准传》,页9529;卷二百八十五《冯拯传》,页9608;卷四百八十七《外国传三·高丽·康戬》,页14045。

的奏章在七月一到,果然令太宗大为震惊。太宗虽信任寇准,但他可不能容许臣下专权。他立召吕端等质问这事,以冯拯"非理受辱,宜当披诉,中书何故如此?"偏偏寇准去了太庙未返,在他不在场的情况下,吕端等将责任全推在寇准头上。到第二天寇准回来,被太宗责备处理冯拯之事不当,他却不知太宗已受先入之言的影响,还抗言除罢之事实与吕端等一起负责。太宗表示要廷辩是非,又深失执政之体。翌日,寇准又抱中书簿领为证,在太宗前论是非曲直。这时张洎为求自保,要和寇准划清界限,忽然上前揭发寇准曾私下批评太宗的事。这次寇准有口难言,太宗火上加油,结果在七月丙寅(廿八)寇准失宠被罢免,闰七月己巳朔(初一)被出知邓州(今河南南阳市邓州市)。而冯拯稍后以母丧请求内徙,就获知江州(今湖北九江市)。说来讽刺,寇准当年揭发同年王淮不法事而获太宗赏识,[①]这次却给同年康戬劾倒,可见同年关系也不是铁板一块,因利害而变改。

张洎为何忽然出卖寇准?张洎靠奉迎寇准(也凭他

---

① 《宋史》,卷二百八十六《王沔传附王淮》,页9180—9182。

的博学令寇准佩服）而得其荐拜参政，他一向声名不佳，以投机著称，而以南唐陪臣之身，居然做到参政，实是异数。他升任参政后，据说寇准亦忌之，他懂得寇准得君，故事寇愈谨，什么事都由寇决定，他只专责修《时政记》。他甘言谀词迎合太宗，"善事内臣"（包括王继恩），而动晓太宗意旨。他投向李皇后的阵营，很有可能是王的关系。至道二年五月辛丑（初二），太宗与群臣论应否放弃灵州，吕端请太宗许他们两府共拟一计划，以免意见纷纭。张洎以为懂得太宗心意，忽然越班上言，指责吕端等"备位廊庙，上有所询，乃缄默不言，深失吁谟之体"。对于张洎之突袭，老谋深算的吕端针锋相对地回敬，说张洎"欲有言，不过揣摩陛下意矣，必无逆鳞忤旨之事"。太宗听后默然。第二天，张洎上奏，请弃灵州；但他想不到一夜之间，太宗又改变主意。太宗想起吕端评张洎的话，立时不客气地把奏章还给张洎，并狠狠地说张的话，他一句不晓，这吓得张洎惶恐汗流而退。张走后，太宗还对向敏中等说及张洎投机的事。张洎大失太宗欢心之余，碰上这次康戬把他也劾告了，他为求自保，看到寇准渐失太宗欢心，怕一旦会同寇准齐被罢免，便落井下石，当着寇准面前对太宗"大言寇准退后多诽谤上",寇准但色变而不敢自辩,显然是寇准真的背后议论过太宗,不然,以寇准好面折廷争的性情,哪会不辩个明白?结果太宗"大恶准",旬日后寇准便被罢。寇准一辈子无知人之明,他被其提拔的人出卖背叛,这还不是惟一的一次。①

寇准这次垮台,说来是有点咎由自取。首先,他在当权时,没有尽最大的努力去维护援引自己的同年,以为己助;相反他在其同年苏易简与张洎之争中,有偏帮张洎之嫌。讽刺的是,张洎后来出卖了他,而他的同年康戬则联同冯拯攻击他。其次,寇准过于自信,好独断独行,正犯了太宗的大忌。另外,他为人不够谨慎,笔者怀疑他也和好友王禹偁一样,私底下和人谈论过太宗处置他的姻亲孝章宋皇后的殡礼事,而被人告发,触怒了原本极欣赏他的太宗。告发他的人很有可能就是熟谙礼仪而被其信任的张洎。寇准被罢,冯拯扮演了发难的角色,而令太宗没法原谅寇准的,是张洎恶毒之暗箭所

---

① 《长编》卷三十九,至道二年五月辛亥至壬子条,页834—838;卷四十,至道二年七月丙寅条,页846—848;《宋太宗皇帝实录校注》,下册,卷七十八,至道二年五月癸卯至壬子条,页698—706;卷八十,至道三年正月己丑条,页785—786;僧文莹:《玉壶清话》,卷八,页79—80。

致。当然,对王继恩、胡旦来说,张洎出卖寇准,是他们求之不得的事。很有可能是王继恩等指使他在太宗前揭发寇准曾背后议论过太宗,而设此谋并作联络人的,只怕非胡旦莫属。张洎算来是胡旦、李昌龄等人的座师(虽然胡旦等似乎不太看重这份座师门生之谊,但有需要时,这也可以攀攀关系),张洎这次倒向胡旦、李昌龄背后的宫闱势力,胡旦、李昌龄甚有可能为之穿针引线。①

冯拯小小一个广州通判,为何敢上书挑战位居参政

---

① 寇准先娶许仲宣(929—990)女,续娶孝章宋皇后之妹,与宋皇后是姻亲。宋后于至道元年四月壬寅(廿六)去世,太宗对他的兄嫂,并未以适当的礼仪殡葬,而群臣亦未以后丧成服。寇准的好友、时任翰林学士的王禹偁对宾友论及此为失当,便在至道元年五月甲寅(初九)被人告发而罢职贬知滁州(今安徽滁州市)。王禹偁与宋后一家关系密切,曾为宋后之父宋延渥(926—989)写过神道碑,他甚至有可能是寇准与宋夫人的媒人,而以他耿直的性格,他为宋后不成丧而抱不平是很自然的事。相较之下,寇准是宋后的妹夫,关系更密切,而以寇准敢言无忌的性格,虽则受太宗重用,但他大概仍会在私下为宋后之丧表达过意见。笔者猜想寇准曾就仪礼的问题询问过博通坟典的张洎,而对他当时以为可说心腹话的张洎,说过一些批评太宗不应薄待宋后之话。但寇准没想到,他和王禹偁一样,被人出卖。笔者以为张洎揭发寇准所谓"退后多诽谤上"之事,只有宋后不成丧一事,才会深深刺伤太宗,才会令太宗"大恶"他一直信任的寇准。参见《长编》,卷三十七,至道元年五月甲寅条,页 813;孙抃《莱国寇忠愍公旌忠之碑》收入寇准《忠愍公诗集·忠愍文集》,《四部丛刊》本,三编集部(台北:台湾商务印书馆,1966 年 6 月影印),页十二;王禹偁《小畜集》,卷二十八《碑志·右卫上将军赠侍中宋公神道碑铭奉敕撰》,页 188—193。

的寇准？表面上寇准确是被冯拯扳倒，然笔者以为，李皇后一党，才是倒寇的主谋。冯拯远在万里，他对朝中的情况，特别是太宗对寇准信任的程度，若没有充足的了解，怎会贸然上书，攻击权势熏天的寇准？他若无有力的内助，怎会行险侥幸？他怎会忘记淳化二年的教训？从冯拯后来力荐胡旦的事来看，二人同年之谊非泛泛。很明显，当时冯所倚的朝中人，正是胡旦和李昌龄，和他们背后的王继恩。笔者怀疑张洎后来出卖寇准，改投靠李皇后以求自保，正是他的好门人胡旦穿针引线的。李昌龄本是寇准推荐的，在冯拯事件中，他却完全没有为寇准申辩，反而将一切责任推到寇身上，这可能是王继恩等事前部署。笔者怀疑李皇后和王继恩更在后宫说寇准的坏话，与冯拯等来个里应外合，打垮寇准。①

胡旦大概在王继恩等力荐下，在十二月丙辰（二十）以工部郎中直集贤院二度知制诰。本来知制诰先入者居上，不系于官次。太宗优宠胡旦，在翌日（丁巳，廿一）就命胡旦序立于祠部郎中知制诰冯起（？—1000

---

① 冯拯在咸平三年九月，极力推荐胡旦复为知制诰，详见本书第六章。

后)之上(按：祠部是礼部四司之一，位次礼部头司礼部司，地位低于工部头司工部司，故胡旦官位在冯起上)。到至道三年正月庚寅(廿五)，胡旦又兼史馆修撰。太宗的特恩，无疑令胡旦更热衷，更存非分之想。在他的设想中，若拥立元佐成功，他就有望如李昌龄一样，晋身二府。就在胡旦获兼史馆修撰之职的翌日(辛卯，廿六)，他们有武干的同年张鉴以户部使获委调发陕西诸州军粮，为再征李继迁作后勤准备。①

当胡旦在朝炙手可热之时，帮他们打垮寇准的小同年冯拯，以母丧为请，得以自广州内徙江州(今江西九

---

① 《宋太宗皇帝实录校注》，卷七十九，至道二年十二月丙辰至丁巳条，页777—778；卷八十，至道三年正月庚寅至辛卯条，页791—792；《长编》，卷三十八，至道元年十月乙酉条，页822；《宋会要辑稿》，第四册，《仪制三·朝仪班序》，页2331。(按：《宋会要辑稿》以胡旦再任知制诰在是月十九)。太宗早在至道元年十月乙酉(十二)，已对宰相吕端称赞胡旦"学问优博"。他不能马上复任知制诰，也许是寇准的反对。据杨亿(974—1020)所记，胡旦在至道末，在校定《礼记月令篇》次序时即显出他的渊博学养。他将郑玄(127—200)注/孔颖达(574—648)疏和李林甫注(683—753)两家注疏对校，草议状数百言，力攻李本之失。并提出贡举的三礼科，所试用孔疏而文注用李疏，甚相矛盾，请复用郑疏，但宰相吕端不能决。参见杨亿口述，黄鉴笔录，宋庠(997—1066)整理，李裕民点校《杨文公谈苑》(与《倦游杂录》合本)(上海古籍出版社，1993年8月)，第104条，"更改礼记月令篇次序"，页68。

江市），大概是李、胡给他的酬庸。①

他们一班失意在外的死党，包括冯拯、董俨等，大概这时都认定：李、胡得志之日，就是他们出头之时。即使与李、胡往来不算密切的宋太初，也当深深体会到，若不是朝中有人，他在至道二年七月戊申（初十），坐违制发运军粮往灵州为李继迁所劫，所得之处分，只怕远比后来从陕西都转运使刑部郎中贬责为怀州（今河南焦作市沁阳市）团练副使重得多。考至道元年七月，因时任御史中丞的李昌龄劾陕西转运使郑文宝制置输粮往灵州乖当，太宗才任宋太初为陕西都转运使。宋获此任，很有可能就是李的推荐。大概也是同年们的维护，他在至道三年三月庚午（初六）复为工部郎中知梓州（今四川绵阳市三台县）。宋太初幸运的是他复职不久胡旦等才失势。②

---

① 《宋史》，卷二百八十五《冯拯传》，页9608；《长编》，卷四十，至道二年七月丙寅条，页848；《宋会要辑稿》，第二册，《礼十八·祈雨》，页951。

② 据袁褧（？—1248后）和李攸之说法，在至道二年七月，李皇后兄长李继隆劾奏宋太初等违制发军粮往灵州，却为李继迁所劫走。据说太宗闻奏大怒，要尽诛宋太初等，幸而同知枢密院事钱若水力争，太宗才收回成命，只贬降宋太初等，宋自陕西都转运使刑部郎中责怀州团练副使。据李心传（1166—1243）的考证，宋太初等被劾，不关（转下页）

至于他们另一同年牛冕,大概在淳化元年以左正言直史馆出知润州(今江苏镇江市),时任右正言直史馆的王禹偁撰《送牛冕序》相送,序中说称得上名郡者,丹阳(即润州)是也,又把牛的仕历一一列出而称美一番,说牛曾通判两郡(指郴州与和州),牧一州(指滁州),又说他所在"称理,有龚、黄之政焉",又说他曾"佐秋官(即指监察御史),详庶狱,事无枉挠,有于、张之风",又说他"游馆殿,专笔削,褒善贬恶,有班、马之辞焉;好风什,多吟咏,寒苦清丽,有元、白之思焉(指他任直史馆)"。他大概在淳化三年或四年初徙知泉州(今福建泉州市),未至,宋廷就将他命

(接上页)李继隆事。此得其实,盖以情理审度,李继隆不似会构陷与他同属一党的李昌龄所推荐的人。至于申救宋太初等的人,除了钱若水外,可能李昌龄和胡旦也在背后尽过一点力。另又据《宋史·田绍斌传》的记载,宋与勇将田绍斌(933—1009)不睦,田向太宗告发宋按部灵州及清远军时,多贸市取利。于是被太宗重责。宋心恨之,他还朝后,就言及田之过失,累田被重谴。参见《宋太宗皇帝实录校注》,卷七十八,下册,至道二年七月戊申条,页717,卷八十,页800;袁褧撰,俞钢、王彩燕整理《枫窗小牍》,载戴建国主编《全宋笔记》第四编第五册(郑州:大象出版社,2008年9月),卷下,页245;李攸《宋朝事实》,卷十六,页242—243;李心传撰,崔文印点校《旧闻证误》(与《游宦纪闻》合本)(北京:中华书局,1981年1月),《补遗》,页64—65。《宋会要辑稿》,第八册,《职官六四·黜降官一》,页4771;第十五册,《兵二七·备边一》,页9182—9183;《宋史》,卷二百八十《田绍斌传》,页9498。

为福建转运使加左司谏。他在至道元年曾以福建转运使上言,指邵武军归化县(今福建三明市明溪县)金场虚有名额,并无坑井,而专副及人匠一千一百余人,配买金六百余两,百姓送不及,常致自杀。他请停废此场。宋廷从之。他不久召入进兵部员外郎知潭州。但至郡才数日,大概在至道二年七月前,即召还担任侍御史知杂事。虽然牛冕似乎未与胡旦及李昌龄等有密切的往来,然他们这一榜人这时的气势确是一时无两。①

太宗在至道三年(997)正月丙子(十一)委任寇准的好友户部侍郎温仲舒和吕蒙正同年礼部侍郎王化基为参政,给事中李惟清(943—998)拜同知枢密院事,枉作小人的张洎则在同日被罢。三人只求自保,虽然支持吕端,

---

① 王禹偁:《小畜集》,卷十九《序·送牛冕序》,页132;《宋会要辑稿》,第三册,《礼二十九·历代大行丧礼上·太宗》,页1321;第十一册,《食货三十四·坑冶杂录》,页6739;《宋太宗皇帝实录校注》,卷七十八,下册,至道二年七月己酉条,页720;《宋史》,卷二百七十七《牛冕传》,页9439—9440;徐规:《仰素集》,年谱卷,《王禹偁事迹著作编年》,页148—149。考王禹偁《送牛冕序》的具体月日未详,徐规教授的编年也没有考出,但按该卷各序文的时间先后,而参《宋史·牛冕传》所记牛出知润州当在端拱元年后,故推断他当在淳化元年出知润州,而王禹偁也在此时送上此序文。又牛冕在至道三年四月戊戌(初四)已任侍御史知杂事,为太宗山陵仪仗使。考至道二年七月己酉(十一),侍御史任肃以工部郎中出为河北转运使,牛冕当于此时接任。

却不像寇准那样,公开坚决地要对抗王继恩一党。①吕端素来行事低调,年迈力衰而似"糊涂"怕事。对王继恩、李昌龄、胡旦一党来说,吕端等三人不足畏,他们大可继续进行推倒元侃储位的计划。

王继恩一伙在寇准垮台后,继续明里暗里地攻击元侃,谋立元佐。元侃储位其实不稳,一方面李皇后、王继恩不时对他施放暗箭;另一方面太宗也似乎对他信心不足,甚至几乎想罢免维护他的吕端。幸而元佐根本没有和他的胞弟争位的打算,而太宗在尚未改变主意前,已于至道三年(997)三月癸巳(廿九)病逝。②据司马光引述杨畋(1007—1062)的说法,太宗病笃时,吕端已看出王继恩等有所图谋,在他的巧妙布置下,王继恩被诱捕禁锢于书阁。吕端派人严加防守,然后入见李皇

---

① 户部侍郎温仲舒和礼部侍郎王化基均在至道三年(997)正月丙子(十一)拜参政,张洎枉作小人,终于保不住参政之位,亦同时被罢。参见《长编》,卷四十一,至道三年正月丙子条,页860。值得注意的是,田锡曾代李惟清撰写谢表,二人似交情不错。参见《咸平集》,卷二十四《表二·代李给事惟清让密地表》,页258—259。

② 太宗以边境多事,一度想用温仲舒取代吕端,以病重而没有实行。元佐由始至终都没有介入李皇后要立他的行动,他根本无意继太宗之位。等到真宗登位,恢复他一切爵位,并要去看他时,他以疾为辞,一口拒绝,而终身不与真宗相见。见《长编》,卷四十一,至道三年正月丙子条,页860;三月壬辰条,页862;六月甲辰条,页867。

后。李皇后虽仍坚持立长,但没有王继恩的宫廷武力支持,终敌不过真的大事不糊涂的吕端。吕端义正辞严地说:"先帝立太子,正为今日,今始弃天下,岂可遽违先帝之命,更有异议。"李皇后束手无策,自然李昌龄、胡旦也无计可施了。在吕端一力扶持下,元侃顺利继位,是为真宗。真宗即位后,初时并未立即清算王继恩等人。四月乙未(初一),仍命王继恩为太宗山陵按行使。辛丑(初七),仍命李昌龄负责太宗山陵书册。直至辛酉(廿七)才拿胡旦开刀,以他替王继恩草制(据说王继恩以千金为酬,请胡旦为他草加恩之制)过美,以及草行庆制词,"颇恣胸臆,多所溢美,语复讪上"之过,将他自兵部郎中知制诰史馆修撰黜为安远军(即安州,今湖北孝感市安陆市)行军司马。五月甲戌(十一),再将他削籍流放浔州(今广西贵港市桂平市)。同日,王继恩以桂州观察使降黜为右监门卫将军,均州(今湖北十堰市丹江口市)安置。王的家财被籍没,两年后他死于贬所。李昌龄大概因属附从,罪责较轻,自户部侍郎参知政事降为忠武军(即许州)节度行军司马。制书以他"擢列台司,预闻国政,恣行请托,深乱朝经"。真宗当时没有正式公布王继恩等之罪状,只说他们三人交通请托,漏泄宫禁语。正如李焘所说,当时有所讳避,不得不如此。盖王继恩等之"逆谋"涉及李皇后和楚王元佐。据宋人笔记载,胡旦被贬前三日,京师内外已盛传"胡舍人独有鞍马之赐",结果胡旦真的得到"安州司马"之"赐"。宋人将胡旦被贬之事作为笑谈,亦反映出宋人对胡旦热衷名利而最后一无所得之讥。[①]至于胡、李的同年侍御史知杂事牛冕,既没有参与逆谋,又曾奉太宗命赐真宗生辰礼币,被真宗记下名字,故没被贬降,他还在真宗继位后,改工部郎中。在太宗山陵复土时,以阙御史中丞,牛冕被命为山陵仪仗使。在至道三年九月庚寅(廿八),其又建言请各色的祭奠委权主判监祭使。当时三司各设官局,多不均济。牛请合为一使,分设其贰,则事务不烦而能办理。他的建议最后被采用。真宗继位后,他是胡

---

① 《长编》,卷四十一,至道三年三月壬辰条,页862;五月辛酉至甲戌条,页865—866;《涑水记闻》,卷六,第180条,"吕端大事不糊涂",页121;《玉壶清话》,卷三,页32;委心子:《新编分门古今类事》,卷十,页157;《宋会要辑稿》,第八册,《职官六十四·黜降官一》,页4771;第九册,《职官七十八·罢免上》,页5191。关于吕端处理这次继位危机之高明手段,可参阅张其凡《吕端与宋初的黄老思想》,页389—392。

旦同年中仕途最被看好的一个。①

胡旦、李昌龄及王继恩等在这场继位之争中一败涂地，主要是他们低估了吕端的能力与智谋；而李皇后兄李继隆统兵在外，也在这关键时刻无法出手相助。在执政大臣中，温仲舒、王化基与李惟清等并未依附他们；而王继恩似乎也没有得到宫中第二号内臣，时任宫苑使、内侍省入内内侍都知、同勾当皇城翰林司的李神福（947—1010）的支持，他一旦失手被擒，他的手下就无力反抗吕端。

宋人笔记曾将至道末年党争中三名参政寇准、张洎与李昌龄相继落马垮台的事附会为早有征兆，在本章之末，兹录之作为谈资：

> 至道二年四月，内丞相暮归，将至西掖门，参政张洎、李昌龄马相蹑断辔，二人皆坠地。寇准马惊跃，几坠。六月大雨泥泞，洎晚归，马渡桥坠前足，折巾一角，涂潦被体。是秋，洎被病，明年罢

---

① 《宋史》，卷二百七十七《牛冕传》，页9440。《宋会要辑稿》，第二册，《礼十四·群祀一》，页746—747；第三册，《礼二十九·历代大行丧礼上·太宗》，页1321。

政事卒。其年之七月,准罢。来年夏,昌龄坐交通内侍王继恩下狱,贬许州行军司马。①

胡旦、李昌龄暗通宫闱的结果,是他们政治生命的完结。他们在太宗晚年涉嫌废立的行径,虽然真宗宽大,没有加以极刑,但宋人仍一直提及他们的投机愚行。例如在仁宗嘉祐四年(1059)九月癸丑(廿一),当知制诰刘敞(1019—1068)在撰写翰林侍读学士吕溱(1014—1068)谪官词,用上"简直好节,推诚不疑"的正面语时,马上被台谏引用胡旦及李昌龄故事,要加刘敞的罪。幸而仁宗不报。②

经此一役,以胡旦为首的太平兴国三年进士,再也结不成在政治上有影响力的朋党,虽然赵昌言和冯拯在真宗一朝,仍是党争的活跃人物;但他们已不像昔日,可以联合众多同年,自成一党。

---

① 江少虞(?—1145后):《宋朝事实类苑》(上海古籍出版社,1981年7月),卷四十七《休祥梦兆·马相蹍》,页626。
② 《长编》,卷一百九十,嘉祐四年九月癸丑条,页4593。台谏大概引用胡旦在真宗继位后仍为王继恩撰写溢美过度的加官词而被责的典故。

第六章

"君子"与"小人"之争:
赵昌言、冯拯与真宗初年的
党争(997—1003)

真宗继位第二年,改元咸平。咸平三年(1000)以前,胡旦和他的同年都很不得意。胡旦和李昌龄固然因党附王继恩遭谴,即使没直接参预王继恩谋立行动的赵昌言,也一直被拒还京。赵自从在淳化五年被人中伤,以致罢参政知凤翔府后,先后徙知澶州(今河南濮阳市)、泾州(今甘肃平凉市泾川县)和延州(今陕西延安市)。真宗继位后,他又被调知陕州(今河南三门峡市陕县),他上表求回京,但真宗不许。不久,他又被调去永兴军(长安,今陕西西安市),直至咸平三年才回朝。他任职各州的具体年月不详,只知他在咸平二年(999)八月壬子(初二),已以正奉大夫、兵部侍郎、上柱国、赐紫金鱼袋、天水县开国伯、食邑九百户之衔知永兴军。他们的座师郭贽,也自身难保,真宗一即位,便拿他立威,一定要他出知大名府,不许他留在京师。至于张洎,等不了真宗继位便死了。①冯拯虽回到京师，且得到御史中丞李惟清之荐，任推直官，以度支员外郎判三司度支勾院，但在咸平元年十月，几乎因试开封府进士而遭殃。作为考官，他攻击胡旦及田锡尊崇的翰林学士承旨宋白徇私举子钱易（968—1026），不过他没有上一次攻击寇准时的运气，在内助乏人下，他被真宗遣中使怒下御史台狱，总算他会说话，力言钱易无行，不可冠京师的解试。真宗以士流纷竞，不可启其端，且想镇压流俗，于是诏释冯拯。②

相比之下，冯的同年、当时知益州的牛冕便大大倒霉。本来牛的仕途平稳看好，他在咸平元年以右谏议大

---

① 参见《宋史》，卷二百六十七《赵昌言传》，页9197；《长编》，卷四十一，至道三年四月甲辰条，页863；王昶（1725—1806）辑《金石萃编》（北京：中国书店，1985年3月影印1921年扫叶山房本），卷一百二十六《昭应县文宣王碑·咸平二年八月》，叶五上下。

② 《长编》，卷四十三，咸平元年十月癸丑条，页920；《宋史》，卷二百八十五《冯拯传》，页9608—9609。关于冯拯在真宗继位到这次解试的风波，他的墓志铭也是语焉不详，只记他不断上书求进，对于因解试下狱事，就一字不提。云："先皇（指真宗）嗣服肇位，而公以闻问首膺器使，方其报九江之政，赴一执之召，膝席延问，外庭竦瞻。遂采唐文十事为献，所以赞乎成之治，露致君之志。自结明主，孰觊于先容，愿为良臣，逖慕于前哲，博贯多可，尽规无隐。天邑主解，因奏贡士之宜；冀方未靖，复上备边之策。识者以为左雄、晁错之作，曾莫是遇。"参见《冯拯墓志铭》，页119。

夫之衔代张咏守蜀。张咏的姻家王禹偁在太宗时曾盛称牛冕治郡之才,张咏却不这样想,知道他的继任人是牛冕,就说:"冕非抚众才,其能绥辑乎?"果然不出张咏之料。咸平二年十二月,四川守军神卫军都虞候王均(?—1000)率众叛。牛冕既无抚众之才,又疏于防范,结果成燎原之势。牛冕碰到王均叛乱,一点办法都拿不出来,王均等继取得成都后,再攻陷汉州(今四川德阳市广汉市),牛只会逃跑往东川,连与城俱亡之勇气都没有。他走东川,川人不肯收纳他。宋廷诏令赴阙,他至长安,就令将他劾办。他与其同年张鉴于治理四川之才干,有天渊之别。真宗派雷有终(947—1005)花了半年才平定乱事。四月壬申(廿五),牛冕以严重失职,论罪当死。真宗免他一死,削籍流儋州(今海南儋州市西北),他的政治生命像胡旦一样完了。①

---

① 牛冕多年后遇赦,移往钦州(今广西钦州市)、英州(今广东清远市英德市)居住,再复任鄂州、海州别驾,淮南节度副使之闲职。到了大中祥符初年,真宗总算念旧,对王旦说牛冕一向纯善,黜弃已久,应该酌量给他一个差事。结果他获知涟水军(今江苏淮阴市涟水县),复秩为祠部员外郎而终。参见《长编》,卷四十五,咸平二年十二月丙子条,页980;卷四十六,咸平三年正月己卯朔至辛巳条,页983—984;辛卯至二月乙丑条,页988—994;三月甲午条,页998,卷四十七,咸平三年四月甲寅至丙辰条,页1010—1011;辛未至壬申条,页1014—1015;《宋史》,卷二百七十七《牛冕传》,页9440。

他们一榜人当中，田锡算是挨出头来，真宗与吕端没有以他是胡旦的好友而歧视他。至道三年中，真宗命田锡以加恩官告，赐崇信节度使王显（932—1007）于秦州（今甘肃天水市）。田锡在途中目睹了关右百姓输送物资往灵州的苦况，在是年七月丁亥（廿五）应诏上疏，为民请命。他主张放弃灵州，集中国力防守关中。他又主张设制科，选拔贤才。翌日（戊子，廿六），他再上一疏，重申前疏的论点，又自述生平，说他今年已五十八，事真宗十二年，到七十时，已当引退。他说"十二年间，愿伸微劳以答圣恩，愿罄真诚以报大造。然犬马之年未必保余龄，葵藿之心幸得承委照，则未退休间，有合言不敢不言，未陨越间，有合奏不敢不奏"。真宗被他的忠心感动，对吕端称赞田锡"陈词不繁，指事尤切"。他终于得到真宗的欣赏。在八月庚子（初八），真宗命他为同知审官院兼通进银台封驳司。当然，以他的资历，这算不上特别得意。十一月己巳（初八），他在任上又上奏论除北方各路盗贼之本，在罢灵州之役。主张弃灵州最力。他后来因与同职的魏廷式（951—999）意见不合，请罢职出外。他在陈奏与魏为何争议时，也提到因牵涉与其有"亲情"的张鉴。

他与张鉴既是同年又是姻亲。咸平元年二月甲午（初五），真宗以彗星出现，诏臣下各陈己见，田以吏部郎中、直集贤院之衔出知泰州（今江苏泰州市）前，三月丙寅（初七），他就应诏言事，重申前议。真宗对他倒很客气，翌日（丁卯，初八）召见他。田在戊辰（初九）再进封札子。庚午（十一），中使到来宣召田锡见于崇政殿西阁，真宗表示半年后会召他回京，又说他如有什么要面奏的，许他乘传赴阙。当然，又遣中使赏赐田锡甚厚。不过，真宗并未打算"大用"这位资望不浅的老臣，两年多后，田锡上奏，称他在泰州已二年八月，言下之意，真宗并未依前言在他往泰州半年后即召他回朝。①

在废立事件中被黜的李昌龄在咸平二年十一月丙戌

---

① 《咸平集》，卷二十七《奏状二·奏魏廷式封驳》，页294—295；《泰州乞替》，页297；《长编》，卷四十一，至道三年七月丙寅条，页869—875；卷四十二，至道三年十一月己巳条，页889—892；卷四十三，咸平元年二月乙未条，页909—911；《宋史》，卷二百九十三《田锡传》，页9790—9791。关于田锡出任通进银台封驳司的月日，田锡在《奏魏廷式封驳》一奏中，记"昨八月八日阁门受敕，差臣与魏廷式同职勾当"，至于他与魏的争议，他说"臣今月二十六日受实封敕一道，为魏廷式封驳陈恕等不赴哺临还司敕"，未详是十一月抑十二月二十六日。又真宗初年宋廷对应否放弃灵州之争议，可参阅 Ho Koon-wan, *op. cit.*, pp. 150-152。主张弃灵州的，除了田锡外，还有吕端、李沆、李至和杨亿。反对弃灵州的，以张齐贤为首。

(初七),因宋廷合祭天地于圜丘,奉太祖及太宗并配,并大赦天下,而得以起为殿中少监。十二月丙子(廿七),真宗诏御史中丞魏庠,谕百官各上封章,直言边事。相信李昌龄曾在此时上书求面陈事机,但不报。咸平三年正月王均之乱爆发后,五月庚子(廿四),知梓州冯起因不敢纳叩梓州门之数百败卒,结果他们就被迫叛去。宋廷以冯无方略,将之召还。大概宋廷这时想起李昌龄,六月,即命他知东川重镇梓州,借助其才收拾四川的乱局,却为知杂御史范正辞(936—1010)劾他在广州管市舶时的旧过。真宗即命他代还,稍后调知河阳与光州。到景德元年七月戊申(廿六),因本路转运使说他被病而弛职,宋廷就将他自知光州光禄卿分司西京。他一直被投闲置散,不得回朝。①

至于李昌龄的同年董俨,如上章所述,他在至道二年十一月徙知潭州,然后徙知广州,又一度徙知岳州(今湖南岳阳市),他在咸平三年初已召还,据《宋会

---

① 《长编》,卷四十五,咸平二年十一月丙戌条,页968;十二月丙子条,页972;卷四十七,咸平三年五月庚子条,页1017;六月丁卯条,页1020;卷五十六,景德元年七月戊申条,页1248;《宋史》,卷二百八十七《李昌龄传》,页9653。

要辑稿》所记,是年三月甲午(十七),董俨已自右谏议大夫迁为给事中,并于是日受命试进士,首席考官是翰林学士承旨的宋白,考官共十九人,除了董俨外,还有他的同年时任知杂御史冯拯。是年六月,宋廷原本以董俨知寿州,但侍御史知杂事范正辞劾他和李昌龄"贪墨著闻",结果在同月乙亥(三十)追还诏书。董后来又出知洪州,和他有交情的杨徽之从孙杨亿有诗相赠,题为《董给事知洪州》,《杨亿年谱》的作者认为他当在是年十月出知洪州。杨亿此诗也是应酬话,说什么"豫章南国一都会,夕拜东台最上流。捧诏暂离青镇闼,携家便泛木兰舟。褰帷听讼民谣治,解榻延宾主礼优。只恐征黄在朝暮,西山灵药未容求"。何物董俨,人品不当,却先后获文坛两名学士王禹偁及杨亿赠诗。他在咸平四年出知江陵府,直至景德元年或二年始再回朝。①

---

① 如本书第五章 96—97 页所考,王禹偁曾撰《送董谏议之任湘潭》一诗,徐规教授认为是诗作于至道三年正月或二月,则董俨知潭州在真宗即位前;然吴廷燮(1865—1947)则以董俨任潭州当在至道元年,而据《广州志》,董俨在至道二年十月徙知广州,至咸平元年十一月离任(接他职的是其同年张鉴)。董俨何时知岳州不详,若从吴氏之说,当在咸平元年十一月以后。惟吴书又以董俨自咸平元年迄三年知洪州,则《宋史》董俨本传记他知岳州之载,或是失实,或为期甚短。参见《长编》,卷四十七,咸平三年六月乙亥条,页 1020;《宋史》,卷三百四《范正辞传》,页 10060;卷三百零七《董俨传》,页 10123;王禹(转下页)

宋廷的中枢在吕端于咸平元年十月戊子（初三）以老病告退后改组：同日真宗以户部尚书张齐贤及户部侍郎李沆参知政事并同平章事，张加兵部尚书为首相，李为次相。原参政的李至（947—1001）也以目疾自请解职获准。翌日（己丑，初四），原参政温仲舒罢为礼部尚书，原枢密副使夏侯峤（933—1004）罢为户部侍郎。而枢密副使向敏中加兵部侍郎迁参政，而建隆元年榜的状元、翰林学士杨砺终于出头拜枢密副使，而李沆另一同年宋湜也拜给事中为枢密副使。当杨砺与宋湜先后在咸平二年八月癸酉（廿三）及咸平三年正月壬辰（十四）卒于任上时，真宗又在咸平三年二月癸亥（十五）擢升李沆另一同年、赵昌言婿王旦为给事中同知枢密院事。①令人瞩目的是，从至道三年三月至咸平三年

（接上页）偁《小畜集》，卷十一《律诗·送董谏议之任湘潭》，页76；杨亿《武夷新集》，卷二《诗二·董给事知洪州》，叶三上；徐规《仰素集》，年谱卷，《王禹偁事迹著作编年》，页199、213；《宋会要辑稿》，第九册，《选举七·亲试一》，页5390；吴廷燮撰，张忱石点校《北宋经抚年表》（北京：中华书局，1984年4月），卷四，页297、308；卷五，页341、350、374；李一飞《杨亿年谱》（上海古籍出版社，2002年8月），页68—69。

① 《长编》，卷四十三，咸平元年十月戊子条，页917；卷四十四，咸平二年六月戊午条，页946—947；卷四十五，咸平二年七月己丑条，页956。

底，二府宰执除了枢密使曹彬和后来代替他的宿将王显，以及咸平三年二月癸亥（十五）获任为知枢密院使的周莹（951—1016）和王继英（946—1006）等四员武臣外，文臣的宰执除了枢密副使杨砺，全是太平兴国二年及五年的进士。首相张齐贤与留任的参政王化基是二年进士，次相李沆、参政向敏中和枢副宋湜（按：宋湜已卒）是五年进士。而被罢的李至、温仲舒和夏侯峤则是张齐贤的同年。令人瞩目的是新一轮的党争是发生在继任为相的张齐贤与李沆之间。张齐贤虽为首相，但在二府宰执中并不占优势。李沆和他的同年向敏中、宋湜、张咏与王旦力抗位居首相的张齐贤。张的同年吕蒙正、李至、夏侯峤、温仲舒、王化基与陈恕，虽也先后出任其他高位，但李沆一榜人已有后浪推前浪之势。张齐贤在咸平三年十一月辛卯（十八），被御史中丞张咏劾他在冬至日群臣朝会中醉酒失仪，三天后（甲午，廿一）以此被罢相，李沆及其同年在真宗朝便一枝独秀了。①

---

①《长编》，卷四十四，咸平二年六月戊午条，页946—947；卷四十五，咸平二年七月己丑条，页956；卷四十七，咸平三年十一月辛卯至甲午条，页1033；《宋史》，卷六《真宗纪一》，页109、111—（转下页）

考诸史实,李沆一榜人,除了李本人于咸平元年拜相外,向敏中和宋湜也于同时分别拜参知政事和枢密副使,稍后王旦拜同知枢密院事,张咏则出任御史中丞。到张齐贤罢相后,向敏中升任次相,而王旦也拜参政。后来虽然李沆病死,向敏中被贬;但继为宰相的,仍是他们一榜人的寇准和王旦(向敏中后来复相),其中王旦更执政逾十年。可以说,真宗一朝,掌政的基本上是太平兴国五年的进士。至于斯人独憔悴的太平兴国三年进士赵昌言与冯拯等,在此新形势下,依附李沆等人,是顺理成章的出路。

咸平三年中,赵昌言被召还朝。赵昌言得以回朝,相信得力于与他为亲旧的李沆和王旦的推荐,而据李宗谔(965—1013)所记,曹彬在生前,也以德报怨地为赵昌言说过好话。据说赵在太宗晚年知延州还,因事被劾而未得入见申辩时,曹以德报怨,替赵说话,结果没

(接上页)112。枢密使曹彬在咸平二年六月戊午(初七)病逝,七月己丑(初九),真宗召宿将王显自镇州入朝,拜枢密使代曹彬之任。咸平二年二月癸亥(十五),真宗又擢升宿将周莹(951—1016)为宣徽南院使,他的藩邸心腹王继英(946—1006)为宣徽北院使并为知枢密院事。关于李沆及其同年与张齐贤在咸平年间之党争,可参阅 Ho Koon-wan, *op. cit.*, pp. 130 - 137, "Factional Strife in the Hsien-ping period (998 - 1003)"。

有被贬，真宗即位后，赵迁兵部侍郎知陕州。他要求还京，不许。不久徙知永兴军。到咸平三年十月与吕蒙正、寇准同时被召还朝，恰是张齐贤罢相后，李沆当权时。①

赵昌言回来马上自工部尚书御史中丞兼知审官院的要职。他和以前一样，勇于任事。尹洙（1001—1047）为友人南阳掾任据之父任某（945—1004）撰写墓志铭时，提到任某当年为"工部尚书赵公昌言召馆门下"，就描述赵昌言是"倜傥尚节义"的人，任某"不专以经艺取合，特以性识敏辨，议论感慨"，而得到赵昌言始终礼遇。从赵昌言欣赏的门客的侧面描写，可见他的个性在后人眼中是倜傥尚气。②

赵昌言在咸平四年三月壬辰（二十），与知杂御史

---

① 《长编》，卷四十四，咸平二年六月戊午条，页946；卷四十七，咸平三年十月庚戌条，页1028；《宋史》，卷二百六十七《赵昌言传》，页9197；《全宋文》，第十册，卷一百九十八《李宗谔一·曹武惠王彬行状》，页67。考吕蒙正在咸平三年十月庚戌（初七）自洛阳召还，史称赵昌言、寇准与吕蒙正同时被召还，则赵当也在十月召还。

② 尹洙：《河南先生文集》，文渊阁《四库全书》本，卷十七《墓志祭文·故将仕郎守瀛州乐寿县尉任君墓志铭并序》，叶一下。据尹洙所记，这个任县尉在赵昌言门下，有一次赵叫他读道上的碑，过后即不忘。他在咸平初年中第，补京兆高陵尉。他入赵的门，是赵知永兴军时，抑或赵召入拜工部尚书兼御史中丞时待考。

范正辞一同上言，指内宴更衣，百官中有径归其家或过从于外。他们称已于春宴前严行戒励，虽然稍得整肃此风，但怕将来又有人不遵，请降下敕文，自今有违者，许由他们弹奏。真宗从其请。八月甲寅（十五），他又上言近来审刑院和大理寺断事乖当，其主判既已罢黜，认为详断官也应别加慎择。若仍有失职，就请严加惩罚。他说天下大辟，断毕，都录款奏上，而付刑部详覆，若用刑失当的并加按劾。他批评开封府未尝奏案，而当断狱有失，只罪原勘官吏，而开封府的知府、判官、推官与检法官都不及责，他认为这样何以辨明枉滥，作天下表率。他这番冲着审刑院、大理寺及开封府的狠话，得到真宗的嘉纳，他又请凡有罪被问不即引伏的，许令追摄。真宗诏先以闻。当有人上言说门荫出身的人不宜出任地方官，他却以才不才在人，不应以寒门或世家为准。①

当赵昌言独坐中台，再逞雄风时，他的小同年冯拯也否极泰来，步步高升。冯拯在咸平二年任侍御史

---

① 《长编》，卷四十八，咸平四年三月壬辰条，页 1055；卷四十九，咸平四年八月甲寅条，页 1070；《宋史》，卷二百六十七《赵昌言传》，页 9197。

知杂事时，北边两员庸将王超（951—1012）与傅潜（939—1017）统兵定州与瀛州间，却观望不敢出兵。冯拯上奏极论之，宋廷不报，王超等果然以逗挠不进而覆师，真宗以冯拯有先见之明，就又在三年正月乙酉（初七）派他副工部侍郎钱若水及御史中丞魏庠按问败将傅潜，以其劳擢为祠部郎中枢密直学士，稍后权判吏部流内铨。他以审官及铨法未备，建议凡荫补京官的，需试读一经，书家状通习为中格，始得出仕。后又命同勾当三班院等职，并在六月丁卯（廿二），与另一枢密直学士、端拱二年（989）的状元陈尧叟（961—1017），随参政向敏中宣抚河北河东。真宗发禁兵万人翼从，命他们所至访问民生疾苦，并宴犒所在官吏。《冯拯墓志铭》还记"俄诏副故相文简向公巡西北边，又中外上书，言事者咸出，付公详酌当否"。有了这番资历，加上以前冯拯不断上奏论边事，真宗认为冯拯有武干，咸平四年（1001）三月辛卯（十九），便将冯拯以右谏议大夫擢拜同知枢密院事。冯拯请得与王旦交好的知制诰杨亿代写让官表。当然他没有真的辞官，那不过是例行的形式。他是太平兴国三年进士中继赵昌言后担任执政的人。①同日,在三年十月庚戌(初七)从洛阳召还的西京留守左仆射吕蒙正和参政向敏中拜相,王旦则由同知枢密院事升任参知政事。陈尧叟亦和冯一样,初登二府,任同知枢密院事,而真宗极赏识的翰林学士王钦若则在四月己未(十八)使西川还,入对崇政殿,即日拜左谏议大夫参知政事。②

大概是经一事、长一智,冯拯既与李沆、向敏中、王旦等保持良好关系,也与王钦若、陈尧叟等和睦相处,实行左右逢源。他又向人表示后悔当日攻击寇准,摆出一派与人为善的态度。③当然,他是得到赵昌言和

---

① 《冯拯墓志铭》,页119;杨亿:《武夷新集》,卷十三《表状二·代枢密冯谏议让官表》,叶十下至十一下;《宋史》,卷二百八十五《冯拯传》,页9609;《长编》,卷四十六,咸平三年正月乙酉条,页986—987;卷四十七,咸平三年六月丁卯条,页1019—1020;卷四十八,咸平四年三月辛卯条,页1054。

② 《长编》,卷三十,端拱二年三月壬寅条,页678;卷四十六,咸平三年三月甲午条,页997—998;卷四十七,咸平三年十月庚戌条,页1028;卷四十八,咸平四年三月辛卯条,页1054;四月己未条,页1057;《宋史》,卷二百八十四《陈尧佐传附陈尧叟陈尧咨》,页9581—9589。陈尧叟是四川阆中(今四川南充市阆中市)人,父陈省华(939—1006)官右谏议大夫,二弟尧佐(963—1044)在仁宗时拜相,而三弟尧咨(970—1034)亦咸平三年状元而为节度使,一门三杰,是宋初有名之士族。

③ 《丁晋公谈录》,"寇准僭擅改授"条,页17。

赵背后的李沆和王旦支持的。

冯拯入二府的同时,知制诰出缺,李沆推荐了早有文名的建州人左司谏杨亿出任,同膺此选的,还有兵部员外郎梁鼎(955—1006)和冯拯的同年、后来做了李沆长婿的礼部郎中薛映。薛映甫任知制诰不久,年已七十八的翰林学士朱昂(924—1007)于五月请致仕,真宗特命薛往这位翰苑前辈之宅第召他入对。①而赵昌言的门人、当年半夜之会,有份结党的雍熙二年状元梁颢,这时也出任知制诰。②大概是赵、梁和薛的主意,可能王钦若也背后出力,冯拯于这年九月,向真宗推荐遇赦而得还京的胡旦为知制诰。据《长编》所记,胡旦入见却"颇不检慎",真宗"故授以冗秩"。据石介

---

① 《长编》,卷四十八,咸平四年三月辛卯条,页1054;夏竦:《文庄集》,卷二十四《故金紫光禄大夫行尚书工部侍郎致仕上柱国彭城郡开国侯食邑一千三百户食实封四百户赠刑部侍郎朱公行状》,叶五上;洪遵:《翰苑群书》,卷十《学士年表·自建隆至治平》,页79。
② 梁颢自端拱元年被贬后,不久复职为直史馆,真宗初年拜右司谏,曾当过度支判官,咸平元年曾同知贡举,又参预重修《太祖实录》及同修起居注。咸平三年中与赵安仁(958—1018)和李昉子李宗谔(965—1013)并命为知制诰。按梁等任知制诰月日不详,考赵安仁于是年七月丁酉(廿二)带此职出使江浙,则当在七月前任职,又梁颢在是年十月丙寅(廿三)以知制诰为峡路安抚使,则已任外制有时。见《长编》,卷四十七,咸平三年七月丁酉条,页1022;十月丙寅条,页1030;《宋史》,卷二百九十六《梁颢传》,页9864—9865。

(1005—1045)一番生动的描述称,当时杨亿文名满天下,备受真宗赏识。冯拯和二三朝士(也许包括王钦若、梁颢等)看不过去,就想借助胡旦的名望来压制杨亿,因当时文名可胜杨亿的王禹偁和淳化三年状元孙何(961—1004)已死(按:孙何卒于景德元年,石介这处记载有误),算来算去,只有早在太平兴国三年已大魁天下而才学著称的胡旦可以匹敌杨亿,于是"乃相与延誉,徐言于上",请真宗召用胡知制诰,"以拉杨之虎牙"。真宗勉强答应,胡旦从浔州返京后,真宗命他上殿,对他很客气,赐座外又从容延问,说:"知卿虽谪官,犹不废学,今复用卿知制诰。"胡旦不知装傻,还是忘了朝礼,只即时拜谢于殿上,真宗也不怪罪。胡旦见过真宗后,马上往舍人院上任,他箕倨坐于厅上,旁若无人地说:"适来见上,上金口命胡旦复知制诰。胡旦老矣,岂能重入此小儿队里,知得他制诰?"大概他认为以他两任知制诰的资历,今次真宗最少应给他一个翰林学士。胡旦恃老卖老(其实他不过四十七岁左右)、傲慢轻忽之情,却被真宗暗中派去窥察他的小黄门打了小报告。第二天,真宗对冯拯具道其事,就说:"胡旦终未可用,观其言,朕亦似被轻。"真宗本来就以胡旦素无行,大概也未忘他当日参预废立之举,现在胡旦说什么小儿队,真宗就觉得在讥刺他。任冯拯怎样解说,也不肯再用胡旦,冯拯也就没话可说了。最后真宗在是月戊子(二十),给了胡旦一个通州(今江苏南通市)团练副使,再将他打发出外。①胡旦这么搅,自然气坏了冯拯,枉费了他的同年一番奔走。不过,倘若胡旦这个好斗分子果真回来,只怕咸平五年三月赵昌言与王钦若之争会更充满火药味。

咸平五年(1002)三月,因有河阴县(今河南荥阳市河阴县)民常德方,讼告临津(今河北沧州市南皮县)尉任懿在咸平三年的科举考试中纳贿登第,于是赵将任拘拿下御史台审问。任供称他在咸平三年补太学生,寓于僧仁雅舍,仁雅说他的院内有长老僧惠秦多识朝贵,可以帮他通关节。于是任懿许诺出银七铤,透过素来认识王钦若的惠秦向王行贿。因王已进贡院,就透过王妻李氏行贿。李氏差仆人祁睿向王密告任的名字。

---

① 《长编》,卷四十九,咸平四年九月戊子条,页1073;《宋史》,卷三百零六《孙何传》,页10097—10100;卷四百三十二《儒林传二·胡旦》,页12830;石介撰,陈植锷(1949—1954)点校:《徂徕石先生文集》(北京:中华书局,1984年7月),卷十九《祥符诏书记》,页219—220。

任果然预奏名登科，但他忽丧亲，授官未行而还乡，他许之钱物也未付清。介绍任的仁雅被接头的惠秦及王的馆客宁文德追迫贿银，就写信往河阴诅骂任懿。没想到仁雅的信落在河阴卜者常德方手，常就往御史台上告。赵昌言得到任懿的供状，就上奏真宗，请逮捕王钦若下御史狱受审。王钦若在真宗前自辩，说祁睿在他做完知贡举后才受佣其家，而僧惠秦从未到他门。真宗听罢，就一力维护他，并对赵昌言说，他待王钦若至厚，王若要钱，可以求他，何苦要受举人贿，而且王刚拜参政，怎可以遽令他下狱？真宗更随即任命他的宫僚翰林侍读学士邢昺（932—1010）、内侍副都知阎承翰（947—1014），并驿召知曹州（今山东菏泽市曹县）工部郎中边肃（？—1012后）及知许州（今河南许昌市）虞部员外郎毋宾古就太常寺重审此案。四人中，边肃和毋宾古是王钦若的旧僚，邢昺则是真宗东宫旧人、并一意向真宗邀宠的投机分子，而阎承翰是真宗亲信内臣，他只会依从真宗意旨办事。在四人的主审下，任懿翻供，改称接受他行贿的人是同知贡举、比部员外郎直史馆洪湛，说他与其妻兄张驾因同举进士，而曾一同造访后来代王旦为考官、赵昌言的门生洪湛，并送给洪石榴二百枚、木炭百斤。任又说他所贿银只凭仁雅和惠秦转达一主考官，却不知这考官是谁。在重审期间，证人张驾及王的馆客宁文德及徐兴，不是遁去不获，就是已死。而王钦若的门下仆役都说不认识惠秦，当主犯任懿翻供称不知所贿考官是谁，而又没有其他人证证明王受贿，另王又坚称祁睿是知举后才雇。这样邢昺就轻易地把王钦若受贿之罪开脱了。可恶的是，邢昺将受贿之罪归于刚出使陕西而中途召还的洪湛。邢昺等上奏真宗，称洪湛受银有据，议法当死。据宋人笔记所述，洪是梁颢的同年兼好友，以家贫借了梁的酒器，邢昺找不到洪受贿之物证，便拿这些东西作为赃物定洪的罪。真宗心知肚明，洪是替罪的，故免他死罪。邢等又劾赵昌言及其副手知杂御史范正辞"诬陷"大臣之罪，真宗首先在三月癸卯（初七）将赵昌言与副手知杂御史范正辞停职，而以赵的同年右谏议大夫宋太初权管勾御史台事。同月庚戌（十四），洪湛以受贿罪削籍流儋州，赵昌言也以"操意巇险，诬陷大臣"之罪，自工部尚书兼御史中丞削一任责授安远行军司马，范正辞自膳部郎中削一任责滁州（今安徽滁州市）团练副使，二人的属下御史台推直官殿中丞高鼎、主簿王化并削两任，高责授蕲州（今湖北黄冈市蕲春县）别驾，王责黄州（今湖北黄冈市黄州区）参军。主犯任懿杖责配忠靖军，惠秦坐受简札及隐银，以年七十特杖一百，黥面配商州坑冶。仁雅坐诅咒任懿，配隶郢州（今湖北钟祥市）牢城。可怜洪湛在翌年（咸平六年，1003）六月，虽获赦北返，却死于化州（今广东茂名市化州市）调马驿，遗下随行幼子洪鼎。王钦若良心有愧，就奏上真宗，赐钱二万，并命官护丧还本籍。①

关于这宗案件，王瑞来认为"恰好王钦若被任命为参知政事，这个任命等于救了王钦若。因为不仅真宗碍于面子不可能收回成命，宰相大臣也不愿背上失察之名"。王氏认为"执政大臣的任命，几乎不可能由皇帝

---

① 《长编》，卷五十一，咸平五年三月癸卯条，页1117；庚戌条，页1118—1120；卷五十五，咸平六年六月丁卯条，页1202；《涑水记闻》，卷二，第50条，"赵昌言"，页24—25；卷七，第209条，"王钦若知贡举受贿"，页137；《枫窗小牍》，卷下，页231。《宋会要辑稿》，第八册，《职官六十四·黜降官一》，页4773；《宋史》，卷二百八十三《王钦若传》，页9559—9560；卷三百一《边肃传》，页9983—9984；卷三百一《范正辞传》，页10060—10061；卷四百三十一《儒林传一·邢昺》，页12801；卷四百四十一《文苑传三·洪湛》，页13057—13059。群书记王钦若受贿之始末甚详，真宗其实也知道赵昌言没有诬告王钦若，而洪湛也本是无辜；但真宗要维护王钦若，只有枉了赵昌言和洪湛。洪第二年死于贬所，王钦若内疚，晚年疑神疑鬼，惧怕洪的鬼魂向他索命，后来以提拔洪的儿子作补赎。

或是某个大臣独自裁决,必须经过皇帝与执政集团共同协商,至少是得到宰相的首肯之后才能决定。由于有这样的过程,就决定了对王钦若只能保,不能弃"。王氏的分析合理,这解释了当时首相李沆为何在这事上没有支持赵昌言的立场。王氏说得对,真宗回答赵昌言的一番话一方面表明他不相信王钦若会受贿;另一方面是执政大臣不能受审。他委任邢昺等四人审讯此案,邢昺等就只许按照保王钦若的方向进行调查。[①]果然,那个枉称经学大师、熟谙圣贤经典的邢昺,就迎合真宗,作出对王钦若有利的判决,而边肃及毋宾古自然亦步亦趋。阎承翰不过是真宗的奴才,他在这宗案件中的角色,无非是担任真宗与邢昺间之传话人,每天向真宗奏报审讯的过程,并向邢昺传达真宗的意旨。我们自难期望他会主持公道、不枉法徇私。顺带一谈,真宗其实也对王钦若这次是否受贿心中有数。只是觉得赵昌言拿两年前的旧事为难王钦若,是有点小题大做。对真宗来说,王钦若有功于他,又有才干,刚任参政不久,无论如何也要

---

① 王瑞来:《宰相故事:士大夫政治下的权力场》(北京:中华书局,2010年1月),第四章《佞臣如何左右皇权:"瘿相"王钦若》,页174—175。

庇护。十七年后，在天禧三年（1019）六月，时任首相的王钦若已失宠，他再被指控受赃。他在真宗前自辩，请下御史台覆实。真宗当时很不悦，就翻王的老账说："国家置御史台，固欲为人辨虚实耶？"王钦若当然听出真宗的弦外之音，就识趣地自请罢相出守大藩。①

在赵昌言等眼中，王钦若是个投机"小人"，早在咸平三年五月在知审刑院任上已附和宰相张齐贤排挤过权判大理寺王济（952—1010），所作所为，不过迎合真宗，这趟贪污，有赃有证，正好在他势力未成时把他打倒。可惜，赵昌言错估了真宗对王钦若的宠信，也料想不到邢昺等如此无骨头。②不过，站在王钦若的立场，这次事件，其实是赵昌言这一班自命为"君子""直

---

① 《长编》，卷九十三，天禧三年六月甲午条，页2149。
② 《长编》，卷四十二，至道三年十一月丙寅条，页888—889；卷四十六，咸平三年三月戊寅朔条，页997；卷四十七，咸平三年五月甲辰条，页1018；《宋史》，卷三百零一《边肃传》，页9983—9984；卷四百三十一《儒林传一·邢昺传》，页12797—12801；《涑水记闻》，卷七，第199条，"王济张稷"，页129。王济曾多次反对张齐贤的政策，与王钦若也不和，王钦若于是借王济断狱轻重，劾他故人，王济因此罢官。这样一来，王钦若既报私怨，又可以讨好张齐贤。王济是寇准后来看重的人，他敢违逆张齐贤之意，相信李沆等都会对他另眼相看，王钦若附张齐贤打击王济，无疑会惹怒李沆等。王钦若在真宗即位初，劝真宗豁免百姓之欠税，只怕在李沆等眼中，无非是迎合真宗之意。在重审王钦若受贿一案的法官中，毋宾古是王钦若任职三司的同僚，阎承翰是（转下页）

臣"的人，因嫉忌他得宠而攻击他。而明显地，赵昌言是看准这次不会牵涉他的女婿王旦，才发难攻击他。事实上，王钦若登科以来，一直不受李沆等人的重视，这次他们是要给王钦若好看。

赵昌言与王钦若之争，可说是拉开了真宗一朝所谓"君子与小人之争"的序幕。王旦、寇准等被宋人及后世目为"贤臣君子"的人，与王钦若这被宋仁宗金口定为"奸邪小人"的长期党争，正肇因于此。王旦后来一直不肯原谅他的同年边肃，而他拜相后，一直用尽办法压抑王钦若，而王钦若也专门对付与王旦亲近的人，正因此案而发。这里附带一提，论关系，王旦算是王钦若的座师（王旦是淳化三年科的同知贡举），但这种本来只建基于利害的座主门生关系，一旦碰上了权力斗争、政见不合的问题，便马上经不起考验。何况，赵昌言是王旦妻父，王钦若只是王旦门生，亲疏有别。而李沆虽是赵昌言的旧僚，也是王旦的同年，看出真宗的心意，

（接上页）真宗亲信的内臣，奉真宗命行事，自然偏袒王钦若。邢昺是宋初经学家，这次是迎合真宗，看权势而不管是非，王钦若后来便大大报答了他。至于边肃，是真宗甚欣赏而有干才的人，大概看穿了真宗的心意，也就不管他同年王旦之情面，而和邢昺等作出不公正的判决。

他只能隐而不发。至于边肃，虽也是王旦同年，为了迎合真宗，年谊也就顾不上了。①

冯拯在赵、王之争中，置身事外，保持中立。他既不开罪王钦若，也一直和王旦保持良好关系，大概他看出李沆、王旦等人，始终是真宗重用的主流政治力量。为此，他并未被视为王钦若一党的"小人"。至于当年和他一同上书的洪湛，也许交情不深，他就没有为他说话。

赵昌言被黜后，他的同年宋太初接任权御史中丞。他在任期间，做了一件受时论称道的事。以前御史台案劾有罪，必预请真宗朝旨，但他坚持这样做会失风宪

---

① 边肃后来被王嗣宗劾他贪污而被贬，过了许多年，当向敏中提出要恢复他的旧职时，王旦不管同年之谊，坚持不允，理由是边肃身为侍从，受贿贪赃实不可恕。笔者以为王旦耿耿于怀的，还是边肃当年没有公正判决王钦若一案，以致赵昌言、洪湛受枉，而使王钦若坐大。关于王钦若在宋朝的评价，因宋仁宗曾对宰相说："钦若久在政府，观其所为，真奸邪也。"他就注定被人列为奸邪小人了。参见《长编》，卷九十，天禧元年六月甲申条，页2070；《宋史》，卷二百八十二《王旦传》，页9543；卷二百八十三《王钦若传》，页9564。至于王旦与王钦若之争，参见 Ho Koon-wan, *op.cit.*, pp.203-213, "Wang Tan and Wang Ch'injo: A long Struggle between the 'gentlemen' and the 'petty men'"。另王瑞来也认为王旦在此案发时，刚入二府，尚未成气候，眼见赵昌言受屈被贬，他无可奈何；但到他掌权时，就慢慢报复王钦若，压得他喘不过气来。参见《宰相故事：士大夫政治下的权力场》，第四章《佞臣如何左右皇权："瘿相"王钦若》，页176。

体，就坚持等狱成才奏上真宗，以维持司法的独立。不过他干不多久，便为温仲舒所取代。值得一提的是，在胡旦与赵昌言的同年中，宋太初没有胡旦、赵昌言等之迫人的才气，他是安分守己的老好人，不会借结党以求腾达，而也处处小心不卷入党争。他在至道二年被贬后，在三年三月庚午（初六）复起为工部郎中（《宋史》作祠部郎中）、知梓州，同月癸巳（廿九）太宗崩，真宗继位，他被召回朝。不久被差往陕西经度粮运，做他熟悉的差事。咸平初年，升为右谏议大夫改知庐州（今安徽合肥市）。再出知江陵府，在江陵他遏制了扰动当地的蛮寇。咸平三年，他再知梓州。四年四月庚申（十九）以右谏议大夫代雷有终知益州，并兼川峡四路都转运使，节制刚历王均之乱的四川。但宋太初并没有张咏治全蜀之才，大概只比在蜀倒了大霉的同年牛冕好一点，他也有自知之明，无意在蜀恋栈，真宗也怕他和钤辖杨怀忠（951—1024）不和而出事，于是调他回京，五年三月权中丞仅及两月，便被温仲舒取代。他跟着在五月癸丑（十八）出知杭州，杭州天气卑湿，他有宿疾甚不便。朝廷总算体恤，是年十一月甲午（初三），宋廷以太常少卿知苏州代知杭州，将他徙知庐州。他年老多病,头脑颇昏忘而不能治大郡。景德元年九月丁亥(初六),因本路转运使之言,宋廷将他徙知汝州,后再徙光州,不再回朝任职,他卒于景德四年(1007),得年六十二。他著有《简谭》三十八篇,述说他处世之心得,现仅存序,其序云:"广平生纂文史老释之学,尝谓《礼》之中庸,伯阳之自然,释氏之无为,其归一也。喜以古圣道契当世之事,而患未博也,忽外物触于耳目,内机发于性情,因笔而简之,以备阙忘耳。"宋人视他为长者。看他一生仕宦,鲜有和上司或同僚争权,他本传称他为三司盐铁副使时,有所规画必先咨三司使陈恕,从未自用为功。据说陈恕"甚德之"。当陈恕制订茶法时,也特别将自己的心得尽告宋太初。①

温仲舒代宋太初为御史中丞,而取代温仲舒知开封府一职的,正是冯拯的对头寇准。寇准终于在是年五月

---

① 《宋史》,卷二百七十七《宋太初传》,页9422—9423;《长编》,卷四十八,咸平四年四月庚申条,页1058;卷五十一,咸平五年三月癸卯条,页1117;卷五十七,景德元年九月丁亥条,页1255;周淙(?—1169后):《乾道临安志》,收入《南宋临安两志》(杭州:浙江人民出版社,1983年1月),卷三,页51。《宋太宗皇帝实录校注》,下册,卷八十,至道三年三月庚午条,页800;魏泰:《东轩笔录》,卷十二,页136。

还朝。寇准本来咸平三年五月在知同州（今陕西渭南市大荔县）任上，与赵昌言、吕蒙正同时被召还朝；但他在路上，却被通判刘拯所劾，于是月丁亥（十一）改知凤翔府，似乎是他的对头张齐贤弄的鬼。他要到咸平五年五月才回朝以刑部侍郎知开封府。在太宗晚年权倾朝野的寇准回朝，对他的同年、朋友和敌人，可说是各有一番滋味；不久，领头打击王钦若这等"小人"的正是寇准。①

真正称得上正人君子的田锡，他在泰州一留便近三年，大概是咸平三年底得到宋白之荐，他上章自陈，真宗才记起他，让他在四年中还朝。②他回朝后，在五月己卯（初八）召对，请别修《御览》三百六十卷，并采经史切要之言为《御屏风》十卷，以资真宗治国参考。

---

① 《长编》，卷四十七，咸平三年五月丁亥条，页 1016；卷五十二，咸平五年庚戌至癸丑条，页 1133；《宋史》，卷二百六十七《赵昌言传》，页 9197；《忠愍公诗集》，《忠愍文集》，叶三上下。

② 关于田锡自泰州还朝的日子，罗国威所撰的《田锡年谱》考为咸平四年，他认为田锡大概咸平三年应诏上书，但回朝当在四年。又按田锡所撰《谢得替》一状，称"右臣今月一日，伏蒙圣慈赐臣敕一道，差膳部郎中崔维翰知泰州军州事替臣，今臣候替人到，交割讫，发来赴阙者。"考所称今月，不知是何年月。疑是咸平四年初。而田锡即获召回京，也要等崔维翰到任交割事体，才可离任赴京，故他不大可能咸平三年便离任。参见《咸平集》，卷二十七《奏状二·泰州乞奏、谢得替》，页 297—298；附录二：《田锡年谱》，页 388—389。

他那么热心，真宗也不好拂他的意，让他干着看看。他真的在是月丁酉（廿六）写了一部分上呈。五年正月戊申（十二），他再自吏部郎中直集贤院任勾当通进银台司兼门下封驳事。三天后（辛亥，十五），他又积极地上奏论差张齐贤往西边任经略使的得失，又重提他去年冬天所进《御览》第二卷，请真宗细阅他所见宰相不知兵之说。他再掌银台后，每看到天下章疏有言及饥盗和诏敕不便的，一定逐条奏上。真宗对他这样尽责，也很称许。这年四月癸酉（初八），便委他接替与赵昌言同时被贬的范正辞之职，出任侍御史知杂事，做他好友温仲舒的副手。真宗对田锡很客气，就任前，特别派内臣对他说，"卿每上章疏，所司不敢滞留，朕皆一一亲览。知杂之任，朝廷甚难其人，故以命卿。仍不妨徐徐撰述，或有所见，即具奏闻"。自然，不必真宗多说，田锡也会上奏言事。他在同月戊子（廿三），便上言论御史台制度，请复台司之责。五月丁巳（廿二），又上书论时逢近日多雨，秋稼颇伤，近京诸州积潦为害，这时差遣使命，点集乡兵，实致人情不安。十月庚寅（廿八），再上书论朝政得失，特别指出两府政出于胥吏之失，以及宰相任重而责轻之不妥。到了十二月丙戌（廿五),他还请真宗早日立储。他在咸平六年(1003)三月辛卯朔(初一),又上书批评在雨灾、水灾未靖时点兵事。五月乙未(初六)解侍御史职,升为左谏议大夫,这是他一生中最高的官位。他随即献所撰之两书草稿,并请真宗不要差他出外,让他完成正在编纂的两书。真宗特遣中使慰抚他,要他安心著述,允诺必定不会派他外差,如他要升殿入对可以先奏。未几又命他兼史馆修撰。同年八月癸亥(初六),他又上书,论在大敌当前,求将相为急务,又指出朝廷以皇城司刺探外事之不宜。田锡在这年十二月辛未(十六)病逝。他临终前自作遗表,仍劝真宗以慈俭守位,以清静化人,居安思危,居理思乱。据载真宗览表恻然,袖出其遗表对宰相李沆称许田锡是直臣,又叹他走得太快,说他得病以来,每日遣太医疗疾,终不能起。又大赞他尽心匪懈、始终如一,说如此谏官,诚不易得。又说朝廷小有阙失,自己尚在思虑,田锡章奏便到,说他不顾其身,惟国家是忧。又说自己览其奏章,必特召与语,以奖励之。又说田锡曾担心奏疏不得速达,于是命他每季具奏所上事目及月日以闻。又惋惜他所修二书未能完成,实在可悯。翌日(壬申,十七),真宗优诏赠田锡工部侍郎，赗赐加等。又以其子将作监主簿田庆远（？—1039后）及田庆馀并为大理评事，给俸终丧。又命有司录田锡事迹布告天下。景德四年四月田妻奚氏去世，亦诏其二子不绝廪给。真宗给田锡的恤典算是不错，给人印象很尊礼他，惋惜他的去世。据宋人笔记所载，真宗曾往龙图阁阅书，指着西北架上一漆函，亲自署钥，对学士陈尧咨说，这是田锡的章疏，并怆然久之。不过，田锡所建议之事，其实真宗听得进的并不很多。虽然真宗像太宗一样，不只一次地称许田锡是"直臣""诤臣"；不过田锡到去世前，始终未受真宗重用。①

---

① 《咸平集》，卷一《奏议·上真宗论轻于用兵·咸平五年上，时为侍御史知杂事》，页22；《上真宗论点集强壮》，页23；《上真宗论拣选强壮失信·咸平六年三月上，时为侍御史知杂事。先是，五年十一月，令近京诸州募强壮愿充军者，给衣服装钱送阙下，锡上此奏》，页23—25；《上真宗乞询求将相·咸平六年八月上，时右谏议大夫史馆修撰》，页25—26；卷二十七《奏状二·进撰述文字草本、谢内降札子奖谕、奏乞不差出》，页300—303；范仲淹撰，李勇先、王蓉贵校点：《范仲淹全集》（成都：四川大学出版社，2002年9月），上册，《范文正公文集》，卷十三《墓志·赠兵部尚书田公墓志铭》，页320；《长编》，卷四十六，咸平三年三月丁未条，页1002—1006；卷四十九，咸平四年六月戊辰条，页1065—1066；卷五十一，咸平五年正月戊申条，页1109—1114；四月癸酉条，页1124—1125；戊子条，页1126—1127；卷五十二，咸平五年五月壬戌条，页1134；卷五十三，咸平五年十月庚寅条，页1158—1161；十二月丙戌条，页1172；卷五十四，咸平六年三月辛卯朔条，页1182—1183；五月乙未，页1192；卷五十五，咸平六年八月癸亥条，页1208—1209；十二月辛未至壬申条，页1220—1221；夷门君玉（转下页）

田锡作为太平兴国三年的第二人榜眼,虽说太宗及真宗都颇欣赏他,但他的官位比较其同年并不算太高,他在咸平五年十月壬申(初十),所上的《先君赠工部郎中墓碣》所署的官职差遣是"朝请大夫、尚书吏部郎中兼侍御史知杂事、上柱国、京兆县开国男、食邑三百户、赐紫金鱼袋",到咸平六年五月自吏部郎中迁左谏议大夫,他的阶勋爵邑大概也升不了多少。后来死后也只赠比谏议大夫高两阶的工部侍郎。①然而,他身后之名却是他一榜人中最高的,范仲淹(989—1052)为他

(接上页)撰,杨倩描、徐立群点校:《国老谈苑》(与《丁晋公谈录》三种合本),卷一,"田锡章疏",页51;"田锡遗表",页60;《宋史》,卷二百九十三《田锡传》,页9791—9792。据范仲淹所撰《赠兵部尚书田公墓志铭》所记,田锡先后两娶,元配杨氏,续配奚氏,封江陵县君,景德四年四月卒的当是奚氏。

① 《咸平集》,卷二十七《奏状二·谢侄男昌裔加阶》,页293;卷三十《考词·先君赠工部郎中墓碣》,页367—369。田锡在此墓碣详记他的家世,据他所记,其高祖田开、曾祖田齵、祖田诚皆不仕。父田懿(911—958),字伯达,好术数而聚书数千卷,博施众济。只曾在后蜀后主时,因陵州(今四川眉州市仁寿县)刺史赵庭让所辟,摄陵州司马,于后周显德五年(958)六月二十三日卒,得年四十八。田母杨氏(912—954),早于甲寅年(即显德元年,954)卒,享年四十三。宋廷因田锡故,赠其父田懿工部郎中,其母杨氏京兆县太君。田锡本名继冲,兄名田继云(后改田筠),弟名田继英。田继云与田继英均不仕,早于田锡卒。姊一人,适宋知让,妹二人,仲适鲜延寿,季适杨怀贵(?—1002后)。田锡除二子田庆远及田庆馀外,有侄田嗣宗及田昌裔。田昌裔因田锡故,在端拱二年十月授涟水军主簿,他再于淳化四年正月因圜丘大典授涟水县主簿加文林郎。(参见本书第五章77页)

写墓志铭，称"呜呼田公，天下之正人也。言甚危，命甚奇，尽心而弗疑，终身而无违，呜呼贤哉！吾不得而见之"①。而司马光应田锡曾孙武胜军节度推官知沈仁县田衍（？—1082后）之请，在田锡碑阴上，也衷心表达他对田锡人格的仰慕，说当真宗即位之初，田锡"稽古以鉴今，日有献，月有纳，以赞成咸平盛隆之治"②。苏轼（1036—1101）将他比作怀才不遇的西汉名臣贾谊（前198—前165），并为他的奏议十篇作序，称他是"古之遗直"，也指其言虽"十未用五六，安知来世不有若偃者举而行之欤"。③而朱熹（1130—1200）在他一榜人中，惟独选他入五朝名臣之列；④另一方面，在

---

① 范仲淹于仁宗宝元二年（1039）因田锡长子田庆远之请，为田锡作墓志铭，铭中称许田锡为"天下之正人"，此后即成为宋人对田锡之定论。参见《范仲淹全集》上册，《范文正公文集》，卷十三《墓志·赠兵部尚书田公墓志铭》，页317—321。

② 司马光撰，李文泽、霞绍晖校点：《司马光集》（成都：四川大学出版社，2010年2月），第三册，卷七十九《碑志五·书田谏议碑阴》，页1607。

③ 苏轼撰，孔凡礼点校：《苏轼文集》（北京：中华书局，1986年3月），第一册，卷十《序·田表圣奏议叙》，页317。

④ 朱熹所编而甚有影响力的《五朝名臣言行录》，载录田锡的嘉言懿行，推为名臣模楷。参见朱熹编，李伟国校点《八朝名臣言行录·五朝名臣言行录》，载朱杰人等主编《朱子全书》（上海古籍出版社，2010年12月），第十二册，卷九之一《谏议大夫田公锡》，页267—270。

他的同年中,也只有他的文集得以传世。田锡不只独得名臣之誉,还得天独厚,其《咸平集》五十卷(现存三十卷)得以传世。胡旦等人都撰有文集,但均散佚,只剩零篇。田锡和胡旦、赵昌言等同年都交好,也曾不止一次受累被贬;不过,田锡不像胡旦、赵昌言以至冯拯主动牵涉入党争中。《长编》及《宋史·田锡传》称他"耿介寡合,未尝趋权贵之门。居公庭,危坐终日,无懈容",又说他慕唐代魏徵(580—643)与李绛为人,以尽规献替为己任。到居谏署时,又连上八疏,都直言时政得失。他曾自述立朝以来,上章疏五十二,皆是谏官任职的常言。又说若获从是幸,怎可以藏副本以示后,谤时卖直,于是命人焚之。观他一生,并未结党连朋,他虽与胡旦交好,但只是君子之交而已。当胡旦等得势时,他并没有依附,也为此他的仕途并不太得意;不过也不似胡旦、赵昌言等那样大起大落。[①]

[①] 《长编》,卷五十五,咸平六年十二月辛未条,页1220;《宋史》,卷二百九十三《田锡传》,页9792。

第七章

随波逐流,左右逢源:冯拯与真宗后期的党争(1004—1022)

咸平时期最后一次党争是五年十月向敏中与张齐贤之争，结果两败俱伤，向被罢相而张被降职。早在咸平五年正月，张齐贤的亲信曾致尧（947—1012）上疏攻击向敏中，说"宰相向敏中以非功德进官，臣论其不可用"。结果，李沆以他"狂躁"，把他下御史狱论罪，贬为黄州团练副使。张齐贤自然要找机会报复，真宗也看出张齐贤和李沆一伙不和，这年七月壬子（十九），便对李沆、向敏中等晓谕一番，希望他们和衷共济。但这年十月，张齐贤教唆薛惟吉（955—996，薛居正子）寡妻柴氏（？—1002后），讼告向敏中以贱价买薛惟吉之宅，又因求婚柴氏不遂，而教惟吉之子迫害她云云。向敏中自辩时对真宗撒了一个小谎，结果被素忌他的盐铁使王嗣宗拿着把柄，真宗怒向敏中不忠实，就在是月丁亥（廿五）把他罢为户部侍郎。不过，张齐贤和他的儿子张宗诲（969—1045）教唆柴氏告状的事也被揭发,张氏父子皆被贬降,张齐贤责为太常卿,分司西京,张宗诲削一任,贬为海州别驾。据说撰写向敏中罢相制书的翰林学士承旨宋白曾向向敏中借贷白金十铤不成,就在制书中极力丑诋,说向"对朕食言,为臣自昧",据说向敏中读制至泣下,制词写成这样,人们都认定向敏中没有被起用的机会。宋白俨然有其门生胡旦的影子。①

冯拯在这次党争中照旧置身事外。咸平六年九月甲辰(十七),吕蒙正告老获准,真宗考虑的继任人,正是素与冯拯不睦而现任三司使的寇准。②翌年(1004),真宗改元景德。这年七月丙戌(初四),宰相李沆病逝。中书无相,为了应付日益严重的边患,真宗首先在是月庚寅(初八)擢他的东宫心腹翰林侍读学士毕士安为参知政事,并接受毕士安的推荐,在八月己

---

① 《长编》,卷五十一,咸平五年正月甲辰至丁未条,页1107—1109;卷五十二,咸平五年七月壬子条,页1143;卷五十三,咸平五年十月癸未至丁亥条,页1157—1558;《涑水记闻》,卷七,第211条,"向敏中罢相复相",页138。

② 寇准知开封府时,已有传言他会拜相。等到真宗询问毕士安谁可为相时,其实真宗心中早已有数,只是怕寇准性刚难制,而拿不定主意。参见《长编》,卷五十五,咸平六年九月甲辰条,页1213;十一月己亥条,页1217;卷五十六,景德元年正月丙戌条,页1244;壬辰条,页1245。

未（初七）以毕升任首相，而以寇准为次相。真宗同日以其心腹王继英（946—1006）自宣徽南院使知枢密院事拜枢密使，而本来担任同知枢密院事的冯拯及陈尧叟改低半阶的签书枢密院事，不过，二人的俸秩恩例仍同枢密副使。冯拯大概并不计较职位的改动，却担心如何和当日的对头寇准合作。寇准拜相后，积极备战，他的同年好友张咏、向敏中、马亮（959—1031）、边肃、张秉（961—1016）分别扼守成都、长安、金陵、邢州和澶州等要地，素有武干而又是王旦岳父的赵昌言，在景德元年初自武胜军（邓州）回朝后，复刑部侍郎。他求兼三馆职，真宗命判尚书都省。他这回也受到重用，十一月乙丑（十五）领兵扼守河阳，真宗又特旨月增公用钱十五万给他使用。①

除了冯拯和赵昌言外，太平兴国三年进士在这一刻用命报国的，据宋人方志所载，还有仕历不详的罗彧。

---

① 《长编》，卷五十六，景德元年七月丙戌至庚寅条，页1243—1245；丙午条，页1248；卷五十七，景德元年八月己未条，页1251—1252；辛卯至丁酉条，页1256—1257；闰九月癸酉条，页1266—1267；《宋史》，卷二百六十七《赵昌言传》，页9197—9198；卷二百八十二《向敏中传》，页9555；《宋会要辑稿》，第十一册，《食货三十五·公用钱》，页6782。关于寇准同年在景德元年分扼要塞，并稳定后方之情况，可参阅 Ho Koon-wan, *op.cit.*, pp.171-172。

罗彧的生平仕历最早见于宋末修的《临汀志》，明清重修的有关方志只是因袭它的记载。《临汀志》称他少聪语，因慕曹魏名臣荀彧（168—212）而取名曰彧。他以甲科登仕，在雍熙以后，累知忠、筠、成三州。据说他治绩甚好，而擅于断狱。他曾说"非人好讼，听者不明"。在澶渊之役，他以职方员外郎扈从，据说真宗许他与寇准参议机务。宋辽议和，他亦被选使辽。使还，他求还乡。真宗特授他本路提点使，又赐锦衣、金带、絁二，上书"明时折桂"和"衣锦还乡"，以示褒赏，但他未到家已卒。考诸《长编》《宋史》《宋会要辑稿》等书，使辽宋臣未载有罗彧，至于扈从真宗至澶州，或有其事。罗彧是否在澶渊之役使辽，清同治中修的《福建通志》编者疑罗彧当时任副使，故《宋史》《长编》不书其名。近人傅乐焕（1913—1966）所撰的《宋辽聘使表稿》，宋使中亦无罗彧之名，罗彧使辽之事，因只有《临汀志》之孤证，暂存疑。①

---

① 参见马蓉、陈抗等点校《永乐大典方志辑佚》，第二册，《临汀志》，"进士题名"，页1421；傅乐焕《宋辽聘使表稿》，收入傅著《辽史丛考》（北京：中华书局，1984年11月），页179—285，寿祺（？—1871后）等撰《福建通志》（台北：华文书局，1968年10月影印同治十年[1871]本），卷一百七十八《罗彧传》，页3195。

至于田锡的亲戚而甚有武干的张鉴，本来应可大派用场，他在至道三年正月辛卯（廿六）以户部使命调陕西诸州军储。真宗即位后自右谏议大夫迁给事中仍兼户部使。咸平初年迁工部侍郎，稍后出知广州。他在广州两年，政绩甚佳，州民条其政绩上请刻石，但他与通判李夷庚及巡检谢德权（？—1010后）不协。二人密奏他以钱付海商，往来贸易以图利。咸平三年十月丁未（初四），因移知小郡的朗州。他在湖南，溪洞群蛮屡次侵扰，他召见酋豪，谕以威信，皆俯首听命。他知道李、谢二人背后攻击他后，就上表自陈因有亲故谪琼州（今海南海口市），故每以俸米附商舶接济，揭发李、谢二人憸人贪凶之状。真宗于是意稍释，在咸平六年将他召还，但他以疾徙知相州。是年九月壬辰（初五），他奏上相州牧龙坊生芝草一茎，色黄紫，长尺余，分七枝，皆如手五指状，其最上枝类凤首。他并表献之，以为河朔弭兵、辽人款附之兆。真宗优诏答之。可惜他此时已有疾，不及效命，大概在景德元年初已逝世。①

---

① 《长编》，卷四十一，至道三年正月辛卯条，页860；卷四十七，咸平三年十月丁未条，页1026；卷五十五，咸平六年九月（转下页）

身为签书枢密院事、负军事决策重责的冯拯,这次不但无甚建树,而且大丢脸面。比起真有武干的赵昌言,只会纸上谈兵的冯拯,一比便比下去了。据《长编》及《宋史·冯拯传》所记,当真宗赐手札访边事时,他大概在咸平六年六月前曾奏称:

> 备边之要,不扼险以制敌之冲,未易胜也。若于保州、威虏间,依徐、鲍河为阵,其形势可取胜矣。前岁王显违诏不趋要地,契丹初压境,王师未行,而契丹骑已入钞,赖霖雨乃遁去。比王超奏敌已去,而东路奏敌方来,既聚军中以救望都,而兵困粮匮,将臣陷殁几尽,超等仅以身免。今防秋,宜于唐河增屯兵至六万,控定武之北为大阵,邢州置都总管为中阵,天雄军置钤辖为后阵,罢莫州、狼山两路兵。①

以上是冯拯传世惟一谈兵之文字,他并没有行阵经

(接上页)壬辰条,页1212;《宋史》,卷二百七十七《张鉴传》,页9416—9417;《宋史》,卷六十三《五行志二上》,页1388。

① 《长编》,卷五十四,咸平六年六月己未朔条,页1196—1197;《宋史》,卷二百八十五《冯拯传》,页9609—9610。

验，之前也没有出守过西北大藩，他所说的方略是否行得通成疑，据说真宗从之。惟李焘指出，真宗后来出示的阵图并不全依冯拯所说。他倒有自知之明，而且对寇准的脾性摸得清楚，对着一向专断而今次又得真宗倚重的寇准，他是谨言慎行，对战守决策，不敢妄议。当寇准决定真宗要亲征时，胆小怕死的王钦若和陈尧叟不知寇准厉害，私下向真宗进言迁都，以避辽军凶猛来势。结果寇准当着二人面前请真宗斩进言迁都者。寇虽没有杀王钦若，但在闰九月乙亥（廿四）把他调往兵凶战危的前线大名府，把他吓个半死。①真宗在寇准的坚持下，于景德元年十一月庚午（二十）起驾亲征。一路上都是寇准说了算，陈尧叟和冯拯从行，二人都不敢违抗。不过，当真宗在同月丙子（廿六）不敢渡河往澶州（今河南濮阳市）北城，而寇准找来殿前都指挥使高琼（935—1006）劝驾时，冯拯不合呵责高琼无礼，而反被这员老将当众臭骂，说他"以文章致位两府，今敌骑充斥如此，犹责琼无礼，君何不赋一诗咏退敌耶？"众人大笑，真宗于是幸北城。冯拯当众受辱，自然恨透背

---

① 《长编》，卷五十七，景德元年闰九月乙亥条，页1267—1268；卷五十八，十一月壬申条，页1284；《东轩笔录》，卷一，页7—8。

后指使的寇准。①当然,冯拯深知惹不起势力如日中天的寇准,他最好待别人动手,而收渔人之利。

宋辽澶渊之盟于景德二年(1005)正月订立。寇准威望更隆,真宗对他信任有加。战后王钦若回朝,寇准找他在大名府的过失,王自知留不下来,就再表求罢参政职,继而向真宗面请,真宗惟有答应。四月己亥(廿二),乃置资政殿学士授之,并将他自工部侍郎迁刑部侍郎。寇准要压制他,就将王的新职定其班在翰林学士下,侍读学士上。王钦若罢职同日,参政的缺由冯拯补上。冯拯特授兵部侍郎,进封开国公加食邑五百户,食实封二百户。他再次请到与寇准交好的杨亿为他撰写让官表和谢官表,可看到他顷心交结属于寇准与王旦的

---

① 《冯拯墓志铭》,页119;《涑水记闻》,卷六,第170条,"高琼请幸北城",页114;《长编》,卷五十八,景德元年十一月庚午至丙子条,页1283—1287;十二月丁亥条,页1292;戊戌条,页1298—1300;《宋史》,卷二百八十四《冯拯传》,页9609。冯拯这次大失面子的事,他的墓志铭及《宋史》本传自然一字不提。《宋史》记他曾在战前侃侃而谈兵,墓志铭则以华丽的文字,说他担任枢副后,"属者玁狁南牧,羌戎内侮,燧火交照,羽书疾驰,近庭密勿,实本兵柄。公周旋帷幄,出纳事机,揣摩敌情,指授将略。伐谋于堂上,视房于目中。以忧边而见称,虽下沐而罕出。逮夫陪天步于河曲,喻使指于兵交。讲信息兵,定功弭患,师千载载,方表无外,进贰台极,协恭元宰"。几乎把寇准的功勋移到冯拯的头上。墓志铭之不可信,此亦一证。

人。与之相反，王的好友权三司使刘师道（？—1010后），则因其弟考试作弊受累而在同月丁酉（二十）被黜为忠武军行军司马。①对冯来说，寇、王相争，他就渔翁得利，犯不着介入。寇准又提升了他一向赏识而守杨流渡有功的丁谓（966—1037）为权三司使，值得注意的是，丁谓既是南方人，又是王钦若淳化三年的同年，但寇准并不存成见，照样擢用丁谓。②

① 《长编》，卷五十九，景德二年四月丁酉条，页1328—1329；杨亿：《武夷新集》，卷十五《表状四·代参政冯侍郎让表》《代参政冯侍郎谢表》，叶十一下至十三下；《宋会要辑稿》，第八册，《职官六十四·黜降官一》，页4775；《宋史》，卷七《真宗纪二》，页128；卷二百八十四《陈尧佐传附陈尧咨》，页9588；卷三百四《刘师道传》，页10064—10065；夏竦（985—1051）：《文庄集》，文渊阁《四库全书》本，卷二十八《冀国王公行状》，叶九上至十二下；吴曾（？—1170后）：《能改斋漫录》（上海古籍出版社，1979年11月新一版），卷十三《记事·刘师道解王文穆罪文穆复师道职》，页388。按刘师道因其弟作弊而受牵连被黜。而陈尧叟之三弟知制诰陈尧咨，也坐任考官时串通刘师道弟作弊被贬。据《能改斋漫录》所载，在澶渊之役，寇准欲因事而诛王钦若，赖时任随军三司使的刘师道在真宗前力为解救始免。

② 丁谓是苏州人，是太宗参政窦偁（925—982）的女婿，早有文名，曾受寇准好友王禹偁之延誉。寇准未拜相，已向李沆大力推荐他。他是淳化三年一榜的第四名进士，至于王钦若，则名列第十一。参见潘汝士（？—1037后）撰，杨倩描、徐立群点校《丁晋公谈录》（与《国老谈苑》等三种合本）（北京：中华书局，2012年6月），"窦家轶事"，页18—19；《长编》，卷五十八，景德元年十月庚寅条，页1276；十二月庚辰朔条，页1289；卷六十，景德二年五月甲寅至乙卯条，页1338—1339；马端临（1254—1323）撰，上海师范大学古籍研究所暨华东师范大学古籍研究所点校《文献通考》（北京：中华书局点校本，（转下页）

就在冯拯升任参政不久,他的同年李昌龄在投闲置散多时后,在五月以光禄卿分司西京请致仕。当中书进拟时,真宗仍耿耿于怀,批评李素无清誉,不可牵复为丞郎。结果在甲寅(初七),宋廷授李昌龄秘书监致仕。他在大中祥符元年三月辛未(初十)卒,年七十二。真宗这时倒不计较了,仍废朝致意,并录其子李虞卿试将作监主簿。不过,并未照例赠官。当李昌龄致仕的翌日(乙卯,初八),胡旦及田锡的恩师宋白也因年衰思减,诏书多不称旨,罢翰林学士承旨为刑部尚书集贤院学士判院事。①

比起李昌龄、胡旦那样被罢废而自请致仕,赵昌言倒在宋辽议和后,仍被委以重任。他守河阳时,曾捕获在景德元年十二月壬午(初三)弃城逃遁的知通利军(今河南鹤壁市浚县东北)王固(？—1005后),解送

(接上页)2011年9月),第二册,卷三十《选举考三·举士》,页883;《宋史》,卷七《真宗纪二》,页128—129;卷二百六十三《窦偁传》,页9097—9098;卷二百八十二《李沆传》,页9539—9540;卷二百八十三《丁谓传》,页9566。

① 《长编》,卷六十,景德二年五月甲寅条,页1338;卷六十八,大中祥符元年三月辛未条,页1528;《宋史》,卷二百八十七《李昌龄传》,页9653;《宋会要辑稿》,第四册,《仪制十一·尚书丞郎追赠》,页2529。

京师。景德二年正月乙卯（初六），因守河阳有功，以及武干善驭众，真宗亲自提名（寇准当也支持）他以刑部侍郎第三度出守大名府。他在大名，又是敢作敢为，是年五月癸丑（初六），他以所部寇盗未除，上奏下令军民："有能告贼者赏以金帛，及署牙校镇将迁补军职。"真宗将其状下枢密院，枢密使王继英认为乡间小有攘窃，不应擅给赏格，反对赵的做法。但真宗觉得这样会令赵失信于民，于是改其文为"当为上言者请行旌赏"。赵的作风令宋廷有时头痛不已。九月癸酉（廿八），宋廷将他徙知另一边防要塞镇州，接替请告老的洺州团练使上官正（933—1007）。赵此后不再回朝。真宗在大中祥符元年（1008）十月辛亥（廿四）东封泰山，并令许州、郓州及齐州等长吏赴泰山陪位，时知镇州的赵昌言似乎没有陪祠。真宗十一月戊午（十三）幸曲阜县（今山东济宁市曲阜市）谒孔子庙，赵也似没有陪同。十二月辛丑（十五），真宗以东封恩典，人人升官。冯拯也得以进吏部侍郎。大中祥符二年（1009）五月乙卯（初一），真宗诏追封孔子弟子七十二人。七月戊寅（廿五），又诏孔子庙配享鲁史左丘明等十九人加封爵。宰执大臣及仆尚、两制大臣奉命撰写孔门弟子封爵的赞文。赵昌言就以金紫光禄大夫吏部侍郎撰写巫马施（子期，前521—？）自鄫伯进封东阿侯，及陈亢（子禽，前511—前430）自颍伯进封南顿侯的赞文。不到一个月，他便在八月丁酉（十五）卒，年六十五，赠吏部尚书，谥号景肃。宋廷录其子赵庆嗣为国子监丞，赋禄终丧，侄孙赵允明同学究出身。赵的身后评价，因王旦之故而得佳谥。据谥法，"耆意大图曰景，执心决断曰肃"，其婿王旦主政下宋廷给他这个美谥，也颇道出他至老不改的刚毅性格。刘敞议他"在外则强家巨猾敛手就职，恩被朔土；在内则凶徒桀贼厥角归死，感动徼外，政事之干，兼艺与果矣"。可谓溢美之至。还是《宋史》本传说他"强力尚气概，当官无所顾避，所至以威断立名，虽屡经摈斥，未尝少自抑损。然刚愎纵率，对僚吏倨慢，时论以此少之"，客观得多。不过，《宋史》的编者也称许他喜推奖后进的度量，包括他当年任荆湖转运使时，向宋廷表奏时为潭州通判的李沆有台辅之量，并且一见王旦就识其前程远大而将女配之；另外，也提到他推荐职卑的王禹偁为知制诰。赵昌言从出守河阳始，不再介入党争，只做个党争的旁观者。他的女婿王旦在他守镇州时，已和他们的宿敌王钦若再度交手了。①

当赵昌言膺方面之任时,他的老同年"董三更"董俨却不甘寂寞。他在景德二年回朝后迁给事中,九月辛未(廿六)曾受命审问开封府之系囚二百人。景德三年(1006)正月戊辰(廿五),又命他与工部尚书王化基等覆审仇象先申诉被削官之案。稍后又判吏部铨迁工部侍郎,四月辛巳(十五)被委与龙图阁待制戚纶(954—1021)及内臣宫苑使刘承珪(950—1013)往开封府编叙系囚。本来也不算投闲置散,但不知何故,他忽然有兴趣接张咏知益州之差事。大概他想更上一层楼,进入二府,而想以守益州这个"大藩"作晋身之阶梯。他托姻家侍御史王济、旧僚刚罢西川转运使的黄观

---

① 《长编》,卷五十八,景德元年十二月壬午条,页1290;卷五十九,景德二年正月乙卯条,页1308;卷六十,景德二年五月癸丑条,页1337;卷六十一,景德二年九月癸酉条,页1368;卷七十二,大中祥符二年八月丁酉条,页1630;《宋史》,卷七《真宗纪二》,页138—141;卷二百六十七《赵昌言传》,页9198;《宋会要辑稿》,第四册,《礼五十八·群臣谥》,页2068;骆承烈编:《石头上的儒家文献——曲阜碑文录》(济南:齐鲁书社,2001年4月),上册,《隋唐宋金碑·二十二·大中祥符二年诸臣赞七十二贤碑》,页144;《全宋文》,第六册,卷一百五赵昌言《巫马施字子期鲁人赠郑伯今进封东阿侯赞·大中祥符二年》、《陈亢字子禽陈人赠颍伯今进封南顿侯赞·大中祥符二年》,页8—9。考淳化五年赵昌言出师四川时,为僧茂贞潜他无子息,当时赵昌言应无子。赵庆嗣大概是赵昌言晚年所得之子,故名庆嗣。

为他举荐。二人不肯,反而禀告真宗关于董俨私下请托之事。王济为人鲠直,不肯有私于姻家;黄观曾被董俨整治过,这次以直报怨。臣下请托求官,在真宗眼中,本也是平常事,于是在六月戊戌(廿八)把董出知青州便算。可董俨疑神疑鬼,以为被"权臣"所摈,久久不肯起行赴青州,又对真宗胡言乱语,甚至涕泪交下,坚说王济和黄观同意荐他守益州。真宗只好命他白纸黑字写下申诉状,自然,王济与黄观的答词,一一驳斥董俨一厢情愿的说法。真宗又气又怒,十月庚辰(十一),把董贬为山南东道行军司马。他在大中祥符初年遇赦起知鄞州,但不久便病死。是年底东封泰山,加恩百官,他的官位得以恢复。宋人对他多没好评,说他"俊辨有材干,然不学,无操行,所至厚纳货赂",又说他曾命引赞吏改制朱衣,每晚送至他府中,却暗中以轻帛代之。在吏部铨司,他命胥吏购物,但吏人请给货值,却呵责之,他的鄙屑竟如此。宋人以他"用倾狡图位,卒坐是败,士大夫丑之"。另一方面,对他广畜姬妾、生活豪侈之作风,时加讥讽。据一则宋人笔记的说法,他死后不久,他的姬妾二十人便为寿阳豪民王氏以三百万钱买去,这些姬妾平日得董俨待以锦衣玉食,但对他之死,却毫无戚容,欣然随新主而去。依文莹之说,连他的同年胡旦都对他的贪婪作风不以为然。(不过,胡旦也以贪财著名,倒是五十步笑百步)在宋人眼中,端拱"半夜之会"的参与者中,以董俨最为人所诟病,他无德无学,最后连一个像样的、可以为他申辩的儿子女婿都没有(他两个儿子仲容和仲宗仅官至太子中舍之小官),哪能不成为人们讥笑的对象?他不像胡旦及田锡等留有文集,《全宋诗》仅辑录得七绝《齐山》一首及七言诗句两句。他比赵昌言还早一年去世,而论人品、才能以至事功,他远及不上赵昌言。当然,赵昌言有一个好女婿王旦在朝当权,即使赵有何不妥,各方面都会手下留情的,这是胡旦等人没有的条件。[1]

谈完"董半夜",也宜谈一下"陈三更"陈象舆在真宗朝的情况。关于他的事迹,宋人所记不多。他不像

---

[1] 《长编》,卷六十一,景德二年九月辛未条,页1368;卷六十二,景德三年正月戊辰条,页1384;四月丙戌条,页1394—1395;卷六十三,景德三年十月戊寅至庚辰条,页1417—1418;《宋会要辑稿》,第十四册,《刑法五·亲决狱》,页8506;《刑法五·省狱》,页8514;《宋史》,卷三百零七《董俨传》,页10123—10124;《玉壶清话》,卷三,页31—32;上官融(?—?):《友会丛谈》,《宛委别藏》本,(台北:台湾商务印书馆,1981年),卷中,页31;《全宋诗》,第二册,卷七十二《董俨》,页817。

董俨在《宋史》中有传，群书除记他在端拱的半夜之会外，只记他是宋初隐士戚同文（904—976）的门下。他在半夜之会被重贬后，据曾巩（1019—1083）所记，在淳化五年以户部郎中知洪州，并兴建了洪州的东门。他在太宗至道到真宗咸平年间的事迹不详，据《长编》所载，他在景德二年八月乙巳（廿九），因坐与曹州豪强赵谏往来，自两浙转运使徙知饶州。到大中祥符二年五月庚辰（廿六），真宗命他以右谏议大夫诣陕西祈太平宫、后土等地求雨。六年十二月壬戌（初五），真宗往亳州谒太清宫，就命他以左谏议大夫权判留司三馆。他到大中祥符七年五月，因风痹，步履艰难，朝谒屡失仪。为右军巡使姜遵（963—1030）所劾。他即求对，自陈可以治郡。真宗对宰相王旦说及他之请求，王旦就以陈非干才，而且抱病，任他为郡守，只增加其过。真宗于是在是月丙戌（初一），以陈自左谏议大夫权判西京留司御史台。但他到了洛阳后，认为地位在知河南府刑部郎中赵湘之上，每行香拜表，辄倨慢不为礼，命左右扶掖而进。结果被本路转运使上封论之。真宗在是年十一月甲申（初二），命太仆少卿裴庄（938—1018）代他任权留司御史台，而将他命为卫尉卿分司西京。并下令西京自今行香拜表，不以官班高下，只以知府为班首。他大概在真宗末年已卒。《全宋诗》收他诗《题义门胡氏华林书院》一首。从有限的资料所见，他在端拱元年被贬后，多半在外任，回朝供职的时间不多，也没有他与赵昌言等人往来的记载。除了记他与曹州民赵谏有交而坐贬外，没有记他与什么朝臣结朋党。①

寇准在景德三年（1006）二月戊戌（廿五），在王钦若的攻击下罢相，三月庚申（十八）以刑部尚书出知陕州。寇一向独断，不理同列的看法，他的垮台，无疑是冯拯所乐见的。冯拯有否参与指证寇准的过失，暂未可考。惟在是年十一月己未（二十），当真宗论及寇准

---

① 曾巩撰，陈杏珍、晁继周点校：《曾巩集》（北京：中华书局，1984年11月），上册，卷十九《记九首·洪州东门记》，页314；《宋史》，卷四百五十七《隐逸传上·戚同文》，页13418；《长编》，卷六十一，景德二年八月乙巳条，页1360；卷七十一，大中祥符二年五月庚辰条，页1609；卷八十二，大中祥符七年五月丙戌条，页1874；卷八十三，大中祥符七年十一月甲申条，页1901；《宋会要辑稿》，第三册，《礼五十一·徽号一·朝谒太清宫》，页1882；第四册，《仪制七·拜表仪》，页2429；第五册，《崇儒二·郡县学》，页2762；第六册，《职官十七·三京留司御史台》，页3468—3469；第七册，《职官四十六·分司》，页4260；第九册，《职官七十八·罢免上》，页5189；第十四册，《刑法三·诉讼》，页8398—8399；《刑法四·断狱》，页8483；《全宋诗》，第二册，卷一百《陈象舆·题义门胡氏华林书院》，页1128。

的不是时,他即附和说:"吕蒙正尝云: 准轻脱好取声誉,不可不察。"①当然,冯拯只在打倒寇准的事上或与王钦若合力,他并不倒向王钦若,因为继寇准为相的是尚书左丞参政王旦,而非王钦若。对他来说,左右逢源胜过倒向任何一方。

冯拯一榜进士,在景德三年以后,除了冯拯在朝出任参政,赵昌言在外出守大藩外,在仕途上较为平稳、不过不失的是李沆的长婿薛映。薛在咸平四年三月担任知制诰后,在同年六月壬寅(初二)奉命与另一知制诰梁颢共看详中外章疏。又与另一知制诰梁鼎按籍详定被三司追查欠租而久被系留的人,而多所蠲免。他又先后任权判吏部流内铨兼制置群牧使,同年闰十二月庚寅(廿三),因河北发生饥荒,豆粟昂贵,真宗又命他与梁颢等往河北西路发放仓廪赈济流民,许便宜行事。使还任权判度支。②

---

① 《长编》,卷六十二,景德三年二月丁酉至戊戌条,页1389—1390;卷六十四,景德三年十一月己未条,页1434;《宋史》,卷二百八十一《寇准传》,页9531—9532。关于寇准这次罢相的原因分析,可参阅 Ho Koon-wan, *op.cit.*, pp.192-202, "The Fall of K'ou Chun: the Defeat of the 'Gentlemen'"。

② 《长编》,卷四十九,咸平四年六月壬寅条,页1063;卷五十,咸平四年闰十二月庚寅条,页1102;《玉海》,第二册,卷六十一(转下页)

咸平六年六月丁亥（廿九），他以礼部郎中知制诰权判度支，升谏议大夫出知杭州。他处事临决锋锐，州无留事。景德三年十月，他和转运使起居舍人直史馆姚铉（？—1008后）争权。姚行文属州，令当直司不得辄断徒以上罪。薛不服，上奏宋廷，以两浙民多因屠牛，私贩酒曲、茶盐，与盗窃随赃捉获，另有屯军酒醉或赌钱，已逐事验实，不必追证。虽然只是徒刑，向来只由当直司勘状，当日依法断遣，及有外县勘证结正到各样杂徒罪，已看详了公案，情节图备，所送罪人，也当面引问，并无不同处，只须重责审状，不再下司禁勘。他以一向徒、流、笞及杖罪，自有科条，若情状明白，何必系狱，以伤和气。他请诏天下，凡是徒、流罪于长吏前对辩而无异的，可听遣决之。宋廷支持薛的意见。薛映朝中有人，继而又抓着姚许多罪证，指姚纳部内女口及买扣器抑其值，又广买绫罗却不输税，而且占留州胥，在司擅增修廨宇的罪过。真宗派御史台推勘官储拱劾姚得实结果，法寺议姚罪当夺一官，但真宗特诏姚铉

(接上页)《艺文・奏疏・淳化次对》，叶二十下（总页1167）；《宋史》，卷二百九十六《梁颢传》，页9865；卷三百四《梁鼎传》，页10058；卷三百五《薛映传》，页10090。

除名,贬为连州(今广东清远市连州市)文学。薛映虽被储拱查出曾指使人告姚铉,但只罚铜九斤,其后又特释不问。真宗并下诏戒诸路转运使。①

薛映在杭州,也不是只重吏事,据说常造访杭州隐士、人称和靖先生的(967—1028)林逋的庐舍,与他清谈终日而去。另外,他也与和林逋交好的僧释智圆(976—1022)往还。《全宋诗》收有僧释智圆(976—1022)送他的一首五律《上钱唐太守薛大谏》,诗云:"分符江郡远,贵列七人间。文古淳风在,时清谏笔闲。楼高喧暮角,厅冷鏁秋山。圣代期调鼎,轩车即诏还。"既说薛治杭政务清闲,又预贺薛很快便召还。果然,薛映在景德四年九月以任杭州满召还,真宗与王旦等议论谁代他。冯拯就说杭州比诸道易治,但真宗不同意杭州易治,因王旦的推荐,九月辛巳(十八),宋廷就由冯、薛的同年董俨的姻家工部员外郎侍御史知杂事

---

① 《长编》,卷六十四,景德三年十月癸巳条,页1431;《乾道临安志》,卷三《牧守》,页52;《宋史》,卷三百五《薛映传》,页10090;卷四百四十一《文苑传三·姚铉》,页13055;《宋会要辑稿》,第十四册,《刑法三·勘狱》,页8421—8422。按《宋会要辑稿》将薛映上奏之事系于景德二年四月,疑有误,现从《长编》三年十月之说。

王济代知杭州，薛还朝担任知通进银台司兼门下封驳事。①

薛映以郡守而打倒了本路监司的姚铉，一方面薛有理据，另一方有可能得力于冯拯的支持。此次薛、姚之争，也反映出宋代监司与大郡守的权争问题。薛映的科名、官职与资历都比姚铉高，更不用说他朝中的人脉。姚本身行事粗疏，易被人找到把柄，他和薛映相争，注定失败。当然，薛映和冯拯在朝中的靠山其实是王旦。他们跟着王旦走，自然不会出大问题。在胡旦的同年中，薛映也像冯拯一样，在真宗朝后期，来个左右逢源，而在宦海无风无浪。据王素所记，有一次薛映与李沆的另一女婿王曾（978—1038）及李沆弟李维（961—1031）来谒见王旦，但王旦托病不见。据说薛映有不平之色。当时王旦婿韩亿（972—1044）正在门下，问其故。王旦说薛映与王曾都是李沆婿，相率而来，一定有所干于朝廷之事。若然不可，沮之无害。若可行，以何

---

① 《长编》，卷六十四，景德三年十月癸巳条，页1431；《乾道临安志》，卷三《牧守》，页52；《宋史》，卷三百五《薛映传》，页10090；卷四百四十一《文苑传三·姚铉》，页13055；卷四百五十七《隐逸传上·林逋》，页13432；《全宋诗》，第三册，卷一百三十四《释智圆七·上钱唐太守薛大谏》，页1521。

回答？后来果然是李沆妻有所求。此一事既看到王旦处事的机智，亦见到薛映与王旦的关系密切。从关系来说，薛映虽然科名比王旦早，但他的岳父李沆既是王旦的同事，又是提拔王旦至执政的人。①

冯拯和薛映当然要自保，他们这一榜人到了真宗改元大中祥符时（1007），已剩不了几个。田锡死于咸平六年，罗彧与张鉴死于景德元年，宋太初死于景德四年，董俨与李昌龄死于大中祥符元年。到赵昌言卒于大中祥符二年（1008）后，就只剩下遇赦而复授涟水军祠部员外郎闲秩的牛冕，以及他们同年中最长寿的胡状元胡旦。其他事迹不显的进士如张肃、崔策、李蕤、王利用及焦晟等，真宗继位后之仕历和事迹已不可考，猜想他们在景德前已辞世居多。惟一值得一谈的是张肃。

据晁补之（1053—1110）所记，张肃字穆之，金乡（今山东济宁市金乡县）人，进士甲科登第后，授大理评事普州（今四川内江市安岳县）通判，他所著的《触麟集》是他在太宗朝为御史时所上的奏疏，"触麟"是他自名。晁补之应他的曾孙张大方之请，为其写序，称

---

① 王素：《王文正公遗事》，第20条，"王沂公曾李观察维薛尚书映一日谒公"，页57。

美他的奏疏都切当世之务,而其诗文皆清丽,有唐中叶以来才士之风,又说和他唱酬的人包括大名士王禹偁。说王独敬畏他。他的文集已佚。《天台续集》收有他七言律诗一首,诗云:"去谒吾君遇太平,太平明主重南能。不关名利真开士,却返林泉伴野僧。御赐白金为长物,身归青嶂策枯藤。只应待到天台日,斋炷檀烟定有灯。"他的事迹可考只到太宗淳化三年。据《乾道临安志》《玉海》及《宋史·外国传五》所记,宋廷在淳化三年四月庚午(初七),将杭州市舶司移至明州定海县,张肃以监察御史领之。同年八月,他以掌市舶监察御史于明州定海县接待来贡的阇婆国使团,并奏其使张饰之状,使团十二月抵京师。而据晁补之所说,他从御史(晁补之称张为侍御史)迁尚书郎知蔡州,因言不用,年未到四十岁便辞官而去。他以后的事迹便失载。值得注意的是,张肃与胡旦、冯拯等人不同,他淡泊功名,无意仕宦。在太平兴国三年进士中,他是一个特例。①

---

① 参见晁补之《鸡肋集》,卷三十《金乡张氏重修园亭记》,叶十三下至十五上;卷三十四《张穆之触麟集序》,叶三下至六上;李庚等编《天台集续集》,文渊阁《四库全书》本,卷中,叶二十九下;(转下页)

对于王钦若在景德四年底开始到大中祥符元年一手导演的封禅造天书的闹剧，素来擅于迎合君意的冯拯，有见真宗已下决心，来个神道设教，而王旦也不反对，他自然随俗沉浮。不过，冯拯虽然并不反对天书封禅，但他不像已投靠王钦若的丁谓、陈彭年（961—1017）、林特（？—1026）等那样疯狂地鼓吹这个闹剧。因此，他在天书事上，反而不像王旦被人责备。因为他不是宰相，不必负主要责任。而当时多数人都附和真宗，谁能独怪冯拯一个？①

（接上页）周淙《乾道临安志》，卷二《廨舍》，页24；《玉海》，卷一百五十四《朝贡·淳化阇婆贡方物》，叶二十九上下（总页2834）；《文献通考》，第十册，卷二百三十四《经籍考六十一·张穆之触麟集》，页6389；第十四册，卷三百三十二《四裔考九·阇婆》，页9149—9150；《宋会要辑稿》，第七册，《职官四十四·市舶司》，页4203；《宋史》，卷四百八十九《外国传五·阇婆国》，页14091—14092。按张肃的文集到宋末所编的《文献通考》仍有著录，但今日不传。又张肃的事迹，任小行曾撰有一篇短文略考，任氏说张肃最后官至祠部员外郎，而其事迹止于至道二年，不知有何根据。参见任小行《太平兴国三年金乡进士张肃略考》，《齐鲁文化研究》，第十二辑（2012年）。

① 关于真宗封禅和伪造天书的始末，以及王旦、王钦若、丁谓、陈彭年及林特等的角色责任，可参见《长编》，卷六十七，景德四年十一月庚辰至辛巳条，页1506—1507；卷六十八，大中祥符元年正月乙丑至戊辰条，页1518—1520；四月辛卯朔至丙申条，页1530—1531；卷八十九，天禧元年二月己亥条，页2046—2047；卷九十，天禧元年九月己酉条，页2080—2081；《宋史》，卷二百八十二《王旦传》，页9544—9545；卷二百八十三《王钦若传、丁谓传、林特传》，页9562— （转下页）

真宗封禅泰山毕,以东封恩典,人人升官。王旦及楚王元佐等升官晋爵,癸卯(十七),王钦若以下执政并进官一等。冯拯进尚书左丞。而薛映也以真宗东封时为东京留守判官,以及在十一月丙子(十九),往河中府(今山西运城市永济市西)祭谢河渎,及往汾阴(今山西运城市万荣县荣河镇西南庙前村北古城)祭后土之劳,自右谏议大夫迁给事中勾当三班院。祥符二年五月乙卯(初一),真宗诏追封孔子弟子七十二人。七月戊寅(廿五),又诏孔子庙配享鲁史左丘明等十九人加封爵。宰执大臣及仆尚、两制大臣奉命撰写孔门弟子封爵的赞文。冯拯以金紫光禄大夫尚书左丞参知政事上柱国的官衔撰写宰予(子我,前522—前458)自赠齐侯进封临淄公,及端木赐(子贡,前520—前446)自黎侯进封黎阳公追封公爵的赞文。至于薛映,在同年十二月

(接上页)9570;卷二百八十七《陈彭年传》,页9664—9666。中国学者对此一闹剧之研究甚多,可参阅吕锡琛《道家、方士与王朝政治》(长沙:湖南出版社,1991年12月),页242—261,《宋真宗的崇道闹剧》;张其凡《宋真宗"天书封祀"闹剧之剖析——真宗朝政治研究之二》,原载《历史文献与传统文化》第4集(1994年11月),修订后收入张著《宋代政治军事论稿》(合肥:安徽人民出版社,2009年5月),页144—196。西方学者在这方面的研究,可参见 Suzanne E. Cahill, "Taoism at the Sung Court: The Heavenly Text Affair of 1008", *Bulletin of Sung Yuan Studies*, no. 16 (1980), pp.23-44.

就奉命与张秉等覆校《文苑英华》，也另有一番忙碌。①

已投闲多年的胡旦也得以迁为祠部郎中。他在咸平四年失去了回任知制诰的机会后，先后在通州、徐州、洛阳、合肥任闲职，最后留在襄州。他在襄州服母丧后，又出花样，上言其父卒时太宗曾夺情，现在请追行服丧三年。不过，他这番作态并未引起真宗的注意，而无论王旦或王钦若都怕了他们这位翰苑前辈，结果他仍旧在襄州。他在大中祥符三年十二月，在襄州通判任

---

① 《长编》，卷七十，大中祥符元年十一月丙子条，页1577；十二月辛丑至癸卯条，页1581；卷七十一，大中祥符二年六月庚戌条，页1616；《玉海》，第二册，卷五十四《艺文·总集文章·雍熙文苑英华》，叶十八上（总页1022）；《宋史》，卷七《真宗纪二》，页138—141；卷一百二《礼志五·岳渎》，页2486；卷二百六十七《赵昌言传》，页9198；卷二百七十七《牛冕传》，页9440；卷二百八十五《冯拯传》，页9610；卷三百五《薛映传》，页10090，卷三百七《董俨传》，页10124；骆承烈（汇编）：《石头上的儒家文献——曲阜碑文录》，上册，《隋唐宋金碑·二十二·大中祥符二年诸臣赞七十二贤碑》，页142；《全宋文》，第八册，卷一百六十九《冯拯·端木赐字子贡卫人赠黎侯今进封黎阳公赞》、《宰予字子我鲁人赠齐侯今进封临淄公赞》，页329—330。被贬的董俨大概也在此时会赦而获起知郓州，但不久便病逝。而牛冕也因真宗怜他素纯善而黜弃已久，而获起知涟水军，稍后复祠部员外郎。又薛映在大中祥符二年六月庚戌（廿七），已以给事中之官奉命覆考勤词学及经明行修合格人。二十六名及第进士中，首名的梁固（987—1019）是赵昌言门生、薛映的老搭档、时已卒的梁颢之子。

上，编成了自太宗以来开始修撰的《两汉春秋》百卷。时知襄州的是寇准与王旦的同年谢泌（950—1012），他对这位前科状元很客气，宋人笔记说二人常饮酒赋诗为戏，谢很佩服胡的才学，于是上奏为胡言之。但真宗只诏给笔札录本上进，没有因此召他回朝。①

胡旦回朝似乎无望，在朝就只有冯、薛二人。结党无力，自然要依附权要，随波逐流了。冯拯在政事上紧跟王旦，比如在大中祥符元年真宗与宰执讨论礼部举行贡举的改革，他就附和王旦的意见。冯拯在大中祥符二年（1009）十月辛亥（三十），被御史中丞王嗣宗力攻其短，王嗣宗又透过王旦弟王旭请王旦帮助，但王旦不

---

① 胡旦在咸平四年九月授通州团练副使后，何时徙徐州，以至何年分司西京，《宋史》本传不载，按《全宋文》收有咸平六年三月真宗《赐胡旦张晦等敕》，敕中说"赠以阶资，书于勋籍"，疑胡旦即于此时以礼部员外郎分司西京。据晁公武（1102？—1184？）所记，胡旦在景德初年已有目疾，不过说他以目疾退休，似乎所记有误。胡旦何时自洛阳（西京）徙合肥（保信军）不详，惟他在真宗大中祥符元年封禅泰山前已通判襄州。参见《全宋文》，第十一册，卷二百二十《宋真宗九·赐胡旦张诲等敕·咸平六年三月》，页74；《宋史》，卷四百三十二《儒林传二·胡旦》，页12830；《长编》，卷七十四，大中祥符三年十二月丙寅条，页1697—1698；晁公武撰，孙猛校证《郡斋读书志校证》（上海古籍出版社，1990年10月），卷十九《别集类下·胡周父文集十卷》，页958—959；彭□（？—1123后）撰，孔凡礼点校《续墨客挥犀》（与《侯鲭录》、《墨客挥犀》合本）（北京：中华书局，2002年9月），卷五，"饮酒面色发赤"，页465。

满王嗣宗轻险好进的丑行，于是力庇冯拯，冯才得以保住职位。他在大中祥符三年（1010）七月戊子（十一），大概受不住压力而以疾请罢任，又是在王旦安抚下留下来，他自然得惟王旦马首是瞻了。又据王素所记，冯拯后来拜相，曾对人说，王旦的德业无人可及。看来冯拯是感激王旦对他的提拔和保护的。真宗对他仍很眷宠，据南宋人高斯得（？—1276后）所记，大中祥符某一年的除夕，真宗御制诗歌，还特别赐冯拯。①

冯拯和薛映分别在大中祥符四年（1011）七月和五年（1012）八月离开朝廷，外放洛阳和昇州。薛映在大中祥符三年出知河南府（洛阳），便负有重要任务。真宗在祥符四年正月丁酉（廿三），奉天书前往河中府祀后土。壬寅（廿八）抵达洛阳。二月乙巳朔（初一），真宗命薛映造辇水小车十乘，付行在三司。三月庚辰（初七）真宗回到洛阳，称许薛映有治状，己丑（十六），又赐五言诗嘉奖。他在真宗祀汾阴时，又推荐太

---

① 《长编》，卷七十二，大中祥符二年十月辛亥条，页1638；卷七十四，大中祥符三年七月戊子条，页1680；《王文正公遗事》，第99条，"冯文懿拯为侍中"，页94；《宋会要辑稿》，第六册，《职官十三·礼部》，页3377—3378；高斯得：《耻堂存稿》，《丛书集成初编》本，卷三《题跋·跋冯侍中拯所得真宗皇帝御制》，页56。

祖朝状元、已故的工部侍郎张去华（938—1006）子张师德学行，张又往行在献《汾阴大礼颂》。薛映没有看错人，张在是年十二月庚子（初一）（按：《玉海》作十一月丙申［廿七］真宗赐张师德诗）高中状元（按：第二人榜眼是吕蒙正婿丁度）。至于冯拯在祥符三年七月请罢获挽留后，到了四年七月再以疾请辞，真宗照旧挽留，冯拯去意甚坚，三度上表求去，结果真宗在是月甲午（廿三），将他自工部尚书迁为刑部尚书，命他代替薛映的职务，知河南府并知西京留守司事，出任他恩主赵普晚年的职位。真宗又许他将府事委官属办理。真宗对他十分优礼，八月庚戌（初九），真宗以汾阴礼成，曲宴宗室与辅臣于后苑，已罢政尚未赴河南府的冯拯，获特召预会，并获赐衣带器币与辅臣同。十月辛丑（初二），真宗又遣使带手诏到洛阳劳问已上任的冯拯，并赐以茶药。据使者回奏，冯拯奉诏后感动至涕泗交下。真宗对他宠眷未衰，他坚持要走，原因不明，也许确有疾，不过可能更是政治病。冯拯到任后，薛映大概在十月初就回朝，他自给事中升为工部侍郎、集贤院学士。并在十一月受命为南岳奉册使，与副使钱惟演（977—1034）前往南岳衡山。他们路过荆门军（今湖北荆门市)的神林石上,获芝草以献。薛映使还判尚书都省。五年八月,原知昇州的张咏以脑疾求代,大概是王旦的推荐,薛映在是月壬寅(初七),加枢密直学士的贴职驰驿代知昇州。他在知昇州任内,上言州以牛赋民出租,牛死,租不得免。真宗览奏大惊,说朝廷不知有此规矩,即令诸州条奏,尽免之。薛映算是间接做了一件利民的事。薛在昇州,他的友婿(连襟)王曾赠他《献金陵牧薛大夫白马诗》七律一首,诗云:"白马披丝练一团,今朝被绊欲行难。雪中放去惟留迹,月下牵来只见鞍。向北长鸣天外远,临风斜坠耳边寒。自知毛骨还应异,更请王良子细看。"王状元是否将薛映比作向北长鸣的白马,就不得而知了。①

冯、薛二人先后离朝,因此都避过五年九月开始激

---

① 参见《长编》,卷七十五,大中祥符四年二月乙巳朔条,页1709—1710;三月庚辰条,页1715;卷七十六,大中祥符四年七月甲午条,页1730;八月庚戌条,页1732;十月辛丑条,页1736;卷七十八,大中祥符五年八月壬寅条,页1778—1779;《宋史》,卷二百八十五《冯拯传》,页9610,卷二百九十三《张咏传》,页9803;卷三百零五《薛映传》,页10090;卷三百六《张去华传附张师德》,页10110;《宋会要辑稿》,第九册,《选举二·贡举二》,页5267;《玉海》,第一册,卷三十《圣文·御制诗歌·咸平景德祥符赐进士及知贡举诗、汾阴圣制诗歌》,叶十四下(总页579);二十下(总页582);《全宋诗》,第三册,卷一百四十三《王曾·献金陵牧薛大夫白马诗》,页1589。

烈化的王旦与王钦若之党争。在这一场政争中，王旦首先在五年四月戊申（十一），力荐他的同年向敏中复相，以阻王钦若晋升。王钦若则在是年九月戊子（廿三），借真宗欲立刘德妃为皇后（即章献刘皇后，968—1033，1023—1033摄政）事，中伤与王旦亲近的参政赵安仁（958—1018），结果赵安仁被罢。当王旦推荐李昉之子、翰林学士李宗谔（958—1013）继任参政时，王钦若又中伤王旦，说他推荐李，纯为私利。真宗信王钦若的话，既不接受王旦之荐，还责备了王旦。而王钦若乘机推荐他的同年、三司使丁谓当上参政，王钦若的心腹右谏议大夫盐铁副使林特在同月己丑（廿四）权三司使，接替丁谓。王钦若与陈尧叟也特加检校太傅同平章事充枢密使，成为枢相，作为未能拜相的补偿。王钦若得意洋洋时，王旦两个好友却一死一罢：李宗谔在祥符六年（1013）五月己未（廿九）病逝。杨亿则因受不了王钦若和陈彭年的迫害，首先在五年九月癸巳（廿八）称疾，稍后请解职，真宗不许。他因不肯为刘皇后草制书，又多次忤旨，并屡为王钦若等中伤，故长期惶恐忧惧。据王素的记载，大中祥符六年六月己巳（初九），杨亿一时激动，以探视母疾于阳翟（今河南禹州市）为由，弃官而去。幸而王旦极力为他辩解，才没有被深责。真宗爱才，于是月辛未（十一），以他为太常少卿分司西京，许他就所居养疾。据说王旦怕人言，就没有主动提出复他翰林学士职。他的翰林学士职就在壬申（十二）由王钦若的心腹陈彭年接任。王钦若大力支持的刘德妃在五年十二月丁亥（廿四）正位中宫后，王有了刘皇后的内助，加上首席内臣刘承珪与之勾结，他们一伙成为朝中势力最大的党派。①

王旦这时健康欠佳，他虽仍受真宗信任，而他也没有反对立刘皇后，故刘皇后对他也颇尊重；但在二府，除了老实的向敏中可以为他分劳外，他只得到正直而鲁莽的枢密副使马知节（955—1019）的支持。马虽敢与王钦若抗争，却不是狡黠的王钦若的对手。这正是王旦

---

① 《长编》，卷七十七，大中祥符五年四月戊申条，页1761；卷七十八，大中祥符五年九月戊子至癸巳条，页1786—1789；卷七十九，大中祥符五年十二月丁亥条，页1810；卷八十，大中祥符六年五月己未条，页1827；六月己巳至甲戌条，页1828—1831；王素：《王文正公遗事》，第44条，"杨文公亿少以文进"，页70—71。向敏中得以复相，史书都只说真宗对他用心办事、守土有劳甚欣赏而重新用他，笔者以为真宗一定问过王旦之意见，王旦看出真宗对他的老同年有复用之意，乘机大力推荐。因为论资历，向敏中在王钦若之上，他复相，王钦若就没话好说。后来王旦力荐寇准，也是借寇准来挡官拜枢密使、位仅次于王旦、已有足够资望拜相的王钦若。

一直争取冯拯支持,不想他出外之缘故。①

冯拯在西京洛阳足足三年多,真宗对他恩礼有加,真宗让冯拯安心养病,府务由他的僚属去做。除了常有厚赐外,对冯的请求,都是有求必应。②冯拯倒不急于还朝。他是对的,王旦与王钦若之争方炽,胜负未分,不若等尘埃落定。大中祥符七年(1014)六月乙亥(廿一),王旦终于等到一个绝佳的机会,当时内殿崇班王怀信等平定泸州蛮有功,应如何行赏,拖了好一段日

---

① 马知节是太祖功臣勇将马全义(925—962)长子,是一直为太祖、太宗及真宗悉心培养的功臣子弟,他多有战功,自枢密都承旨拜签署枢密院事,他在太宗初年于潭州任兵马监押时,已认识王旦。马知节一直恨王钦若弄权,据宋人笔记载,他对王旦表示,倘不是怕惊吓了真宗,他早就想痛打王钦若。从马知节之言行看,这个被范仲淹誉为"天下之大直"之老实将军,怎会是狡狯的王钦若的对手?他是少数宋初武臣被朱熹选为五朝名臣的。参见《五朝名臣言行录》,卷三之四,《枢密马正惠公知节》,页98—101。他的事迹可参见何冠环《论宋初功臣子弟马知节(955—1019)》,载何著《北宋武将研究》(香港:中华书局,2003年6月),页137—202。

② 《长编》,卷七十六,大中祥符四年十月辛丑条,页1736;十一月壬午条,页1741;十二月戊申条,页1744;卷七十七,大中祥符五年二月甲子条,页1758;卷八十,大中祥符六年二月甲戌条,页1818。冯拯在祥符四年十一月壬午(十三),以官市刍粟,请增其值。他的好友陈尧叟提出两全其美的方法,得到真宗的同意。十二月戊申(初九),他又言天庆节公费钱不足,真宗又诏岁增十万。祥符五年二月甲子(廿六),他又请留守及府司钱谷文籍,免他签署。真宗诏令止署帐检。大中祥符六年二月甲戌(十二),他上奏河南府狱空,又得到真宗的嘉奖。

子,马知节气恼了,就与王钦若在真宗面前吵起来。真宗这时有病,见二人争执而大怒,王旦就趁机说服真宗,将枢密院三副使包括王钦若、陈尧叟、马知节尽行罢免,一举打垮了王钦若,并力荐王的对头寇准为枢密使。真宗却故意擢用与寇准不睦、也是冯拯对头的王嗣宗,和在澶渊之盟中使辽有功的曹利用(971—1029)为枢密副使。①

相信是王旦的推荐,是年十一月丁未(廿五),冯拯回朝以刑部尚书兼御史中丞,真宗以他历中书与枢密,就特赐袭衣、金带、鞍辔马,并赐绣鞯。有趣的是,当年王嗣宗任中丞时,整过当参政的冯拯,现在位置倒过来;不过,冯拯可不必动手,因为寇准已整得王嗣宗非走不可。②寇准倒没有对冯拯修怨,因寇准回朝

---

① 《长编》,卷八十二,大中祥符七年六月癸酉至乙亥条,页1881—1883;卷八十三,大中祥符七年七月丙申条,页1889;八月戊辰条,页1891—1892;王素:《王文正公遗事》,第9条,"王冀公钦若陈公尧叟马公知节在枢府",页48—49。按王素所记与李焘所记不同,李焘在其注中曾辨王素之说不可尽信;然王素所言,正反映其父之欲对付王钦若,已处心积虑。又王钦若一垮,杨亿马上以病愈请求回朝,在王旦的帮忙推荐下,得到知汝州(今河南平顶山市汝州市)的差事。

② 《长编》,卷八十三,大中祥符七年十一月丁未条,页1903;卷八十五,大中祥符八年七月戊午条,页1940—1941;《宋会辑稿》,第四册,《礼六十二·公用钱》,页2130。王嗣宗当寇准的副手,(转下页)

后首要对付的是丁谓、林特一伙"天书党"。可惜寇准、王旦二人未能好好合作,结果寇准在大中祥符八年(1015)四月,攻击林特不成,反惹真宗恶感,是月壬戌(十三)遭罢免。王旦这次不但保不住他的老同年,而且更看着王钦若重得真宗的宠信,与陈尧叟同复职为枢密使。①

冯拯担任中丞,却并不像同年赵昌言那样执法如山,他反而为犯过的官员说情。约在是年九月,他上言为免官多时的皇城副使焦守节求复叙。真宗却批评他以执宪大臣,宜谨所举,焦只是常人,何用他来奏。让他碰了一记钉子。不过,他又批评其副手知杂御史王随(973—1039)"临事汗漫",倒有一点五十步笑百步之嫌。他又曾奉命与翰林学士王曾(978—1038)详定茶法,却以慎重敦信为言,未建议改动。冯拯并没有作兴

(接上页)但和寇准合不来,他好不容易才晋身二府,却受不了寇准的气而连续上表求解职;不过,寇准比他还早离开枢密院,但他大概知道和复职的王钦若合不来,终在八年七月戊午(十一)罢枢出为大同节度使。

① 《长编》,卷八十四,大中祥符八年四月壬戌条,页1922—1925。关于王旦与寇准不能通力合作,以对付王钦若之讨论,可参阅 Ho Koon-wan, *op. cit.*, pp.221-229, "Wang Tan and K'ou Chun: Competition or Co-operation?"

革的魄力,①他在十月又请求外放。不知是为了真的养病还是养晦,他姿态很低,本来真宗想让他出守重镇大名府,但他却只求闲郡陈州,连真宗也奇怪。这次王旦又为他说好话,说他怕被马知节讲闲话,故宁去闲郡,也不敢就大藩。真宗允其请。是月辛巳(初四),冯拯以户部尚书出知陈州,又特增公用钱百万。其实马知节没有说错,冯拯实好富贵,他好利,是众所周知的。祥符四年他任西京留守时,已早被常出入他门的洛阳北邙山隐士石砫(?—1018后)赋诗讥讽,据说石诗在洛阳人中颇为流传,似乎冯拯并不介意物议,照旧好官我自为之。说他怕马知节闲话,其实是他远离是非地的托词。他久历政海波涛,怎会犯难冒险,留在京师参预胜负难料的党争?②

至于薛映,也在同年七月庚午(廿三)自昇州徙知扬州。他和冯拯一样,并未寻求回朝。他在翌年(大中

---

① 《长编》,卷八十五,大中祥符八年九月庚戌条,页1948;卷八十七,大中祥符九年八月乙亥条,页2002—2003;《宋史》,卷一百八十三《食货志下五·茶上》,页4482。

② 参见《长编》,卷八十五,大中祥符八年十月辛巳条,页1952;邵伯温(1056—1134)撰,李剑雄、刘德权点校《邵氏闻见录》(北京:中华书局,1983年8月),卷十六,页171。

祥符九年）二月壬寅（廿七）还要增加公使钱，真宗满足他的要求，诏岁加给二十万。是年八月他求代，宋廷在是月乙亥（初四）就以曾任冯拯御史台副手的知制诰刑部员外郎王随为工部郎中知扬州。薛映离开扬州后，宋廷在九月己酉（初八）派他为契丹国主生辰使。和他一起使辽、担任正旦使的，是仁宗的宫僚、户部郎中直昭文馆张士逊（964—1049）。张虽是王钦若的同年，却亲近王旦，受他提拔。二人获命使辽，大概也是王旦的推荐。薛映这回出使辽国，又不用卷入宋廷的党争。其出使辽国，曾撰《契丹道里记》，描述前往辽上京（内蒙古自治区赤峰市巴林左旗林东镇南）所经的地方，留给人们研究辽国地理的一篇重要文献。到他使还后，又出知并州（即太原）。①

① 《长编》，卷八十五，大中祥符八年七月庚午条，页1941；卷八十六，大中祥符九年二月壬寅条，页1974，卷八十七，大中祥符九年八月乙亥条，页2002—2003；卷八十八，大中祥符九年九月己酉条，页2015；卷九十一，天禧二年闰四月丙午条，页2111；《辽史》，卷三十七《地理志一·上京道》，页500；《宋史》，卷三百五《薛映传》，页10090；王素：《王文正公遗事》，第2条，"张文懿公士逊在东宫"，页43—44；第29条，"公为兖州景灵宫朝修使一之二"，页62；第69条，"张文懿士逊出为江西转运使"，页81。考张士逊在东宫，不时往谒王旦，报告仁宗学习的情况，而王旦指示他如何辅导仁宗。当王旦出使兖州时，道过澶州，张士逊时为河北转运使，就和另一转运使李士衡（959—1032）前往谒见，禀告河北事宜，得到王旦的批准。他（转下页）

王旦在他的余生,用尽办法阻止王钦若一伙势力的进一步膨胀。他先后提拔了王曾、吕夷简(978—1043)、李迪(976—1043)、张知白(956—1028)以及鲁宗道(966—1029)一班真宗朝登第的新进,用以对抗王钦若。①对于影响力日大的刘皇后,王旦则敬而远

(接上页)出为江西转运使时,又特别向王旦请教,后来一一遵从。又《宋史》记薛映在知昇州和徙扬州间曾纠察在京刑狱,又再判都省,但与《长编》所记不合,而薛映出知并州的年月亦不详,他在天禧二年闰四月丙午(十四)已以知并州上言民饥,他设糜粥济之,计三十余万人。大概他在天禧元年初已出知并州。

① 王曾字孝先,青州益都(今山东潍坊市青州市)人。是咸平五年的解元、省元和状元。吕蒙正和李沆都极赏识他,要招他为婿,后来他选了李家,和薛映都是李沆的女婿。李沆的同年寇准和王旦都欣赏和提拔他,在大中祥符九年九月,王旦推荐他任参政。他不负王旦和寇准之知,后来领导朝中正人,打倒王钦若与丁谓。吕夷简,字坦夫,是吕蒙正之侄,王旦同年马亮之婿,景德间登进士第。吕蒙正曾对真宗推荐他才可大用。他早就敢于不附从王钦若,王旦很看重他,一再嘱咐王曾要交结他和提拔他。他在大中祥符末年出任侍御史,后来又知开封府,真宗晚年特别盼咐刘皇后将来要重用他。李迪字复古,幽州(今北京市)人,是景德二年的状元,他中状元是王旦一手识拔。大中祥符末年,拜翰林学士,深受真宗和王旦的器重。张知白字用晦,沧州清池(今河北沧州市)人,咸平中登进士,王旦也很赏识他,称许他"更践中外,未尝为身谋"。祥符九年四月,擢他为权御史中丞,是年九月,再荐他与王曾并为参政。鲁宗道字贯之,亳州谯(今安徽亳州市)人,大中祥符间登进士第,天禧元年正月,真宗诏别置谏官御史各六员,专任言事,王旦即首擢鲁宗道出任,鲁后来任太子谕德,当仁宗之宫僚,相信都是王旦之安排。鲁钦敬王旦而鄙视王钦若,后来他多次当众奚落王钦若。王旦提拔的人还有许多,他的儿子王素记他"荐可用者十余人,后皆至二府,其间不践二府者,独李及凌策"。吕夷简的后人对王旦提拔王曾等 (转下页)

之,避免树敌。当日王旦对于真宗要册立刘皇后,并不似赵安仁、杨亿、李迪那样公开反对,他只是借有病不表示意见。对于王钦若、丁谓借机巴结刘皇后,他也不置可否。等到真宗立刘皇后,他亦如群臣一样尊礼刘皇后。刘后知道真宗对王旦的信任,且王旦并没有反对她,故一直对王旦很客气。到她摄政时,仍照旧表扬他的德业,以收人心。王旦没有与刘后为敌,是他比寇准、李迪聪明的地方。①

(接上页)之目的,看得很清楚,说王旦为了天书之事常悒悒不乐,但他不忍独善其身以去,曾说:"谁为国家抗群小者?"于是荐举王曾、吕夷简等二十余人布列于位,结果打败了王钦若、丁谓等。参见《五朝名臣言行录》,卷二之四《太尉魏国王文正公旦》,页61—77;《宋史》,卷二百八十二《王旦传》,页9551;卷二百八十六《鲁宗道传》,页9627;卷三百一十《张知白传》,页10187;卷三百一十一《吕夷简传》,页10210;王素《王文正公遗事》,第1条,"公病坚求罢免",页1;第23条,"公病谒告不入",页59;第42条,"王沂公曾张文节知白陈彭年参预政事",页69;第50条,"张文节参预政事",页73;《长编》,卷八十六,大中祥符九年四月壬辰条,页1982;卷八十八,大中祥符九年九月丙午条,页2012;卷九十,天禧元年九月癸卯条,页2078。

① 《长编》,卷七十八,大中祥符五年九月戊子条,页1786—1787;卷七十九,大中祥符五年十二月丁亥条,页1810;卷八十,大中祥符六年六月己巳条,页1828—1829;《宋史》,卷三百一十《李迪传》,页10173;王素:《王文正公遗事》,第97条,"吕文靖夷简鲁肃简宗道初参知政事",页93。据王素所记,当吕夷简与鲁宗道初参政时,他们之妻子入宫拜谢刘太后。刘太后叫她们回家说,王旦在政府多年,始终如一,真宗以此重之,宜为师范。这番话一方面是刘后笼络人心,也代表真宗、刘后对王旦的敬重。

王钦若之资历，本来已可拜相，真宗也有此意；王旦找不到理由反对，只好以太祖、太宗未有以南方人为相之"家法"作为借口，反对真宗以王钦若为相。① 不过，王旦即使心劳力瘁，始终阻止不了王钦若在天禧元年（1017）八月庚午（初五）拜相。稍为安慰的是，王钦若的五鬼党到他拜相时已今非昔比，除了他们内助的景福殿使、名列"五鬼"的内臣刘承珪早于大中祥符六年七月去世外，王钦若的死党陈尧叟和陈彭年，看不到王钦若拜相，便先后在是年二月己亥（三十）和四月庚辰（十二）死了。"五鬼"中以陈彭年最可怜，他好不容易在祥符九年九月丙午（初五）攀上参政高位，却为过去拼命博君相欢心（王旦偏是最看不起他）劳心既久而形神皆耗，最后举止失措至有颠倒冠服。他的参政梦不足半年，便在天禧元年二月暴中风，同月己亥（三十）病死，一场富贵梦化为乌有。而堪称王钦若智囊的丁谓，也在一年前（大中祥符九年，1016）九月，因和王钦若闹翻自请出外。真宗许之，是月甲辰（初三），丁谓自兵部尚书参知政事罢为平江军节度使出守苏州，

---

① 《王文正公遗事》，第25条，"上欲命王冀公作相"，页60；《长编》，卷九十，天禧元年八月庚午条，页2075。

稍后徙知昇州。只剩下林特依旧追随王钦若。①真宗用王钦若的同时，也不糊涂，而施展他"异论相搅，不敢为非"的帝王平衡术，除了留任次相向敏中，加他右仆射门下侍郎外，又在是年九月，故意复用王钦若的对头马知节为知枢密院事，而且又擢升李迪为参知政事，以牵制王钦若。担任同知枢密院事的，除了旧人曹利用和任中正（961—1026）外，还有新由枢密直学士擢升的周起（971—1028）。任中正是丁谓的死党，而周起则是王旦、寇准的追随者。真宗这种人事安排，显然是权力

---

① 王钦若与丁谓反目的缘故，据《长编》所记，起初王钦若与丁谓相善，王将丁援引至二府。到丁谓得志，就"稍叛钦若，钦若恨之"。丁谓本来是寇准提拔的人，后来就投靠了王钦若。他本来就是反复之人。王钦若是宋朝开国以来第一个拜相的南方人。他拜相后，对王旦仍恨恨不已，他曾对人说："为王子明（即王旦）故，使我作相晚却十年。"陈彭年一直想讨好王旦，据王素所记，他有一次请见王旦，王旦对他很冷淡，问他有何事。陈呈上奏状，说是关于科场条例。王旦将状投于地，不客气地说："内翰做官几日，待隔截天下寒士。"陈惶恐而退。另一次，陈再来求见，王旦不肯见。堂吏说陈有要事报告。王旦才令他晚上到集贤厅见。次相向敏中提到陈有状交来，但王看也不看就闭目封之。向说为何不看一下，王回答陈所奏的"不过兴建符瑞，图进取耳"。王若在位，陈彭年不能拜参政。参见《长编》，卷八十一，大中祥符六年七月丙申条，页1839；卷八十八，大中祥符九年九月甲辰条，页2011；卷八十九，天禧元年二月己亥条，页2046—2047；四月庚辰条，页2055；卷九十，天禧元年八月庚午条，页2075；卷九十六，天禧四年十二月丁酉条，页2230；《宋史》，卷八《真宗纪三》，页160—163；《王文正公遗事》，第27条，"陈彭年任翰林学士日"，页61。

的平衡。①

已罢相的王旦这时已病重,他可以凭借来对抗王钦若的正人君子力量,就是马知节、李迪等人。他最痛心的,是他最欣赏的参政王曾,却在九月癸卯(初八)李迪拜参政、马知节复任知枢密院事的同时,被王钦若趁着王曾拒任会灵观使一事上开罪了真宗,借故攻倒。王曾在天禧元年三月戊午(十九),拒绝兼领会灵观使,以表示他对天书闹剧的异议。真宗不高兴,责备他说:"大臣宜傅会国事,何遽自异耶?"王曾却不怕顶撞真宗,坚守立场,反驳说:"君从谏谓明,臣尽忠谓义。陛下不知臣驽病,使待罪政府,臣知义而已,不知异也。"王曾这番掷地有声的话,虽然令王旦大为赞赏,却令真宗大大地不高兴。王钦若看准这点,借王曾买贺皇后旧宅而与贺家发生的小争执,讼告王曾。真宗为了上次王曾顶撞他,本来已不喜王曾,今次即听王钦若之

---

① 《长编》,卷九十,天禧元年八月壬申条,页2075;九月癸卯条,页2078—2079;卷九十八,乾兴元年二月戊辰条,页2276;三月丙寅条,页2287;《太平治迹统类》,卷十三,页十一(总页272)。按神宗时,宰相曾公亮(998—1078)即引述真宗的话说:"真宗用寇准,人或问其故。真宗曰:且要异论相搅,即各不敢为非。"正一语道出真宗这种用人的平衡术。

潛，于九月癸卯（初八）把王曾罢参政为礼部侍郎。王曾被罢后，往见当时已病重的王旦。王旦虽以病不能见王曾，但对家人盛称王曾之刚介伟度，而自愧不如。又预见王曾他日必定德望勋业甚大。王旦果然知人，后来打败王钦若与丁谓的正是有贤相之称的王曾。①

王旦在天禧元年九月己酉（十四）病逝，得年六十一。他临终时有颇大的内疚，因不能阻止王钦若等挑起东封西祀闹剧，而致劳民伤财。他延杨亿至内室，托以后事。他本来遗命要削发披缁以敛，盖悔以前为相只知迎合真宗之过。杨亿以为不可才止。真宗知道他的死讯，遽临哭之，废朝三日，优诏赠太师尚书令，谥曰文正。录其子弟家人十数人授官。王旦号为北宋名相，时人比为冯道（882—954）。可他却和冯道一样，在后世备受争议。他和其妻父赵昌言及同年寇准的个性作风迥异，赵、寇强悍，他冲澹寡欲，虽然在仕途上他似乎更

---

① 见《长编》，卷八十九，天禧元年三月戊午条，页 2050；卷九十，天禧元年九月癸卯条，页 2078—2079。关于王曾的生平事迹及相业，最新的研究，可参见张其凡《科举制度的骄子——宋代贤相王曾》，收入王曾撰，张其凡点校《王文正公笔录》（北京：中华书局，2017 年 7 月），《前言》，页 1—57。

顺利、更得君，从未被贬黜，且后代蕃衍。①当然，太平兴国三年榜后来惟一拜相的冯拯在任何方面都不足以和王旦等相比。

王旦去世时，寇准和冯拯都在外。寇准既不甘寂寞，也有着强烈清除"朝中奸佞"的"使命感"，故一直寻找机会，希望复得真宗欢心而回朝。②冯拯则随俗沉浮，不刻意求还朝。天禧二年（1018）七月辛未（十一），冯拯由陈州再徙知河南府兼西京留守司事，代替不称职的王嗣宗。他大概在天禧三年（1019）底或四年初便还朝，由薛映代之。考薛映曾在天禧四年（1020）四月即以知西京留府事上言，指皇城诸园苑，已有内园司兵士，却更于州县差百姓六十余人洒扫栽种，请将他们放归农。若兵士数少，就量与增加。③

---

① 《长编》，卷九十，天禧元年九月己酉条，页2080—2081；《王文正公遗事》，第91条，"公自践两禁"，页91；第93条，"公病"，页92；第100条，"公薨"，页95。关于王旦的生平及其相业，特别是他为相作风的评价，最新的研究可参见王瑞来《宰相故事：士大夫政治下的权力场》，第二章《寻常作为，塑造皇权：平世之良相王旦》，页41—75。

② 关于寇准志切回朝的原因分析，参见 Ho Koon-wan, *op.cit*., pp. 237-243, "The Dilemma of K'ou Chun: To Return to High Office or to Retire?"

③ 《长编》，卷九十二，天禧二年七月辛未条，页2119；（转下页）

在冯拯回朝的前一年（天禧三年）四月己亥（十二），寇准自永兴军（长安）召入，五月甲申（廿八）抵京。丁谓则于六月戊子（初三）自江宁（即昇州）受召返京。据载寇准起程赴京时，他一个门人曾力劝他不要回去，但寇不听。寇、丁回来后不久，六月甲午（初九），王钦若便以贪赃有据被罢相，告发他的是和寇准亲近的内侍入内副都知兼东宫都监周怀政（979？—1020）。寇准以献所谓乾祐山天书重获真宗欢心，在周怀政的穿针引线下，同月戊戌（十三），真宗便复用寇准为相，并复用丁谓为参政。十二月辛卯，因祀天地于圜丘加恩，丁谓与曹利用一齐升为枢密使。天禧四年（1020）三月己卯（廿二），首相向敏中病逝，寇准独相，他和丁谓之冲突便白热化。寇准当年很赏识丁谓，

(接上页)卷九十六，天禧四年九月己酉条，页2215；《宋会要辑稿》，第八册，《职官六十四·黜降官一》，页4779；十五册，《方域三·玉津园》，页9303；《宋史》，卷八《真宗纪三》，页165；卷三百五《薛映传》，页10090。考《宋史·真宗纪三》所记，天禧二年闰四月己亥（初七），宋廷诏户部尚书冯拯举幕职、令录堪充京官者各二人。冯拯当时大概仍在洛阳，尚未还朝。按《宋史·薛映传》记薛在知并州后，又徙永兴军。而《宋会要·职官六十四》记集贤院学士给事中朱巽（？—1023后）在天禧四年九月以知永兴军府被削一任。据此，当寇准在天禧三年四月召回京时，可能先由薛映暂代。当薛映调知河南府，再由朱巽代知永兴军。

但自从丁谓投靠王钦若,大造天书后,寇准即与丁决裂。丁谓回朝后,曾刻意讨好寇准,甚至在一次中书会食时替寇准抹须,寇准不但不领情,还当众奚落丁谓。丁谓于是勾结不满寇准的曹利用和刘皇后的心腹翰林学士钱惟演,一同对付寇准。[1]在这一回合的党争中,冯拯乐得隔岸观火。寇准、丁谓之争,又给他一个渔人得利之良机。

天禧四年六月,寇准请病重的真宗让太子(即仁宗)监国。寇准的计议是太子监国,必由他和身兼太子宾客的李迪辅政,他就可以乘机排除丁谓一党出政府。然他的算盘却打不响。因为精神恍惚的真宗,在宫中完全被野心勃勃的刘皇后控制,寇准和李迪要架空刘皇后,像当年吕端对付李皇后一样,实不可能。事实上,寇、李二人行事粗疏,也斗不过心思周密的丁谓。结

---

[1] 《长编》,卷九十三,天禧三年三月乙酉至四月己亥条,页2141—2144;五月甲申至六月甲午条,页2148—2150;六月戊戌条,页2152;卷九十四,天禧三年八月乙未条,页2164—2165;天禧三年十二月辛卯条,页2173;卷九十五,天禧四年三月己卯条,页2186;六月丙申条,2196—2198;《宋史》,卷八《真宗纪三》,页165—167。按知枢密院事马知节以疾,在天禧二年闰四月癸卯(十一)罢枢为彰德军留后,他一直留京师疗疾。三年他表求外任,命知贝州(今河北邢台市清河县)兼兵马部署。真宗后命其返相州本镇。他于天禧三年八月卒于相州。

果，寇准因大意泄漏了请太子监国的计划，而受到丁谓、钱惟演一伙的反击，真宗糊里糊涂下，在六月丙申（十六）罢了寇准相职，授太子太傅莱国公。这年七月癸亥（十四），真宗召见李迪、钱惟演和已回朝的兵部尚书冯拯。在钱惟演的建议下（其实是刘后的意见），丙寅（十七），冯拯自兵部尚书、判都省拜枢密使、吏部尚书、同平章事，一下子居枢相之位。同时真宗也以礼部侍郎参知政事李迪为吏部侍郎兼太子少傅同平章事，用以平衡两派。二人是日告谢，真宗即赐袭衣、金带和鞍勒马。而在钱惟演的提议下，是月庚午（廿一），丁谓由枢密使升任首相，而曹利用加同平章事为枢相。按钱惟演称冯拯"旧人，性纯和，与寇准不同"时，真宗默然不语，可见冯拯并非真宗理想的选择，真宗坚持由资浅的李迪升任宰相，而没有拜冯拯为相。冯拯得拜枢相，可说是捡回来的，是寇、丁两派权斗下的妥协，冯既非寇派，也非丁党。①

---

① 《长编》，卷九十五，天禧四年四月庚寅条，页2187；六月丙申条，页2196—2198；卷九十六，天禧四年七月癸亥至庚午条，页2205—2207。冯拯在天禧四年哪月回朝不详，他回朝后以兵部尚书（当是天禧三年十一月因圜丘恩典而由户尚迁兵尚）判都省。据说真宗本来想加他吏部尚书参知政事，但是年四月庚寅（初九）复任翰林学士的杨亿（转下页）

丁谓等下一步便是彻底清除寇准和他的一党。与寇准素有往来的内侍周怀政及寇准旧部朱能（？—1020）在七月"谋反"的事，给丁谓等一个良机将寇准彻底打垮。寇准被远贬道州（今湖南永州市道县），他所亲厚的人，丁谓只放过他的同年而文才出众的杨亿。①

寇准倒了，丁谓下一个要对付的便是李迪。李迪是一个老实人，他处处受到丁谓的压制，却不知道这是丁谓故意激怒他，引他犯错。这年的十一月，李迪为了丁谓迁官用人偏私的事，公开与丁谓冲突，甚至要动手打丁谓。事情闹到真宗处，真宗立刻召见两府大臣质询。李迪冲动之下，要求真宗把他和丁谓及钱惟演一齐罢职，另用贤能，他又指曹利用和冯拯都是丁谓一党。事情扯到自己头上，曹利用和冯拯自然为自己辩护，也帮丁谓说话。李迪扩大打击面而自愿辞职的愚蠢做法，结果只是掉进丁谓的圈套，当时连在八月乙酉（初六）复任参政不久的王曾都只能不说话。真宗盛怒之下，初时

（接上页）以为参政制书当由知制诰撰写，他只负责写拜相和枢密使的，于是真宗同意由冯任枢密使。因钱惟演以枢密院不应同时有三名枢密使，他提议由丁谓过中书为相，真宗同意，于是丁谓拜相。
　① 《长编》，卷九十六，天禧四年七月壬申至九月己酉条，页2208—2214；九月己未至丁卯条，页2216—2218。

甚至要下李、丁于御史台对质，冯拯和曹利用这时又做好人，认为"大臣下狱，深骇物听"，又说这次纷争，本不关丁谓的事。结果真宗将丁、李二人同时罢免，鉴于辽使快到，中书不能无宰相，于是又听钱惟演的建议，于十一月庚午（廿三）将冯拯升为右仆射中书侍郎兼少傅同平章事，位居稍后又复相的丁谓之下。丁、李之争，受益最大的又是左右逢源的冯拯。冯拯这年六十一岁，终于得偿所愿，登上他的同年胡旦、赵昌言等所冀盼而得不到的相位。他的拜相制词称颂他：

> 枢密使、开府仪同三司、行吏部尚书、检校太傅、同中书门下平章事、上柱国、始平郡开国公冯拯，沉厚秉彝，粹温凝识。蕴廉深之雅度，抱颖达之宏材。凡所践更，必扬休问。丞居两府，翊赞九功。励操方严，秉心勤尽。乃者政成西邑，岁觐紫庭。谒见风规，荐加图任。总枢机之宥密，竭心膂以燮调。属我震闱，渐亲时政。赖股肱之明略，助星日之重晖。是用擢正台司，列于揆路。兼荣内史，傅德承华。焕此纶章，允夫金属。勉伸赞谕，务罄忠劳。可尚书右仆射兼中书侍郎太子少傅同中

书门下平章事充景灵官使集贤殿大学士余如故。①

当然，这种官样文章自然溢美多；不过，说他"沉厚""深"与"勤"则近于事实，这正是冯拯为官之道。

冯拯这一套骤来的富贵，得自刘皇后（钱惟演是她的代言人），他自然不会跟寇准和李迪走在一起；另一方面他也不必惟丁谓马首是瞻，因为丁谓也不过和他一样，替刘皇后出力而得高位。论资格，其实冯拯比丁谓老，冯早在咸平年间已任执政。据《丁晋公谈录》所记，真宗曾对王旦说，丁谓对他说冯拯在中书枢密十年，并无是非；但冯拯却屡来攻击他。后来王旦对丁谓说，要他以后不要再在真宗面前保冯拯，据说丁谓不语，而王旦更器重丁云云。丁谓之婿潘汝士这番话说丁谓厚道，又说王旦器重他，自然不可尽信。②不过，冯

---

① 《长编》，卷九十六，天禧四年八月乙酉条，页2211；十一月乙丑至庚午条，页2223—2226；《宋大诏令集》，卷五十二《宰相二·进拜二·冯拯拜集贤相太子少傅制·天禧四年十一月庚午》，页265。

② 按王素有多处地方记其父王旦实在讨厌丁谓，当丁参政后，每议事强于昔日，有一天就不客气地对丁说，说他近来似横，是否想作相代替久病请辞不获准的他？王旦与杨亿评论人物时，又说丁谓他才则才矣，他日若独当权，必为身累。后来又遗命不可与丁家联姻。丁谓自己说王旦看重他，大概是一厢情愿，并且是为己掩饰恶行，不可信。参见潘汝士《丁晋公谈录》，"麻袍角带临丧"，页12；"晋公不言人（转下页）

拯在丁背后批评他可能不假,后来丁倒台而冯落井下石由来有因。说起来,冯拯再一次在党争中随波逐流而得以左右逢源,他是寇、丁之争的得益者,当然,最大的赢家是刘皇后。

丁谓把李迪气走后,又成功地令真宗复任他为相。①丁谓靠他的亲家钱惟演为内助,直通宫闱。他一方面遵刘后意旨办事;另一方面打击政敌,专权任事。他除了进一步迫害寇准和李迪外,甚讽刺的,还施巧计把刚回朝的王钦若整个半死,为真宗末年的文臣党争增加了一点坏人斗坏人的喜剧元素。

王钦若在寇准垮台后,以为鸿鹄将至,复相有望,他在天禧四年八月上书,称他备位东宫(他判杭州带的是太子太保衔),请求入朝。丁谓找不到理由拒绝,只好在是月甲申(初五)下诏让他回来。王接诏

(接上页)非",页16;《王文正公遗事》,第43条,"丁谓参预大政",页70;第59条,"公婚姻皆求寒素之家",页77;第87条,"公尝与杨文公评品人物",页89。

① 《长编》,卷九十六,天禧四年十一月戊辰至庚午条,页2224—2226。丁谓复相的过程十分儿戏,他在十一月己巳(廿二)入对,不过一席话便令真宗复用他为相,盖真宗神智时好时坏,轻信一面之词。丁谓复相后,在翌日(庚午,廿三)加左仆射门下侍郎兼太子少师,位在加右仆射兼太子少傅的冯拯之上。

后，又耍小动作，说诏书无驰驿之文，但依程上路。丁谓只好令他乘传赴阙。九月壬申（廿四）他返抵京师，真宗便令他入内殿朝参。他回朝第一件奏事，便是在甲戌（廿六）请江淮制置使罢雇民船，而两浙、淮南权罢和籴，任商旅入中。真宗并从之。十月己卯（初二），仁宗读书的资善堂上梁，仁宗与宫僚一同观看，王钦若以太子太保身份也承诏预会。壬辰（十五），真宗授他为资政殿大学士，令日赴资善堂，侍太子（即仁宗）讲读。王钦若似乎宠眷回来了。丁谓不想他有东宫官的名义而亲近仁宗，十二月己丑（十三），就把他改为司空。王稍后有机会入见，真宗忽然问起王钦若为何不在中书办公，王钦若趁真宗病得糊涂，就说他不是宰相，怎敢去中书。真宗即时命内臣都知送王钦若往中书视事。他到中书，丁谓只设宴招待，说真宗只命中书设宴，没有别的。王钦若给耍了，离开中书，就请都知代奏，说没有正式宣制的白麻，不敢奉诏，而归私第。真宗果然命学士降麻；但丁谓玩弄手段，将真宗不清不楚的口谕改动，将王钦若任为山南东道节度使同平章事的"使相"，命出判河南府，而不是在中书掌权的"宰相"。真宗病昏了，听到宣制，不知丁谓做了手脚。过了差不多一年，天禧五年十一月，王钦若不死心，借口治病，要求还京，丁谓又设下圈套，引王钦若上当，使人骗王说真宗很想念他，建议他即日回朝，让真宗"惊喜一下"。聪明一世的王竟然相信这话，不待批准，便马上离开洛阳回京。结果一入都门，未见到真宗，便被丁谓劾一个"擅去官守，无人臣礼"的罪名，由刚在九月回朝担任御史中丞的薛映往王府按问。不待丁谓的吩咐，薛映也会替赵昌言、王旦、王曾等出一口气。王百辞莫辩，只好伏罪。十一月戊子（十七）他被降为司农卿，分司南京（应天府）。其子王从益夺一官，转运使及河南府官属皆被罪，丁谓还将他的罪状颁谕天下，一点都不留情。讽刺的是，一生善以诡计害人的王钦若，这次却中了丁谓之诡计。本来丁谓还特别将王钦若为相时欺凌过的翰林侍读学士兵部侍郎张知白徙知应天府，让张修怨。王幸运的是，张知白厚道，还待王加厚。丁怒，在十二月壬戌（廿一）将张徙知亳州。比起王钦若，丁谓更狡诈，对付政敌的手段也更狠。①

---

① 参见《长编》，卷九十六，天禧四年八月甲申条，页2211；九月壬申至十月己卯条，页2218—2219；十月壬辰条，页2220；十（转下页）

乾兴元年（1022）二月戊午（十九），真宗病逝，仁宗继位，以年幼由刘太后摄政。冯拯在真宗逝世前后，加官晋爵，既由始平郡开国公晋封为魏国公，又晋位司空兼侍中；不过，他仍要屈居在爵封晋国公的首相丁谓之下。他这篇加官制，又称许他：

> 推忠协谋同德佐理功臣、开府仪同三司、行尚书左仆射兼中书侍郎太子少傅同中书门下平章事充景灵宫使集贤殿大学士上柱国魏国公食邑七千七百户食实封二千八百户冯拯，道冠先觉，器涵元和。潜识究于几神，敏行臻乎律度。弼亮文考，勤劳王家。研百虑以求中，讲四维而端本。两府之剧，交修于善经。兆民所瞻，克扬于洪化。睹灵台之戢刃，从乔岫之绳金。明略有融，昌期允协。洎先帝勤思妙道，颐养大廷，乃眷睒躬，俾参庶务。实以

（接上页）二月己丑至丁酉条，页 2229—2230；卷九十七，天禧五年十一月甲申至十二月壬戌条，页 2257—2258；《宋会要辑稿》，第十册，《选举二十七·举官一》，页 5777—5778；《宋史》，卷二百八十三《王钦若传》，页 9562。薛映在天禧四年九月，以枢密直学士，与翰林侍读学士张知白等十二人，奉旨于朝官内各举堪充钱谷刑狱任使两人。则他应于九月前已从洛阳还朝。

三槐之杰，兼于六傅之崇。内则陟降延英，尽弥纶之业。外则雍容博望，极箴诲之宜。协比寀寮，靖恭夙夜。辨璆琳于火烈，识松柏于岁寒。讫当仍几之辰，咸受缀衣之命。辅予翼室，袭此鸿基。昭顺变之礼容，涣维新之号令。万邦允哲，丕绩茂焉。是用俯叶佥同，博询典制。秩优平土，位进纳言。畴食赋之增封，赐铭勋之美号。聿崇廉级，上应阶符。于戏。三圣垂休，二仪储贶。编甿品物，怀禹德以寝深。列位群司，仰萧规而克一，嘉兴元老，勤思永图，克宣至仁，以润天下。可特授守司空兼侍中依前充景灵宫使、集贤殿大学士魏国公加食邑一千户食实封四百户，仍赐推忠协谋同德守正佐理功臣，散官勋如故。①

丁谓大概被胜利冲昏了头脑，一方面不顾物议，要

---

① 丁谓、冯拯及曹利用等在乾兴元年二月甲辰（五日），即真宗逝世前十日，分别自开国公晋封为晋国公、魏国公和韩国公。仁宗继位后，冯拯再于二月丙寅（廿七），自尚书右仆射兼中书侍郎，晋位为司空兼侍中。魏国公和侍中是冯拯最高的官位和爵位，宋人因而常以冯魏公及冯侍中称之。见《长编》，卷九十八，乾兴元年二月甲辰至丙寅条，页2270—2273；《宋大诏令集》，卷六十《宰相十·进官加恩别使二·冯拯司空兼侍中制·乾兴元年二月仁宗即位》，页300—301。

对寇准、李迪来个斩尽杀绝。真宗死后,丁谓再将寇准从湖南的道州贬到广东的雷州(今广东湛江市雷州市),又将李迪自山东的郓州(今山东菏泽市郓城县)贬到湖南的衡州(今湖南衡阳市)。他想置二人于死地,指使钦差对二人迫害,李迪几乎在途中死掉。有人问丁谓,若李迪真的贬死,他怕不怕人说闲话。丁谓满不在乎地说:"异日好事书生弄笔墨,记事为轻重,不过曰天下惜之而已。"也只有丁谓才说得出这番话来。除了寇、李二人,丁谓对于他们的亲信或同情者如王曙(963—1034,寇女婿)、周起、曹玮(973—1030)、盛度(970—1040)和王随,都再加贬逐。其中王曙是他的同年,盛度是他的同乡,但丁谓也不讲情谊了。①

另一方面,丁谓对冯拯、曹利用也摆起首相的架子来,找事诘责同列一番。丁谓当权,众人皆知他靠交结刘太后宠信的内侍雷允恭,并恃着他的姻亲钱惟演的内助。但他事事独行独断,不将参政王曾放在眼内,屡次责难王曾,也对次相冯拯等摆首相架子。有一次刘太后使内侍传旨,谕宰执到太后处见仁宗议政。刚好丁谓告

---

① 《长编》,卷九十八,乾兴元年二月戊辰条,页2274—2276。

假不在中书，冯拯不敢自己单独决定，回奏要等丁谓回来才决定。丁谓销假回来，一方面反对刘后之前议，另一方面责备冯拯等不立刻复奏，说他们没担当，怕负责任。丁谓这次大概没做错，但说话之不留余地，却既开罪了刘太后，又激怒了冯拯。据说冯拯等丁谓走了，在更衣时私下对鲁宗道说："渠（指丁谓）必独作周公，令吾辈为莽、卓，乃真宰存心也。"而丁又在一些事上，开罪了刘太后而不自觉。①冯拯何等老练，自然不会公开表示他对丁谓的不满，他一如过往，并不出手与政敌正面抗争，仍是坐山观虎斗，来个左右逢源。

打倒丁谓的是王旦极为欣赏的王曾。王曾一方面装出很怕丁谓的样子；另一方面，他争取到刘太后的赏识和同僚的信任。王曾早在天禧四年闰十二月乙亥（廿九），便对钱惟演说了一番对刘太后掌权甚有裨益的话，他说："太子幼，非中宫不立，中宫非倚皇储之重，则人心亦不附。后厚于太子，则太子安，太子安，乃所以安刘氏也。"钱对王的话深表同意，并告诉刘太

---

① 《长编》，卷九十八，乾兴元年二月戊午至戊辰条，页2271—2274；六月庚申条，页2283—2285；文莹：《续湘山野录》（与《湘山野录》、《玉壶清话》合本），页71。

后。她对王的善意劝告自然心领神会,而对王曾也就另眼相看。乾兴元年二月戊午(十九),刘太后垂帘摄政,王曾正色立朝,不同意丁谓为了讨好刘太后,在真宗遗制上去掉"权取皇太后处分"的"权"字,以及在制中尊杨淑妃为太妃。虽然王曾最后拗不过丁谓,但他在这等大事上敢出诤言,乃赢得多数正派同僚的敬重。王曾后来又在几件政务上规劝丁谓,但丁谓不听,反而在是月戊辰(廿九)重贬寇准于雷州的事上批评王曾好为寇说情,甚至恐吓王曾"居停主人恐亦未免耳"(按:王曾曾借宅第给寇准居住)。王曾经此事后,改变策略,在丁谓前不再硬碰,而装成畏惧丁谓的样子。是年四月,丁谓带头请刘太后给其姊封号,冯拯也不甘人后,也向刘太后求恩,说其妻早亡,本家宜氏久主家事,请赐封邑予继妻宜氏。王曾趁着为其乳母朱氏求封号之时,在丁谓前装可怜,说自己无子,想以弟之子过继,怕刘太后不准,想在议事后留身向刘太后请求云云。丁谓一时不察,以他窝囊婆妈,这等小事也会烦心,就大方地许王曾在议事后留下来单独向太后请求。丁谓想不到貌似窝囊的王曾会借此难得的机会告他一状,向刘太后揭发他在营造真宗山陵事上,包庇了失职的内侍雷允恭，王曾直指丁谓包藏祸心。在王曾危言下，刘太后本已不悦丁谓，乘机来个兔死狗烹。她接受王曾的建议，严惩丁谓。丁知道中了王曾的计时，已太迟了。①

刘太后在六月癸亥（廿五）召见除了丁谓以外的二府大臣，讨论丁谓之罪。丁谓求钱惟演为他说情，钱开始时还满口应承，但冯拯立即警告钱勿多事。看到刘太后要对丁来个兔死狗烹时，钱便不说话了，还是任中正够朋友，为丁谓说话（曹利用也没替丁说话）。冯拯则乘机落井下石，揭发丁谓专权之罪，等到刘太后作态要杀丁谓时，冯拯又假惺惺替丁谓说情，说他并非谋反，又说仁宗刚即位，不宜诛杀大臣云云。冯拯虽想打垮丁谓，但还未有置他于死地的打算。刘太后大概只是立威

---

① 《长编》，卷九十六，天禧四年闰十二月乙亥条，页2233；卷九十八，乾兴元年二月戊午至戊辰条，页2271—2274；六月庚申条，页2283—2285；《宋会要辑稿》，第四册，《仪制十·宗室外戚内外臣僚伪国王外臣等叙封母妻》，页2514；孔平仲撰，杨倩描、徐立群点校：《孔氏谈苑》（与《丁晋公谈录》等三种合本），卷三，"停居之人省言语"条，页231；"王曾之直"，页232；王铚（？—1144）撰，朱杰人点校：《默记》（与《燕翼诒谋录》合本）（北京：中华书局，1981年9月），卷上，页9—10；《王文正公笔录》，第21条，"乾兴初定垂帘之制"，页15；《湘山野录》，卷上，页9—10；卷下，页45；《附录》，页90。按文莹为丁谓厚待，故所记丁谓与王曾之恩怨，有偏护丁谓之处，另所记之人事时间亦有误载之处。

作态，不是真的要杀丁谓。听了冯拯的"申理"，也就算了。最后她接纳王曾之议，以丁谓不忠之罪，将他责为太子少保，罢相分司西京。这次移陵事件的祸首内臣雷允恭就被诛了。刘太后在是月甲子（廿六）任冯拯为山陵使，代丁谓原来的职务。到了七月辛未（初三），冯拯正式升为昭文馆大学士加司徒为首相，王曾拜次相，而吕夷简、鲁宗道拜参政。冯拯及王曾等，又把丁谓的一党，包括参政任中正、刑部尚书林特，以及丁谓一众亲人包括后来撰写《丁晋公谈录》的其婿潘汝士降黜。同月辛卯（廿三），丁谓又以交结女道士刘德妙（？—1023后）共为不法之罪，再贬崖州司户参军。据说当日丁谓原想把寇准贬到崖州，后来又疑惑起来，问冯拯崖州再涉鲸波如何。冯当时唯唯而已，丁谓乃改拟贬寇准雷州。这时，冯拯故意将丁谓贬到远在海南岛的崖州去。冯拯这么干，一方面保证丁谓回不了朝报仇，另一方面也讨好了同情寇准的人。冯拯还师丁谓之故伎，将他的罪状布告中外。而负责撰写丁谓责词的，刚好是当日曾拒绝在寇准责词上加以恶言的宋绶。这次宋绶就借用丁谓骂寇准的话，用在丁谓的责词上。后来又是宋绶为冯拯写墓志铭。宋绶与冯拯关系密切，这大概是冯拯授意的。也许是这个原因，丁谓女婿潘汝士的《丁晋公谈录》对冯拯没甚好评，说丁谓尽说冯的好话，然冯却背后中伤丁。潘汝士之说自不足尽信，不过冯拯打落水狗的做法，显然是丁谓故旧耿耿的。①

丁谓垮了，冯拯晋为首相，他第一件事便是为真宗营造山陵。不过，他为真宗之陵定名为"永定"，便惹来不学之讥。②然而，他之"不学"却似他的恩主赵普，其实有术。他当政后，如上面提到，在乾兴元年六月丙寅（廿八），将丁的死党参政任中正罢为太子宾客知郓州，而任中正之弟中行和中师都坐贬。七月，又将丁另一死党，名列"五鬼"的林特落翰林侍读学士之职，归班为刑部尚书，其他丁谓的党羽，包括丁的女婿

---

① 《长编》，卷九十八，乾兴元年六月癸亥至丙寅条，页2285—2287；卷九十九，乾兴元年七月戊辰至壬辰条，页2291—2294；《丁晋公谈录》，"晋公不言人非"，页16；欧阳修撰，李伟国点校：《归田录》（与《渑水燕谈录》合本）（北京：中华书局，1981年3月），卷一，页6；王铚：《默记》，卷上，页10；《宋史》，卷二百八十五《冯拯传》，页9611。

② 《长编》，卷九十八，乾兴元年六月甲子条，页2287；卷九十九，乾兴元年七月戊寅条，页2293；岳珂：《愧郯录》，卷一，"追改陵名"，页10—11。岳珂就李焘的批评，再论以丁谓素号博学，不应看不到问题所在，而绝不讲论就率然以应刘太后的命令。岳珂又批评冯拯矫其为，想增而易之。但在更易陵名之际，亦靳于故府之一问，于是又堕入舛误。

潘汝士,全部贬出外,不让留在京师。九月癸酉(初六),他以首相的身份为真宗写谥册文。地位巩固后,十一月丁卯朔(初一),他再将推荐过他的钱惟演自枢密使罢为保大节度使、知河阳,赶出京师,一方面博得美名,另一方面免除钱对他的挟制。冯拯对丁谓一党并没有像丁对寇准一党那么绝,他留有余地。而对王曾的劝告,也从善如流,不像丁谓那样专权独断,大事都听刘太后的决定。他为真宗修好陵后,又引唐朝之例,上表求罢,表示不眷恋权位(他效前辈吕端之做法)。六十多年后,在元丰八年(1085)十二月壬申(十二),侍御史刘挚(1030—1097)便引述他和吕端修山陵毕即请罢的例子,称许二人皆两朝所尊礼,又国人所共惜其去者,而二人以礼当去,就是大臣重廉耻、明进退之分。冯拯这么"得大臣体",刘太后自然挽留和重用他。表面上他又扮得俭朴,其实平居奢靡,只是刘太后不知。他又故作威严,当内臣到来传诏至中书时,他不给内臣座。丁谓的心腹林特去其第见他,累日不得通报,林说来禀事,他命林往中书。等林到来,就命堂吏对他说,有公事为何不自达朝廷,终不见他,令林大愧而去。不知他底蕴的刘太后自然以为他以王旦为榜样。

他一度想政事自为，想效丁谓的做法，但总算肯听王曾的劝告，不重蹈丁谓的覆辙，而得到善终。①

冯拯从西京料理真宗山陵回来后，便疾甚。刘太后以在谅阴期间不克问疾，就赐白金五十两，冯拯叩谢，五上表以疾求罢相。刘太后于是遣中使往其卧内赐告旌纛，又遣内司宾抚问。使还，奏其家俭陋，被服甚质，于是又赐以衾裯锦绮屏诸物。刘太后于天圣元年（1023）九月丙寅（初五）将冯罢为武胜军节度使兼侍中、判河南府。刘太后在同日任回朝的王钦若为守司徒兼门下侍郎同平章事昭文馆大学士代为首相。②冯拯久疾未愈，还未能赴外任，便在是年闰九月己亥（初五）病逝，终年六十六。据宋人笔记所言，冯拯逝世当天，天降大雪。太常礼院在是月壬寅（十一）上奏，由于在真宗大祥之内，故请仁宗取消为他举哀成服之礼，但仁

---

① 《长编》，卷九十八，乾兴元年六月丙寅条，页2287；卷九十九，乾兴元年七月壬申至丙子条，页2292—2293；八月乙巳条，页2296；十一月丁卯朔条，页2299—2300；卷一百一，天圣元年九月丙寅条，页2333；卷三百六十二，元丰八年十二月壬申条，页8665—8666；《宋史》，卷二百八十五《冯拯传》，页9611；《宋大诏令集》，卷九《帝统九·谥册·真宗谥册文·乾兴元年九月六日》，页39。
② 《长编》，卷一百一，天圣元年九月丙寅条，页2333；《宋史》，卷二百八十五《冯拯传》，页9611。

宗仍废朝三日，派入内都知蓝继宗（960—1036）致奠，赠太师、中书令，谥文懿。是年十二月庚午（十一），葬于河南府偃师县。宋廷命户部郎中知制诰史馆修撰宋绶奉诏为他撰写墓志铭。①

值得一提的是，冯拯去世的前一天，即闰九月戊戌（初七），他的老对头寇准已卒于雷州贬所。关于冯拯之死，除了丁谓的女婿潘汝士说冯死之日，"背火守房"外，方勺（1066—？）引陆轸之说，谓冯死后第二年，京城南的锡庆院侧人家生一驴，腹下白毛成"冯拯"二字。据说冯家以金赎了这头驴，暗中育于槽中，但这异事四方皆知。陆轸之说显然是冯拯仇家所捏造。比起宋人传说寇准死后为阎罗王，冯拯竟给人说他投胎为驴，荣枯实有天渊之别。②

寇准、冯拯这两个太平兴国的探花郎，一个早发，

---

① 《长编》，卷一百一，天圣元年闰九月乙未至戊戌条，页2336；《宋会要辑稿》，第三册，《礼四十一·亲临宗戚大臣丧》，页1635；《冯拯墓志铭》，页119；张舜民（？—1103后）（撰）：《画墁集》，文渊阁《四库全书》本，卷八《郴行录》，叶十四上。

② 《丁晋公谈录》，"公相大臣荣谢岂偶然"，页13；方勺撰，许沛藻、杨立扬点校：《泊宅编》（北京：中华书局，1983年7月），卷下，页98。关于寇准死后之传说，可参阅 Ho Koon-wan, *op.cit.*, pp.285-287, "K'ou Chun in the eyes of military men, Buddhists and commoners"。

一个迟达,都登过宰相的显位。自然论事功、论人品,冯拯都远不如寇准。而冯拯更没有寇准那种当领袖的器识与才具。他虽然在他一榜进士中,居官最高,但他既无胡旦的文才,也乏赵昌言的武干,更没有田锡的风骨。他有的是在党争中左右逢源的本领,这倒是胡旦、赵昌言等及不上他的地方。他在真宗一朝,由副枢至宰相,原本大有机会和条件像寇准、王旦、王钦若以至丁谓等,招集同年故旧结党成派,然他并不积极去做。随波逐流,求个左右逢源,大概是他玩党争游戏的哲学。他大概没有当领袖的打算,晚年虽一度想学丁谓"一显身手",但王曾一警告他,他便马上退缩,不敢和刘太后争权。这和寇准在晚年再来个"孤注一掷",与刘后、丁谓等拼到底,取向完全不同。[1]也为此,胡旦这一榜人在真宗一朝,纵然有冯拯身居高位,却无法再像太宗时那样自树一帜,和其他党派争雄。

宋人对冯拯的评价还不算太坏,除了官方的说法,包括宋绶的墓志铭不实之言外,仁宗时的孙抃居然称有

---

[1] 参阅 Ho Koon-wan, *op. cit.*, chap. 7, pp. 230 - 264, "The Last Gamble of K'ou Chun: The Scramble for the Regency"。

不学之讥的冯拯为"名儒"。①范镇记薛奎（967—1034）持诗文去谒见他，首篇有"囊书空自负，早晚达明君"之句，冯就说"不知秀才所负何事？"读至第三篇《春诗》云"千林如有喜，一气自无私"时，他就称许"秀才所负者此也"。范镇一方面称许有直臣之称的薛奎在未达时的志气，也间接表扬冯拯的识人。②南宋大诗人陆游（1125—1210）对他的"功业"也竟然称叹不已，说："侍中辅相两朝，更天下大变，而社稷奠安，夷狄詟服。锄梭万里，无犬吠之警，有以也夫！"③不过，在多数宋人眼中，"名臣贤相"是无论如何与冯拯沾不上边的。一则宋人笔记说他和董俨一样姬媵颇众（难怪他有那么多子女），他在中书时，却密令堂吏买珠络，然后自行带回家。若不满意所买的，他就

---

① 《全宋文》，第廿二册，卷四百七十五《孙抃三·丁文简公崇儒之碑》，页377。

② 范镇（1008—1089）撰，汝沛点校：《东斋记事》（与《春明退朝录》合本）（北京：中华书局，1980年9月），卷三，页23。

③ 据陆游说，他家藏孝严殿绘像，内有冯拯像。像中的冯拯"冠剑伟然，与太行黄河气象埒"。他又说后来在新定，遇见冯拯的五世孙冯颀（？—1190后），冯出示真宗赐他祖先的诗，他因此"想见一时盛事，恨不生其时"并作是跋。不知陆游在这里称许冯拯，是发自由衷，还是应酬笔墨。参见陆游《陆游集》（北京：中华书局，1976年11月点校本），第五册，《渭南文集》，卷二十六《跋真庙冯侍中诗》，页2222。

出入怀之,常至三四。堂堂大臣,却着意此等事,成为宋人的话柄。①司马光引聂之美的话,说"拯无文学,而性伉直,自奉养奢靡"②。而田况(1003—1061)引孔道辅(986—1039)的话,说"如冯公者,未足为贤相,然求之于今,未易有也"③,已算是对冯拯非常厚道了。立德立功自然没有冯拯的份,至于立言方面,冯拯也谈不上,他早年著的《番禺记异》不传,而《全宋文》和《全宋诗》所辑录他的遗文只有十一篇及遗诗一首,聊胜于无而已。④

河北大学宋史中心的李清章与李金闯合写的一篇有关冯拯事迹的短文,总结他一生是"可谓荣华安享,中间虽有风波,但无大碍。其器具、才干都不能称为一流。任职二府十余年,少有卓异建树,却能位极人臣,

---

① 夷门君玉:《国老谈苑》,卷二,"堂吏使珠"条,页69—70。
② 《涑水记闻》,卷六,第153条,"冯拯",页104。
③ 按田况记孔道辅初拜右正言,往冯拯家致谢(冯时任宰相)。但冯拯教训了孔一番,说:"天子用君作谏官,岂宜私谢执政?"据载孔惭伏而去,后来对人谈起冯拯,因作出冯拯虽非贤相而今亦属难得之论。观孔之语,他大概也看出冯拯之话是责人以严的造作话而已。参见田况撰,张其凡(1949—2016)点校《儒林公议》(北京:中华书局,2017年1月),卷下,第69条,"冯拯在中书",页72。
④ 《全宋文》,第八册,卷一百六十九《冯拯》,页323—330;《全宋诗》,第二册,1991年7月,卷七十四《冯拯·题徐氏金湖书院》,页851—852。

称得上一个异数。也许是当时群星灿烂之故，后人对之鲜有评价，其拜相词称之为'沉厚秉蕴'、'蕴廉深之雅度'、'历操方严，秉心勤谨'，语语中的，颇和冯拯之为人。冯拯其智可及，则其不学难及。"①李氏一文所论冯拯大体是事实，只是像冯拯这样的人能位极人臣，在宋代却非异数。他确是不学而有术，在险恶的政海能左右逢源。他无甚功勋，也无大过恶，称他为名臣也许有点抬举了他。

胡旦一榜姓名可考的，到了仁宗朝，除了冯拯外，便只剩下薛映和胡旦本人。②薛映在仁宗即位后，迁礼部尚书，再为集贤院学士判院事。王钦若在冯拯死后回

---

① 李清章、李金闯：《北宋名臣冯拯事迹考论》，《兰台世界》，2012年4月，页17—18。
② 按《宋会要·崇儒》记，在仁宗至和元年（1054）九月二十一日，故知明州慈溪县王利用妻张氏进真宗御书飞白一轴，诏给王利用子王度下班殿侍三班差使。而《宝庆四明志》则曾录在仁宗景祐四年（1037）担任慈溪知县的名王利用。二书所记似是同一人。但此王利用是否胡旦的潭州同年，还是同名，暂未可考。若这个王利用真是胡旦的同年，论职位，他登仕五十多年，才做到一个小小的县令，似乎不太合理；而论年龄，他起码是八十多岁的衰翁，早该退休。疑这个王利用不是《湖南通志》所录的人。相信胡旦一榜人，活得最久的就是胡旦本人。参见《宋会要辑稿》，第五册，《崇儒六·御书》，页2866。胡榘（？—1237后）修《宝庆四明志》，收入《宋元方志丛刊》，第五册，卷十六《慈溪县志卷一·县令》，叶四上（总页5201）。

朝拜相，当日审讯过王钦若的薛映便被出知曹州（今山东菏泽市曹县）。与他有交的杭州隐士林逋来到曹州，这时寄他七律一首，题为《寄薛学士·曹州持服》，既是自况，又似是开解他。诗云：

> 飞征偶未下天衢，古郡宽闲且寄居。曾许布衣通一刺，每留蔬食看群书。高斋已想闲丹灶，清梦迥同话直庐。江外敢知无别计，只携琴鹤听新除。

薛映未几分司应天府，他在天圣二年（1024）七月卒，年七十四，谥文恭，赠右仆射。①

和他的谥号相符，薛映的确属于小心谨慎之人，他

---

① 《宋史》，卷三百零五《薛映传》，页10090—10091；《宋会要辑稿》，第四册，《仪制十一·尚书丞郎追赠》，页2528；《东都事略》，卷四十五《薛映传》，页682—683；林逋撰，沈幼征校注：《林和靖诗集》（杭州：浙江古籍出版社，1986年2月），前言，页3；卷一《五言律诗·出曹州》，页16；卷三《七言律诗·寄薛学士·曹州持服》，页109。考《林和靖诗集》的校注者并未考出薛学士就是官拜集贤院学士知曹州的薛映。注者在该诗集前言说林逋在曹州时还向闲居的薛学士通名求见，并和他成为君子之交，实不知薛、林二人早在杭州已是旧交。按吕陶（1027—1103）所撰《薛文恭公尚书真像记》称薛映"至景祐某年薨于位"，恐误记，当从《宋会要辑稿》之记。参见吕陶《净德集》，《丛书集成初编》本，北京：中华书局，1985年重印，卷十四《薛文恭公尚书真像记》，页145—146。

是李沆长婿，与王旦等接近，也和他的同年胡旦等交好，他是有"党"而不主动介入"争"，他一生除了和姚铉争过权外，未再与人倾轧（整治王钦若那一次算是奉丁谓命行事）。在他的同年当中，以他兼具吏才和文才。他名列以杨亿为首的"西昆诗派"，与他酬唱的诗友中，既包括了"正人君子"的杨亿、张咏、李宗谔、刘筠（971—1031）、李维（？—1034，李沆弟）、晁迥（951—1034），也包括了"投机小人"的丁谓和钱惟演。《宋史·薛映传》称赞他"好学有文，该览强记，善笔札，章奏尺牍，下笔立成。为治严明，吏不能欺。每五鼓冠带，黎明据案决事，虽寒暑，无一日异也"。吕陶称他"历事三圣，率有大节，出入中外，风迹蔼然，书在国史，实显以光"。这些大概都是溢美之词，有文倒是真的，治事小心正是他的长处。他是李沆长婿，和王旦、杨亿、王曾等又走得近，是故他在三朝党争中"率有大节"，站在王旦、王曾那边了。作为西昆诗人，《酬唱集》共收薛映诗六首，《全宋诗》也辑得他诗四首另两诗句。①他和冯拯一样，善于左右逢源，故

---

① 《宋史》，卷三百零五《薛映传》，页10091；《净德集》，卷十四《薛文恭公尚书真像记》，页145—146；杨亿编，王仲华校 （转下页）

他一生仕途平稳,并得善终。

胡旦比薛映活得还久,他早在天禧元年七月癸丑(十七),年六十三便请致仕,宋廷将他自祠部郎中授秘书少监致仕。当制的是夏竦,写的制词也算是客气:

> 敕:国家大庇中区,实右文治。思皇多士,粉泽时政。况夫披蓺该洽,属言典要之臣,故当宠异而优假之。以尔具官某学必传经,文皆约史。早冠群彦,声华籍甚,爰在西掖,诏令敏赡。久次于外,朕常念之。而疾疢所婴,封奏来上,辞语恳激,览之依然。特迁三品之阶,仍副中秘之任。服此荣宠,勉自养颐。可。

胡旦又自陈目疾,求授其子官以供养,真宗很慷慨,就以其子胡粲书试秘书省校书郎。另外,真宗又授其子胡叔彩试将作监主簿。这次又是夏竦当制,说:

(接上页)注:《西昆酬唱集注》(北京:中华书局,1980年12月),页1—2,《西昆唱和诗人姓氏》;卷下,页283—284、292—294;《全宋诗》,第一册,卷五十五《薛映》,页604—605。

敕某：乃父材名甚茂，疾疹久婴。爰列奏封，恳辞荣宠。方遂奉身之请，特丰延世之恩。试吏起家，尔当自勉。可。①

他天赋过人，晚年双目失明，寓居于襄州，居然还能继续著作。他命人诵经史，而凭几听之不少辍。《江邻几杂志》记有举子以巨轴送胡旦，却不知他怎么看，江休复记他览之说："旨哉！旨哉！"不知是说这是圣旨吗，还是暗讽什么。他其实关注宋廷动态，据龚鼎臣所记，仁宗天圣（1023）改元，他就对人说不晓其义，似在质疑其同年冯拯不学。他在天圣二年（1024）二月辛酉（初三），襄州呈上他写成多年的《汉春秋》，刘太后对他认识不多，向王钦若问及他的仕历和写这书的始末。王钦若虽然不像已去世的冯拯那样称扬胡旦，但也说了一番公道话，称他"词学精博，举进士第一，再知制诰。然不矜细行，数败官，今已退居。尝谓三代以

---

① 《宋会要辑稿》，第九册，《职官七七·致仕上》，页5160；夏竦：《文庄集》卷二《新除秘书少监致仕胡旦男叔彩可试将作监主簿制》，叶四下至五上；卷三《尚书祠部郎中胡旦可银青光禄大夫行秘书少监致仕诰》，叶八下至九上。

后，独汉得正统，因四百年行事立褒贬以拟《春秋》"。王钦若的话得到刘太后的首肯，称叹胡旦之下，是月癸亥（初五），胡旦得迁官自将作监致仕为秘书监致仕，他的儿子胡彬（？—1026后）得补为将作监主簿。秘书监是胡旦最后的官位，宋人也就常称他为"胡大监"或"胡秘监"。王钦若对他的评语，也成为多数宋人对他的评价。①

讽刺的是，批评胡旦不矜细行的王钦若，却在天圣三年（1025）十一月在同列指责下愧恼而死。事缘是年七月，王钦若的故吏吴植通过王的心腹余谔贿赂他以谋外职。事被揭发，王钦若只好送吴植往开封府及御史台

---

① 龚鼎臣：《东原录》，页6；江休复：《江邻几杂志》，页144；《长编》，卷一百零二，天圣二年二月辛酉至癸亥条，页2350；《宋会要辑稿》，第五册，《崇儒五·献书升秩》，页2847。《宋史》，卷四百三十二《儒林传二·胡旦》，页12830；陈振孙（1179—1262）撰，徐小蛮、顾美华点校：《直斋书录解题》（上海古籍出版社，1987年12月），卷三《经解类·演圣通论六十卷》，页82；《郡斋读书志》，卷十九《别集类下·胡周父文集十卷》，页958。按陈振孙对胡旦之生平介绍，云："旦，太平兴国三年进士第一，恃才轻躁，累坐摈斥，晚尤黩货，持吏短长，为时论所薄，然其学亦博矣。"晁公武的解说亦云："为人隽辩强敏，少有大志，力学以赡博闻。雍熙、淳化间奏御之文，为时推赏。晚节黩货，多干扰州县，持吏短长，时论薄之。"二人对胡旦的评说与王钦若所言近。又《文献通考》卷六十《经籍考》所著录的《胡周父文集十卷》的解说全抄《郡斋读书志》。参见《文献通考》，第十册，卷二百三十三《经籍考六十·集·别集·胡周父文集十卷》，页6377。

审问，王旦的长婿侍御史知杂事韩亿主审此案，查明吴植欲贿王钦若之事属实。刘太后虽然没处分保荐过吴植的王钦若，但已没法再为王钦若撑腰。鲁宗道气愤王有罪而没受惩罚，当宰执晨朝而集待漏院时，鲁见到王就一言不发，只对王怒目相视。天明，众人正欲上马入朝，忽然有老鼠在马前走过，鲁就指桑骂槐地说"汝犹敢出头！"王当场羞愧无以自容。王所有同僚都看不起他，也不买他的账，四个月后王钦若悒悒而死。刘太后念他当年支持她为皇后，恩恤甚隆，但朝野对王钦若只有讥刺，而无尊敬。[①]

胡旦之生命力却真强，他的同辈差不多都去世时，他居然还能奋笔著书。天圣四年正月，他上言已撰成《演圣通论》七十卷，以校正《五经》，只为家贫不能缮写呈上。宋廷见他诉穷，是月庚子（廿二），就赐他钱十万、米百斛。天圣五年（1027）十二月庚寅（廿四），他终于呈上《演圣通论》七十二卷、《唐乘》七十卷、《五代史略》四十三卷、《将帅要略》五十三卷。宋廷在翌日（辛卯，廿五）就以其子胡彤为将作监主簿，

---

① 《长编》，卷一百零三，天圣三年七月辛巳条，页2384；十一月戊申条，页2393。

并诏襄州增给胡旦每月米麦各三石以酬之。到了景祐元年（1034），他以八十高龄病逝后，他的妻子盛氏（？—1034后）再献上他的遗作《续演圣论》。《宋史》编者将他列入《儒林传》，也为他作《汉春秋》《演圣通论》《续演圣论》之故。他对所著《汉春秋》甚为自负，据说他斲一大砚，方五六尺，刻而瘗之，曰"胡旦修《汉春秋》砚"。另外，据《宋史·胡旦传》所记，他尚撰有《家传》一书，据宋敏求引述与胡旦有交的襄阳人杨孜（字庶几）的说法，胡旦晚年，每闻大臣名士去世，必作传以纪其善恶，然亦不传。又《郡斋读书志》著录他的《胡周父文集》十卷，《宋史·艺文志七》则录《胡旦集》十六卷。①可惜这些著作无一传

---

① 《长编》，卷一百零四，天圣四年正月庚子条，页2399；卷一百零五，天圣五年十二月庚寅条，页2457—2458；卷一百一十五，页2688。《宋会要辑稿》，第五册，《崇儒五·献书升秩》，页2847；宋敏求（1019—1079）撰，诚刚点校：《春明退朝录》（与《东斋记事》合本），（北京：中华书局，1980年9月），卷上，页15；《直斋书录解题》，卷三《经解类·演圣通论六十卷》，页82；《郡斋读书志》，卷十九《别集类下·胡周父文集十卷》，页958；《宋史》，卷二百八《艺文志七》，页5361。据陈振孙所记，《演圣通论》六十卷，其中《易》十七卷、《书》七卷、《诗》十卷、《礼记》十六卷、《春秋》十卷，第一卷为目录。据《湘山野录》所载，杨孜字庶几，襄阳人，少以词学名于时。他在文莹撰写《湘山野录》时已去世。他曾评胡旦的诗赋。见文莹《湘山野录》，卷中，页28；及注80。

世。除了见诸宋人笔记的零散诗赋外,《全宋文》辑录了他遗文八篇。①

宋朝官方还算厚待他,仁宗皇祐五年(1053)闰七月甲戌(初七),知襄州卫尉少卿马寻(?—1053后)上言胡旦家贫,久不克葬,宋廷于是赐胡家三十万钱(一说二十万)。稍后接任知襄州的王田(991—1065),上奏称"旦有大名,尝为先帝近臣,朝廷宜厚恤之"。王田又命书记石温(?—1053后)主其事,为胡旦择善地如礼安厝,余下的钱则给胡旦之孙。宋廷还追赠胡旦工部侍郎官职。②蔡襄(1012—1069)所撰之制书,只称许他的才学,说他"该贯百氏之言,而藻思

---

① 《全宋文》,第四册,卷六十二《胡旦》,页1—10。按所辑八篇文,五篇辑自《宋史》《长编》《宋会要辑稿》《咸平集》《宋太宗实录》,另三篇分别是《陈氏义门记·咸平五年》(辑自嘉靖《九江府志》)、《儒学记》(辑自乾隆《奉新县志》)及《武关铭》(辑自《皇朝文鉴》)。

② 宋廷赐钱胡家数目,《苏魏公文集》及《宋史》作二十万,《长编》作三十万。《长编》记王田于皇祐五年七月戊午(廿一),以兵部员外郎出为京东转运使,因御史俞希孟言其昏耄不胜任,不久罢之。苏颂所撰王田墓志记王田辞不愿行,于是他以使者秩移知襄州。苏颂又说他在襄州五月,才召还京。据此,为胡旦请恩的,首先是马寻,然后接任知襄州的王田营办胡旦下葬的事。又苏颂说胡旦子孙不能举葬旦"三十年",疑是二十年之笔误。按皇祐五年(1053)上推三十年为天圣二年(1024),然胡旦在天圣五年(1027)仍在世,"三十年"之说法不符事实。若作二十年则较合理,按胡旦妻盛氏上胡之遗稿于景祐元年(1034)(本书推定胡旦卒于是年),距皇祐五年即为二十年。(转下页)

雄赡，首中科选；旋升禁掖，以材自名，声盖人上。秋逸之骥，戛骤中路，晚以病退，著书见世"，至于他因结党而遭谴的事则一字不提。①

胡旦的博学是人所公认的，然他的品格却一直受非议。王辟之说他学冠一时，却轻躁喜玩人。记他为知制诰时，曾草《江仲甫升使额诰词》，云："归马华山之阳，朕虽无愧；放牛桃林之野，汝实有功。"因为江小字芒儿，而俚语以牧童为芒儿。他又曾为一高级内臣（可能是王继恩）写制词曰："以尔久淹禁署，克慎行藏，由是诸竖切齿。"另外，朝臣范应辰为大理评事，胡就画一布袋，中藏一乞丐，送给范，而题曰："袋里贫士"，取谐音"大理评事"以讥之。他当时如此口无遮拦，不怕开罪人。②

《渑水燕谈录》和《宋史》本传记他到了晚年闲

(接上页)参见《苏魏公文集》，卷五十六《太常少卿王公墓志铭》，页858；《宋史》，卷四百三十二《儒林传二·胡旦》，页12830；《长编》，卷一百七十五，皇祐五年七月戊午条，页4220；闰七月甲戌条，页4223。

① 蔡襄撰，吴以宁点校：《蔡襄集》（上海古籍出版社，1996年8月），《蔡忠惠集》，卷十二《制诰三·故秘书监胡旦特赠工部侍郎制》，页226。按胡旦虽追赠比秘书监秩高的工部侍郎，但宋人仍只以他致仕之秘书监官位称呼他为胡大监或胡秘监。

② 王辟之：《渑水燕谈录》，卷十《谈谑》，页124。

居襄州时,还是恃老卖老,"干扰州县,持吏长短"。据《湘山野录》载,胡旦"性多狷躁,讥毁郡政",又对曾师事他、并两次为他及儿子撰写制文的知州夏竦恃老卖老,出言不逊,以师长口吻教训夏竦。夏不能堪,借"燕雀纷纷出乱麻"一诗寓意,胡旦才稍收敛。有一次朝廷大赦,诏中有"致仕高年,各赐束帛",于是夏竦依旨选精缣十匹赠胡旦。但胡得缣后,却引经据典,讥笑夏不学,而奉还五匹,教夏少沮。又据《渑水燕谈录》所记,史馆馆臣欲作一贵侯传,不知如何措辞,又是得胡旦的提示才写得得体。大概胡旦恃其精通典故以及仕宦老资格,而向担任地方官的新进晚辈摆前辈架子。他朝中尚有人,又是素有文名的状元公,地方官敬而远之是很自然的事,他是否像京剧《四进士》中的宋士杰一样,恃精通律令而干扰地方司法行政,则文献无征。然他晚年目盲,即使真的"干扰州县",也应有一定限度。另一方面,他不像太史公著书,他很现实,写书讲报酬,次次上书总说穷,要朝廷给钱,又要求给他子侄官职。人家说他黩货,他一概不管。①

他到老仍好名，且自信自负，据范镇（1007—1088）及宋敏求所记，他所作的"宋胡旦作《汉春秋》砚"，当书成而瘗之，又遗命把它埋在他冢中。魏泰记他作《长鲸舟赋》，描写鲸之大曰："鱼不知舟在腹中，其乐也融融；人不知舟在腹内，其乐也泄泄。"又说："双须竿直，两目星溢。"不过，却给友人杨孜取笑"舟入鱼腹，恨何少也"。胡旦有时则近于自欺，据宋人笔记说，当寇准被贬道州，路过襄州时，曾留一绝句于驿亭，全诗是："沙堤筑处迎丞相，驿吏催时送逐臣，到了输他林下客，无荣无辱自由身。"然"到了输他林下客"一句，胡旦即认定"林下客"就是指他，以为寇准这么说即等于向他认输，因此大为称快。不过，据叶梦得（1077—1148）的说法，"林下"是泛指，并无主名，胡旦以为指他，只是

---

① 夏竦：《文庄集》，卷三十八《诗·偶成》，叶十五上下；《湘山野录》，卷上，页3；卷下，页50—51；王辟之：《渑水燕谈录》，卷四《才识》，页40；《宋会要辑稿》，第五册，《崇儒五·献书升秩》，页2847；《长编》，卷一百零四，天圣四年正月己亥条，页2399；《宋史》，卷四百三十二《儒林传二·胡旦》，页12830。

自我陶醉,结果"闻者莫不皆笑"。①

另外,据《湘山野录》所记,胡旦丧明一年多后,他在襄州上奏,请求进京见真宗。真宗答允,胡旦抵京后,王曾对中书的同列说:"此老利吻,若获对,必妄讦时政。"他于是奏知真宗,请先令胡旦赴中书具言求见之由。真宗依王曾之请。胡旦知道这是王曾之术,来到中书,当王曾和各宰执都以诸生之礼,列拜于前时,胡旦只是以长揖还礼,然后就座。王曾问他眼疾如何,他回答:"近亦稍减,见相公、参政只可三二分来人。"王曾再问他所来何事,他坚持要见真宗。王曾等急具札子力阻,胡旦终于见不到真宗。不过,范镇对文莹此则记载之真实性大有疑问。他认为中书堂是宰相治事之地,表仪百辟者所在,外臣请对,送中书引问,自有公礼,怎有时间讲师生之私敬。范镇认为胡旦于都堂,巍然受诸相之拜而不辞,绝无此理。他说曾在秘阁见过胡旦的《演圣通论》,甚有过人处,若他真的如此,就

---

① 范镇:《东斋记事》,《补遗》,页47;宋敏求:《春明退朝录》,卷上,页15;魏泰:《东轩笔录》,卷十五,页171;《苕溪渔隐丛话·前集》,卷二十五,页171,引《石林诗话》。

很可惜。①范镇的怀疑很合理;不过,胡旦在宋人的眼中,由始至终,是我行我素、不理物议。用传统的标准,他可以纳入"有才无行"一类。欧阳修在庆历三年上奏论李淑(1002—1059)时,便将胡旦与李淑相比,说"自古有文无行之人,多为明主所弃。只如徐铉、胡旦,皆是先朝以文章著名于天下,二人皆以过恶废弃,终身不齿,当时朝廷亦不至乏人"②。胡旦和王钦若、丁谓、冯拯以及钱惟演等人,都汲汲于仕进,所不同的

---

① 考胡旦晚年回京入见真宗之事,不见载于《长编》《宋史》各书,而王曾拜相乃在仁宗时,不在真宗晚年。而胡旦丧明后,能否跋涉千里至开封,实大有疑问。虽然这条笔记所描述的胡旦,与他书所记的胡旦言行相类,但王曾在真宗晚年既未当政,也绝不是这么无能之人。按文莹偏袒丁谓,不满王曾。我以为胡旦入见之事,是文莹编造出来以诋王曾之无能。文莹表面上说胡旦在中书见宰相而无礼是"凉德率此",实际上是讥王曾连一个目盲的胡旦都怕得要命,紧张得不得了。与其说王曾有术,不如说胡旦人盲心不盲。范镇对此记载之真实性曾有所怀疑;不过,他不曾想到这可能是文莹借宋人都知的狂傲胡状元之名来攻击王曾。宋人笔记考而方可信,这又是一例证。又文莹记事,其《玉壶清话》所云柳开知润州时,胡旦为江淮转运副使,胡旦邀柳开到润州的金山寺观看他的《汉春秋》,柳回后,胡方拂案开编,还未展开他的大作时,柳开就拔剑骂他是小子乱常,名教之罪人,竟敢乱写。语毕举剑就砍,胡旦幸而急走入舟以免。这则故事,金中枢已考其为荒诞不经之说。参见《湘山野录》,卷中,页32;《玉壶清话》,卷三,页29—30;《东斋记事》,卷三,页24—25;金中枢《宋代学术思想研究》,第一章第二节《胡周父的经学》,页63—64。

② 《欧阳修全集》,第四册,卷一百一《奏议卷五·谏院进札状十首·论李淑奸邪札子·庆历三年》,页1547—1548。

地方是他野心大而行事疏,好结党而偏使气树敌。他能终老泉林,已是偌大运气。至于他身后子孙贫困,二十年不克入土殓葬,则徒添后人话柄而已。[①]

简括而言,胡旦前半生联群结党,希望与他的同年友好,并肩作战于宦海,以求腾达;后半生则在仕途无望之余,寄情学术,以立言取代立功之初衷。在政治上,胡旦是失败的,但在学术上他总算获得补偿。至于他这一榜人,虽整体上功名不显,但谈到宋初党争,他们却是不能忽略的一群。尤其是借同年关系结党,他们是始作俑者。

---

① 蔡襄在追赠胡旦工部侍郎的制词中便说:"今闻嗣续雕落,旅魂未安。"而苏颂则记当王田营葬胡旦,抚恤其后人之事毕后,襄州人都喜且叹曰:"胡氏存殁获济矣。"相信当时还有不少人以胡旦身后之事作谈资。参见《苏魏公文集》,卷五十六《太常少卿王公墓志铭》,页858;《蔡襄集》,《蔡忠惠集》,卷十二《制诰三·故秘书监胡旦特赠工部侍郎制》,页226。

第八章

其有后乎：太平兴国三年进士之子孙

胡旦一榜人在宋代的名声大小，以及评价高低，除了取决于他们自己之地位、事功、德行和言语外，也看他们有多少在政坛或士林有影响力的令子、佳婿及贤孙，为他们纪功饰过。自然，他们的生平事迹以及著作，也常靠他们的子孙传诸后世。

胡旦、田锡、赵昌言和冯拯四人在这方面便有不同的遭遇。胡旦本身早享有大名，本来用不着他的子孙为他吹嘘，从有限的资料，胡旦四个儿子胡粲（？—1017后）、胡叔彩（？—1017后）、胡彬（？—1024后）、胡彤（？—1027后）和侄胡拱辰（？—1071后）都是因为胡旦献书，而得赐主簿、校书郎、太庙斋郎一类小官。据宋人所载，因胡旦子孙贫困而致二十年也不克殓葬胡旦，显然他的子孙既贫且穷，又在士林政坛毫无影响力或人缘，是故对宋人加于胡旦头上的嘲讽以至不实的谣传，无法予以辩白或回护。以胡旦生前的名声与地位，却找不到什么有地位的人为他写行状或墓志，为他表功饰过，只怪子孙不肖。他的后人只有其侄胡拱辰略有事迹可记，据哲宗时人张礼（？—1086后）的《游城南记》所载，胡在熙宁中官至尚书郎，曾将长安的范公庄卖给时任侍御史的范育（巽之，？—1095）（按：范育在熙宁三至四年任监察御史里行，并非侍御史），故俗谓之御史庄。胡出卖庄园，不知是否家道中落之故。①

据有限的史料所记，田锡的长子田庆远（？—1043后）在庆历年间官至虞部郎中知抚州（今江西抚州市），妻许氏，户部郎中许某长女。次子田庆馀（？—1039后），官比部郎中，二人虽没有什么事功声名，但他们在士林中却有人缘，能请得名臣大贤为祖宗树碑立传。比如田锡的次子田庆馀便能请得范仲淹为其父撰写

---

① 《长编》，卷一百二，天圣二年二月辛酉至癸亥条，页2350；卷一百五，天圣五年十二月辛卯条，页2458；卷一百十五，景祐元年七月壬辰条，页2688；《宋会要辑稿》，第五册，《崇儒五·献书升秩》，页2847，并见本书第七章241页；张礼撰，史念海（1912—2001）、曹尔琴校注：《游城南记校注》（西安：三秦出版社，2003年6月），"复涉潏水游范公五居"条，页128—129。据张礼所记，胡拱辰所有的范公庄，原为唐杜佑（735—812）郊居，一直为杜氏所有。中有溪柳、岩轩、江阁、圃堂及林馆，故又称为五居。胡拱辰所官之尚书郎，未载是郎中抑员外郎，也不详是哪一部。待考。

墓志铭。①而田锡的曾孙田衍（？—1099后），后来在元丰末年任武胜军节度推官知沈丘县时，请得司马光为田锡之碑撰写碑阴。有范仲淹、司马光为文褒扬，田锡本来已享有之直臣大名遂更广为流传了。田锡有此孝子贤孙，宜乎他享有盛名。②

田衍这位田锡贤孙，在绍圣元年（1094）奉知州吕嘉问命，以知襄阳县（今湖北襄阳市襄州区）重修襄州学，从四月乙丑至七月乙未，历时一百十四日修毕。但他到元符二年（1099）十一月乙亥（初七），被指与有贤名的谏官邹浩（1060—1111）交通，自奉议郎勾当杂买务特追一官勒停。按司马光与邹浩都属旧党人物，田

---

① 据《江西通志》所记，田庆远在庆历间任虞部郎中。另据夏竦所记，田庆馀曾自殿中丞授国子博士，撰写制词的是知制诰夏竦。按夏竦先于大中祥符九年三月任知制诰，到天禧元年十二月罢。到天圣三年九月再起复为户部郎中复知制诰。田庆馀大概是在祥符九年至天禧元年十二月前升国子博士。参见夏竦《文庄集》，卷二《殿中丞田庆馀谭雍可国子博士》，叶十二上下；余靖（1000—1064）《武溪集》，文渊阁《四库全书》本，卷十九《宋故冯翊县太君王夫人墓志铭》，叶二十五下至二十七上；《江西通志》，卷四十六，叶五十六下。关于夏竦任知制诰的年月，参见《宋会要辑稿》，第六册，《职官二十·修玉牒官》，页3596；第八册，《职官五十一·馆伴使》，页4442；《职官六十四·黜降官一》，页4778；第十册，《食货一·农田一》，页5952；第十三册，《食货六十三·农田杂录》，页7704。

② 参见本书第六章164页。

衍似乎也是接近旧党的立场。①

在太平兴国三年进士中，当然以赵昌言最有择婿眼光。赵昌言有子一人名赵庆嗣（？—1009后），赵卒时真宗录为国子监丞，有侄孙名赵允明（？—1009后），录为同学究出身，但二人均事迹不显。②赵的功业声名，无论在他生前抑或身后，能够维持，很大方面实在得力于他的佳婿王旦。本书第六和第七章在多处均提到，在真宗一朝，赵昌言基本上依附于王旦及其同年所结成之政治集团。他在咸平年间敢去斗争真宗之宠臣王钦若，另在景德年间澶渊之役前后得获重用，所凭借的，正是王旦及其党派之支持。他能够在咸平五年被贬后再起，并以功名令终，靠的就是他长期当权之佳婿。

赵昌言的子孙（外孙），在仁宗一朝继续在政坛和

---

① 《长编》，卷五百十八，元符二年十一月乙亥条，页12323；邹浩：《道乡集》，文渊阁《四库全书》本，卷二十五《襄州迁学记》，叶八上至十上；张邦基（？—1148后）撰，孔凡礼点校：《墨庄漫录》（与《过庭录》、《可书》合本）（北京：中华书局，2002年8月），卷一，"襄阳谣"，页43。考襄阳人张邦基有一则说法，说田衍和撰写《东轩笔录》的魏泰居襄阳，但郡人怕他们善谑利口，就为谣说："襄阳二害，田衍、魏泰。"不久，李廌（1059—1109）亦来襄阳居住。襄阳人憎恶之，就说："近日多磨，又添一豸。"田衍是否为襄阳人所厌，待考。

② 《宋史》，卷二百六十七《赵昌言传》，页9196。

士林发挥影响力者大不乏人。除了王旦几个可列入名臣、又在日后晋身高位的女婿（即赵昌言的外孙婿）韩亿、苏耆（987—1035）和吕公弼（1007—1073）外，赵的表弟石中立，也像韩亿一样，在仁宗朝官拜参知政事。①当然，赵昌言的外孙中，最值得一提的是王旦的幼子、在仁宗朝以敢言著称的王素。王素和他的外祖父相仿，除了一样兼具文才武干、在朝中敢言、在地方善于治事外；他同样生性刚烈，不怕被人攻击结纳朋党。他和孔道辅、欧阳修、韩琦（1008—1075）、范仲淹、富弼都交好，屡为他们说话，而不惧权势，敢公开抨击他认为是奸佞之人。比如范仲淹等在庆历变法中被人攻击结朋党而去位时，王素即不怕人家指他为范党，挺身而出，上奏仁宗，称范、富、韩三人"皆有重望，宜复召用，处之不疑"。王素和他外祖一样，亦热心于举荐人，好交结贤豪。另外，他一样占了父荫的优势，得到仁宗另眼相看。总之，他的性情，似乎近其外祖多于其

---

① 《欧阳修全集》，第二册，《居士集》，卷二十二《碑铭二首·太尉文正王公神道碑铭并序》，页345、348；苏舜钦（1008—1048）撰，傅平骧、胡问陶校注：《苏舜钦集编年校注》（成都：巴蜀书社，1991年3月），卷七《先公（按指苏耆）墓志铭并序》，页466—470；卷八《太原郡太君王氏墓志》，页594—595。

父。他在天圣五年赐进士第,有否像外祖一样,和他的同年结党,有待详考。他又撰有《王文正公遗事》,大大表扬其父及其外祖正色立朝的事迹。①

冯拯因有墓志铭传世,他的家人状况能为人知。他有子九人,依次是冯用己(?—1021)、冯恕己(?—1021),在冯拯天圣元年卒时并为殿中丞,二人疑在天禧五年前已卒,故冯拯以后的加恩,都由三子冯端己(?—1024后)承受。冯端己在天禧五年八月丙午(初

---

① 王珪(1019—1085):《华阳集》,《丛书集成初编》本,(北京:中华书局,1985年重印),卷三十七《王懿敏公素墓志铭》,页498—502;《宋史》,卷三百二十《王素传》,页10402—10404;《东都事略》,卷四十《王素传》,叶五上至六上(页623—624)。考王素有两兄,长兄王雍,二兄王冲。王雍在天圣六年(1028)十一月丁巳(廿七),上言为其子三班奉职王恪求官,宋廷即以王恪为无料钱京官。他到庆历五年(1045)六月,任两浙转运使,不久卒于任上。至于王冲的生平不详。考《长编》卷一百十,记天圣九年(1031)五月己巳(廿三),因刘太后所宠的内臣罗崇勋(?—1033后)陷害而从秘书丞知陈留县配雷州编管的王冲,似乎不是王旦的次子王冲,因此条记王冲的从子、天圣五年榜状元王尧臣(1003—1058)亦被责降,按王尧臣与王素并非兄弟,故知此王冲并非王旦次子。又天圣五年取进士及第一百九十七人,八十三人同出身。王素正是此榜登第。另赵抃(1008—1084)一篇奏状,提到"近年王冲、杨南仲、杨织辈,皆以罪废近二十年",这个王冲可能就是被黜雷州同一人,而非王素之兄。参见《长编》,卷一百五,天圣五年三月乙丑条,页2439;卷一百六,天圣六年十一月丁巳条,页2485;卷一百十,天圣九年五月己巳条,页2558—2559;卷一百五十六,庆历五年六月丁巳条,页3784;赵抃《清献集》,文渊阁《四库全书》本,卷八《奏状乞依刑部定夺除落葛闳陆经罪名·六月十一》,叶十六上至十七上。

三）以宰执加恩而自内殿承制为六宅副使,到冯拯卒时已迁宫苑副使。天圣二年(1024)三月癸卯(十六),王钦若等上《真宗实录》一百五十卷,因冯拯曾任监修,刘太后就加恩冯端己为如京使。他以后的事迹待考。四子冯晦己(?—1024前)任供奉官,五子冯称己授大理寺丞,六子冯勤己授内殿崇班,七子冯行己(1008—1091)授供奉官皆阁门祗候,八子冯虚己和九子冯洁己(?—1072后)授太常寺奉礼郎。《宋史·冯拯传》记他尚有一子冯伸己(?—1045后),其实是从子。冯有女七人,分别适殿直张起(?—1024后)、兵部员外郎集贤校理刘立礼(?—1037后),和太常博士同判南京留守皇甫泌(?—1066后),其余四人在他去世时尚幼。冯的第四子冯晦己及长女张氏于天圣元年十二月前已早逝,次子冯恕己也在父过世时"创巨毁灭,时伤死孝"[①]。

冯拯的儿子五人从文阶入仕,四人转任武官。诸子中最有名的是第七子冯行己,他字肃之,以父荫为右侍

[①] 《冯拯墓志铭》,页120;《长编》,卷九十七,天禧五年八月丙午条,页2251;卷一百二,天圣二年三月癸卯条,页2353;卷一百十二,宝元元年十一月甲辰条,页2885;《宋史》,卷二百八十五《冯拯传附冯行己》,页9611。

禁,他在父卒时以荫为供奉官阁门祗候,后任泾原路驻泊都监,知宪州,因治状而增秩。冯行己历知西北边郡,历知石州(今山西离石市)、保州、霸州(今河北廊坊市霸州市)、冀州、莫州,所至有能称。庆历三年(1043)正月癸巳(廿四),西夏主元昊(1003—1048,1038—1048在位)向宋称臣,西边暂时安宁。这时北边传来消息,辽人治兵幽燕,大修战具。宋廷的言官一时紧张起来,就要解西备北。但长期守北边的冯行己却上言辽夏为与国,元昊入贡,可能内有奸谋,至于辽国治兵,可能是虚张声势。他判断边患恐怕不会在河朔。八月己酉(十五),可能是他自荐,以洛苑副使获选为契丹国母生辰副使,副起居舍人知制诰孙抃出使辽国。他出使辽国,就可实地了解辽国的情况。他的判断事后证明正确。①

皇祐中,他徙知北边重镇定州(今河北保定市定州市)。定州路安抚使韩琦(1008—1075)推荐他为本路钤辖。五年三月,韩琦徙为河东路经略安抚使,大概是

---

① 《长编》,卷一百四十二,庆历三年八月己酉条,页3418;《宋史》,卷十一《仁宗纪三》页215;卷二百八十五《冯拯传附冯行己》,页9611。

韩的推荐，冯行己稍后徙知代州（今山西忻州市代县），管勾河东缘边安抚事。嘉祐二年（1057）五月，夏人掠麟州（今陕西榆林市神木县），宋军败北。蕃部乘机盗耕屈野河西田，遇宋军巡逻的就放箭射。宋廷诏冯行己计议如何应付，他说这是奸民无忌惮而为，并非夏国君长之过，不宜以细故而启大衅，只需加强防备就是。五台山寺又调厢兵义勇为缮葺，为此除和籴谷三万。他反对，认为不可捐岁入之储，做不急之务。稍后迁西上閤门使。英宗（1032—1067，1063—1067在位）继位后，他迁东上閤门使，治平四年（1067）正月丁巳（初八），英宗崩。翌日（初九），冯行己以东上閤门使为大辽国告哀使。这是他第二次出使辽国。冯出使回来，在四月乙丑（十八）英宗入葬永厚陵时，又升一级为引进使充行宫四面巡检。①

---

① 《宋史》，卷十二《仁宗纪四》，页241；卷二百八十五《冯拯传附冯行己》，页9612；卷四百八十五《外国传一·夏国上》，页14001；《宋会要辑稿》，第三册，《礼二十九·历代大行丧礼上·英宗》，页1345—1346、1349；韩琦撰，李之亮、徐正英笺注：《安阳集编年笺注》（成都：巴蜀书社，2000年10月），附录六《韩忠献公年谱》，页1902—1903。考韩琦在庆历八年四月任定州路经略安抚使知定州，一直至皇祐五年三月拜武康军节度使徙为河东路经略安抚使知并州。则冯行己徙知定州，当在皇祐三四年间。而冯徙知代州，大概在皇祐五年后或至和初年。

神宗继位后，到熙宁五年（1072）冯行己再迁至客省使文州防御使仍知代州。是年闰七月庚申（十三），宰相王安石认为知雄州（今河北保定市雄县）张利一生事，就将冯行己徙知雄州，而以枢密副都承旨李绶（？—1093后）代知代州。讨论知雄州人选时，王安石说枢密使文彦博推荐冯行己，神宗却表示冯不如王道恭（？—1077后）。最后仍是选了冯。冯行己在九月到任后，上奏张利一添差弓箭手以防备辽人侵扰界河的措施，是骚扰百姓，于是百姓怨，故引辽人巡马过河。神宗接报，认为弓手果然骚扰。但原本推荐冯行己的文彦博，却批评冯不晓边事。文认为在宋界添差弓手，如何说是生事。王安石却支持冯行己。神宗以为冯初到雄州，正是爱惜人情之时，他不让辽人有借口而罢增弓箭手是对的。但文彦博仍不以为然。然而，冯行己却在是月丁卯（廿二）上奏，辽军巡马并未停止，他请移牒辽国约止。冯行己先前的判断显然有错。他后来即请复置弓箭手。熙宁六年（1073）七月，因辽军巡马过白沟，归信县尉臧景射伤涿州（今河北保定市涿州市）小鹰军使固德等，宋廷认为冯行己部下生事，要将冯行己调职。是月丙寅（廿五）安抚使韩缜上奏，请留下冯行己。他认为若罢免冯行己，辽人就以为射杀辽骑故罢雄州守臣，就会更骄傲。若再来必以为有计议，辽人更疑。神宗表示读完冯行己的奏报不觉他有昏错或冯对辽人说拓城池是错。故此，冯行己仍得以留任。他对辽方的强硬态度也获神宗的首肯。熙宁七年（1074）三月丙午（初九），神宗分遣使臣十人，往诸路选募武艺高强的军人往新开的熙河路效命，并量加料钱，准备使唤。经一年后，愿复归本营者亦听。每路募兵五百人。但冯行己却奏请沿边州军不选募。神宗从其请，河北河东所募兵皆罢。冯一直坚持不可因开边西北而轻视北边防务，故北边的精壮不可遣往熙河。①

冯行己在七年十月自雄州还朝，是月丙子（十二），他以卫州防御使权同勾当三班院。宋廷在熙宁八年（1075）正月丁酉（初四）以神宗最初属意的四方馆使康州刺史王道恭代其任。冯守雄州两年多，知道变通。以前沿边有乡巡弓手，后来悉废罢，但辽的巡马如

---

① 《长编》，卷二百三十六，熙宁五年闰七月丙辰条，页5735；庚申条，页5739—5740；卷二百三十八，熙宁五年九月丁未条，页5790—5791；丁卯条，页5802；卷二百四十八，熙宁六年十一月辛丑条，页6039；卷二百五十一，熙宁七年三月丙午条，页6114。

故，屡次侵界河，掠取舟船。他起初也同意罢弓手之做法，后来他见辽骑肆行，就请复置乡弓手以杜侵争之端，得到神宗的嘉奖。据《宋史》本传所记，他又历任高阳关、秦凤、定州及大名府路马步军都总管，以卫州防御使致仕。他还在元丰五年（1082）正月壬辰（初十），以七十五岁之高龄参与在洛阳举行的耆英会，与元老重臣富弼（1004—1083）（字彦国，时年七十九）、文彦博（字宽夫，时年七十七）、司马光（字君实，时年六十五）等十二人联席交杯。他在元祐六年（1091）正月己卯（十九）以金州观察使卒，年八十四。①

---

① 《长编》，卷二百五十七，熙宁七年十月丙子条，页6273；卷二百五十九，熙宁八年正月丁酉条，页6309；卷四百五十四，元祐六年正月己卯条，页10884；《宋史》，卷二百八十五《冯拯传附冯行己》，页9612。据司马光的记载，参加洛阳耆英会的还有司封郎中致仕席汝言（字君从），时年七十七；太常少卿致仕王尚恭（字安之），时年七十六；太常少卿致仕赵丙（字南正），时年七十五；秘书监致仕刘几（字伯寿），时年七十五；太中大夫充天章阁待制提举崇福宫楚建中（字正叔），时年七十三；司农少卿致仕王慎言（字不疑），时年七十二；太中大夫提举崇福宫张问（字昌言），时年七十；龙图阁直学士通议大夫提举崇福宫张寿（字景元），时年七十。北京留守开府仪同三司王拱辰（1012—1085）来信表示愿参加，但来不了，只传其像当作参加。关于元丰五年在洛阳举行耆英会之始末，可参见《司马光集》，第三册，卷六十五《序二·洛阳耆英会序》，页1354—1356；邵伯温《邵氏闻见录》，卷十，页104—105；《宋会要辑稿》，第九册，《职官七十七·致仕上》，页5168—5169。

冯行己是仁宗至神宗朝的著名边将。他对边事屡有献纳,而以稳重老成见称。他父亲冯拯虽然长期在枢密院执掌兵符,大言军事,但其实只是纸上谈兵。反不及他长期守边,统领大军,熟晓戎事。冯行己更享高寿。作为宰相之子,冯行己可说不坠家声。他见重士林,与冯拯还能得到不太坏的评价,相信有一定关系。至少与他有交的司马光,在评写冯拯事迹时,也会手下留情。

冯行己主要在西北立功,他的从弟冯伸己则长期在西南,安抚安化、乐善诸蛮,均甚有功绩,可惜晚节不保,因区希范(?—1045)之乱而被贬。冯伸己字齐贤,以荫补右侍禁,累迁西头供奉官授阁门祗候桂州(今广西桂州市)兵马都监。转运使俞献可辟知廉州(今广西钦州市浦北县)。在大中祥符末年,安化蛮扰边,俞献可荐他知宜州(今广西河池市宜州市)。天圣中,改桂州、宜州、融州(今广西柳州融水苗族自治县)、柳州(今广西柳州市)及象州(今广西来宾市象州县)沿边兵马都监,专责溪峒事。稍后以礼宾副使再知宜州。蛮人服其威信。代还,道改供备库使知邕州(今广西南宁市)。他的廨舍有井,相传水不可饮,饮即死。他不怕,每日汲井水饮而无事。傍城数里有金花木，土俗说花开即瘴起，人不敢近。冯伸己就故意在花盛开时饮酒宴会其下，亦没有事。明道元年（1032）十一月，宋廷恭谢天地于天安殿，大赦天下，改元，百官进秩。他改东染院使领荣州刺史任梓夔路兵马钤辖，再迁洛苑使。仁宗宝元元年（1038）十一月，宜州的安化蛮叛，广南西路钤辖张怀志率兵与战，他与将官六人均战死。仁宗采纳直史馆苏绅（999—1046）的建议，调遣广东西教阅的忠敢、澄海军，湖南北的雄武等军往宜州策应，以此三支军皆惯涉险阻，且所习武器又与蛮人相同。而调遣时为洛苑使荣州刺史的冯伸己，授知桂州兼广南西路钤辖，负责平乱。是月甲辰（十二），他经过江陵时，仁宗派内臣催他速行，领宜州及融州兵讨安化蛮。他于是日夜兼程赶至宜州，抵达后，缮修器甲，训练队伍，募民发丁壮转运粮饷，分三路进军。临阵，他单骑以出，对蛮豪说朝廷抚他们甚厚，为何作叛自取灭亡？今仁宗派他来问罪，听则生，不然必无噍类。于是众蛮仰泣，罗拜于马前，说"不图今日复见冯公也"。第二日，蛮首蒙顶以兵械万计，率众向冯伸己的军门投降，并悉还所掠。起初，张怀志的部卒以覆师而畏匿，冯伸己说纪律不明，将自取败，与战士无干。就请宽免败卒，约期来归。宋廷从之。宝元二年（1039）正月辛亥（二十），冯伸己上奏安化州蛮平。庆历元年（1041）十月甲辰（廿八），他以劳迁横班使臣的西上阁门使，再知宜州。乐善蛮攻打武阳，他派人晓谕祸福，蛮人悦，悉还所掠。另蛮人莫世堪据险抄劫边户，冯伸己设伏将其擒获，置之于法。庆历三年（1043）九月辛未（初七），冯以功自荣州刺史加领果州团练使，再任广南西路钤辖兼知宜州。他在宜州两年后，徙知桂州。①

冯伸己没有想到，庆历四年（1044）正月，宜州羁縻的环州思恩蛮区希范怨景祐五年（即宝元元年），他与叔父区正辞应募，从宋军征安化州蛮。他赴阙击登闻鼓求录用，事下宜州，冯伸己言其妄，将他编管全州（今广西桂林市全州县）。区正辞也说有功，但不报。区希范后来逃归，就与区正辞率族人及白崖山酋蒙赶、荔波洞蛮谋作乱，要杀冯伸己。区等推蒙赶为帝，区正

---

① 《宋史》，卷十《仁宗纪二》，页194；卷二百八十五《冯拯传附冯伸己》，页9612—9613；卷二百九十四《苏绅传》，页9809—9810；《长编》，卷一百二十二，宝元元年十一月甲辰条，页2883—2885；卷一百二十三，宝元二年正月辛亥条，页2893；卷一百四十三，庆历三年九月辛未条，页3447。

辞为奉天开基建国桂王,区希范为神武定国令公桂州牧。是月甲子(初一),率众破环州,又破带溪寨、攻下镇宁州及普义寨,聚众一千五百。二月癸卯(初十),宋廷收到报告,令转运司及钤辖司发兵捕系,但不得深入。戊申(十五),宋廷又遣内臣入内供奉官王昭明(?—1064后)往宜州,招募勇敢入峒捕击蛮人。区希范之乱历时一年多,一直到庆历五年(1045)三月甲子(初八),才在广西转运使杜杞(1005—1050)几经辛苦下平定。议者认为区希范作乱,冯伸己实有责任,而他讨捕失利,宋廷在七月丁酉(十四),将他责为右武卫大将军分司西京。他以后没有复出而卒。①

冯拯的儿子中,另外值得一提的是幼子冯洁己,他在冯拯卒时官太常寺奉礼郎,皇祐三年(1051)四月壬寅(廿二),他以恩陈乞,宋廷召试学士院中等,乃授

---

① 李攸:《宋朝事实》,卷十六《兵刑·平广西蛮贼欧希范》,页244;《东都事略》,卷四十六《杜杞传》,叶二下至三上(页690—691);《宋史》,卷十一《仁宗纪三》,页217;卷二百八十五《冯拯传附冯伸己》,页9613;卷四百九十五《蛮夷传三·环州蛮区氏》,页14220—14221;《长编》,卷一百四十六,庆历四年二月癸卯至戊申条,页3541;卷一百五十五,庆历五年三月甲子条,页3760;卷一百五十六,庆历五年七月丁酉条,页3788。考区希范起事,《宋史·仁宗纪三》系于庆历四年四月丁酉(初六),而《宋史·蛮夷传三》作正月十三日。《宋史·仁宗纪三》当误记。

他自国子博士赐同进士出身。他以父荫起家，但不满足，终透过特试取得进士资格。他后来的仕历不详，《长编》记他在神宗熙宁五年十一月癸亥（十八），以太常少卿任通判秦州（今甘肃天水市）时，因迎合宣徽南院事判渭州（今甘肃平凉市）郭逵（1022—1088），而在审讯与主持开边的知通远军（今甘肃庆阳市环县）王韶（1030—1081）有往来的商人元仲通时，判王韶受赃。但王韶得宰相王安石（1021—1086）全力支持，改派御史蔡确（1037—1093）重审，结果王韶脱罪，而郭逵以诬告被贬，而冯洁己也坐推勘不公，并禁无罪命官之过，责冲替。①冯洁己之前及以后的事迹虽不详，但他撰有《御史台记》一书。据晁公武所记，该书全名为《嘉祐御史台记》，凡五十卷。在嘉祐中，权御史中丞王畴（1007—1065）命冯洁己续唐代御史台记之作。起太祖建隆元年（960），迄嘉祐末年，共一百四年，分门载其名氏行事，共三百余人。据晁氏所记，冯洁己还撰《叙传》两篇，述冯拯之事（冯拯曾任侍御史知杂事及御史中丞），更自述其立朝始末。晁公武说冯与旧党的

---

① 《宋会要辑稿》，第九册，《选举九·赐同出身》，页5438；《长编》，卷二百四十，熙宁五年十一月癸亥条，页5832—5833。

吕诲（1014—1071）、傅尧俞（1024—1091）及赵抃（1008—1084）相善，而鄙视支持王安石新政的韩缜（1019—1097）和周孟阳（？—1074）。该书七次被《长编》引用。他应在嘉祐中担任御史，才会受命撰写此书。他后来跟随反对开边的郭逵参奏王韶，也与他接近旧党的立场有关。①

冯行己与冯洁己，一文一武，他们的政治立场并不鲜明，冯行己参与的洛阳耆英会，发起人及主要参加者虽然有浓厚的保守派色彩，但是冯行己似未参与过新法的争论，也未被认为属于新旧哪一党。至于冯洁己，他的立场虽较接近旧党，但他官职不高，可考的事迹不多，除了附从郭逵打击王韶一事外，也不见参与党争。也许这是冯拯为子孙谋的家法，不让子孙介入朝臣的

---

① 《长编》，卷七十，大中祥符九月辛未条注，页1563；卷九十七，天禧五年正月丁酉条注，页2240；卷一百六十五，庆历八年十月壬午条注，页3969；卷一百八十一，至和二年十月己亥条注，页4380；卷一百九十，嘉祐四年八月乙亥条注，页4584；卷一百九十四，嘉祐六年七月癸巳条注，页4692；卷二百六，治平二年十一月甲辰条注，页5013；晁公武：《郡斋读书志校正》，卷七《职官类·嘉祐御史台五十卷》（第430条），页315；《文献通考》，第九册，卷二百二《经籍考二十九·史·职官·嘉祐御史台记五十卷》，页5799。按李焘在至和二年十月己亥条注中称，冯洁己记侍御史梁蒨当日所言的事不确，恐他亦私有好恶，故不取其说法。又《文献通考》亦著录冯洁己此书，其解题全录晁公武之话。

党争。

冯拯有三个女婿,长婿张起早卒,次女婿刘立礼的父亲刘式(?—997后)是袁州人,是宋初的理财专家,《宋史》有传,他在三司勾院任职甚久,曾与冯拯共事。至道中,三勾院并为一,由刘式领之,转工部员外郎迁刑部。后为属吏所讼而免官。他有四子,刘立礼是他的幼子。立礼与其兄立德均进士及第。①因冯拯之故,宋廷在乾兴元年三月给刘立礼自江阴军判官授京官、馆阁校勘,到冯拯卒时已任兵部员外郎集贤校理。天圣五年(1027)正月癸丑(十二),宋廷又派给他一份好差事,命他为武成王庙覆考官。刘立礼却不知足,同年四月,居然使妻冯氏进宫替他求知开封县。刘太后既不认这个同姓本家,也不念冯拯的旧勋,不但不允他的要求,还在是月丙申(廿六)将他自殿中丞集贤校理落职,同判崇州(今陕西铜川市耀县,后改耀州)。刘立礼可说丢尽冯拯的面子。②他后来复职,到景祐四年

---

① 《宋史》,卷二百六十七《刘式传》,页9205—9206。
② 《宋会要辑稿》第十册,《选举十九·试官》,页5625;《长编》,卷九十八,乾兴元年三月丙申条,页2278;卷一百零五,天圣五年四月丙申条,页2440。

(1037)七月甲子（廿四），以兵部员外郎集贤校理，获授荆湖南路转运使，但以母老请归馆供职获准。他以后的事迹不详。①

比起刘立礼，冯拯的三女婿皇甫泌较有出息。他在冯拯卒时官太常博士同判南京留守司。他的里籍家世均不详，笔者怀疑与冯拯、王济与李永锡（？—1015后）有交，太宗至真宗朝有能臣之称的皇甫选（？—1015后）可能是其父或亲属。

皇甫选是庐江（今安徽合肥市庐江县）人，至道元年正月因度支判官陈尧叟及梁鼎的上奏，太宗命他为大理寺丞，与光禄寺丞何亮驰驿往宿州、亳州、陈州、蔡州、邓州、许州及颍州按视荒田及垦土之制，共得田二十余万顷。二人又奉命前往经度三白渠的复修。至道二年（996）四月丁酉（廿七），二人回奏受诏往诸州兴修水利，他们先后至郑渠和白渠，但两处之田今存不及二千顷。因近代职守之人改条渠堰，坼坏旧防，走失其水，故二渠灌溉之功绝不及古时。他们以白渠增筑陂堰太费功役，请于旧防未坏可以疏引水利处，先耕二万余

---

① 《长编》，卷一百二十，景祐四年七月甲子条，页2835。

顷，渐次兴复。太宗接受他们合理的建议。并令皇甫选等保举一人，与邓州通判同掌其事，又命他二人分路按察。七月，太常博士陈靖上奏建议兴置京东西诸州荒田，招人耕种。八月辛酉（廿九），太宗命陈为劝农使，而命皇甫选再和何亮副之。但皇甫选回奏其功难成，愿罢其事，而请别予他差遣，太宗也不勉强他。不过，在真宗咸平三年（1000）正月辛巳（初三），他却以推荐李惟清子李永锡，而李上言历诋近臣，皇甫选就受累自权户部判官殿中丞贬为南剑州团练副使。但在景德元年（1004）六月，皇甫选以殿中丞入选真宗密采群臣有闻望的"二十四气"，真宗令引对。十一月丙寅（十六），真宗御驾亲征前，命他与都官员外郎王砺等四人往澶州安集河北流民。十二月宋辽订澶渊之盟后，在是月辛巳（初二），又奉命与殿中侍御史刘益往濮州、青州、淄州（今山东淄博市）、齐州（今山东济南市）及潍州（今山东潍坊市）安抚河北流民。景德二年（1005）二月丙申（十八），因三司之请，真宗命已升为太常博士的皇甫选等分往开封府界各县买秆草。他大概稍后获授知应天府，属下知永城县（今河南商丘市永城县）韩亿有治声，其他县邑讼不决的，皇甫选都派韩亿治理。他稍后再以太常博士任两浙提点刑狱。但在大中祥符三年（1010）正月己未（初九），他以部内系囚悉寓禁他处，而妄奏狱空，被与他有交的知杭州王济举报，而被罚金三十斤，徙江南路。刘筠（971—1031）为他写的墓志铭，说他治狱重宽，得以全活者三十余人，只是没载他虚报狱空之事。真宗在大中祥符八年（1015）三月辛卯（十一），令中书上群臣应诏所举官，皇甫选亦在被举之中。真宗说他好谈民政。宰相王旦却说皇甫选好师慕古人，而临事迂阔，无益于用。皇甫选当年所举的李永锡也在被举的人之中，王旦也一并反对李永锡。皇甫选以后的事迹不详。据载他曾注何亮的《本书》三卷。皇甫选的行事与为官，与皇甫泌有点相似，他与冯拯同朝为官多年，冯拯与他结亲甚有可能。①

---

① 《宋太宗皇帝实录校注》，下册，卷七十七，至道二年四月丁酉条，页691—694；卷七十八，至道二年八月辛酉条，页747—750；《长编》，卷三十七，至道元年正月戊申朔条，页807；卷四十，至道二年七月庚申条，页846；卷四十六，咸平三年正月辛巳条，页984；卷五十六，景德元年六月丙辰条，页1238—1239；卷五十八，景德元年十一月丙寅条，页1282；十二月辛巳条，页1289；卷七十三，大中祥符三年正月丁巳条，页1650；卷八十四，大中祥符八年三月辛卯条，页1919；《宋会要辑稿》，第七册，《职官四十一·安抚使》，页4040；《职官四十二·劝农使》，页4071；第八册，《职官六十四·黜降官一》，页4772；第十册，《食货二·营田杂录一》，页5981；《食货七·水利上》，页6115—6116；第十一册，《食货三十七·市易》，页6807；第十二册，（转下页）

皇甫泌的婚娶状况宋人所记却有异说。据魏泰记载，皇甫泌本来是向敏中之婿，但少年纵逸，多外宠而往往涉夜不归。向敏中为相，每优容之。其女病重，向妻忧且怒，向敏中不得已，具札子请真宗批准其女与皇甫泌离婚。据说向敏中还未说毕其请求，真宗以为他为女婿求官，就下旨升皇甫泌两官。他还想第二天向真宗说清楚，但当晚其女已卒。但吴处厚却说，皇甫泌是毕士安婿，毕士安想向真宗奏其不俊而将之贬斥，真宗因内急没听毕奏就下诏升皇甫泌为殿中丞。吴处厚这里没有说皇甫泌妻病重之事。不过却记皇甫泌后官至尚书右丞，年八十五。但检阅毕士安及向敏中的墓志，都没有记载皇甫泌是他们的女婿。而他一派儒者的作风，也很不像宋人笔记所说的无行，疑是宋人笔记张冠李戴。②

（接上页）《食货六十一·水利杂录》，页7496；第十三册，《食货六十三·营田杂录》，页7648；《宋史》，卷九十四《河渠志四·三白渠》，页2345—2347；卷一百七十三《食货志上一·农田之制》，页4161；卷一百七十六《食货志上四·屯田》，页4265；卷二百五《艺文志四》，页5209；卷三百五十五《韩亿传》，页10297；卷四百二十六《循吏传·陈靖》，页12693。

② 魏泰：《东都事略》，卷三，页30；吴处厚：《青箱杂记》，卷八，页84。考向敏中有三女，长、次女的女婿分别是李直方和王希范，幼女在向天禧四年死时尚幼未嫁。而毕士安有三女，女婿分别是李象、张扶和刘宗晦，并非皇甫泌。参见杨亿《武夷新集》，卷十一 （转下页）

皇甫泌在仁宗朝屡任监司，是一名能吏。他在庆历三年（1043）底至四年（1044）秋前以兵部郎中出知梓州（今四川绵阳市三台县），宋廷以其请，就特授其子皇甫偁为将作监主簿。当制的欧阳修说"梓潼去京三千里外，而东蜀一都会也，吾难其选。知泌为材，而乃以家为言，请任其子。俾荣初仕，仍便其私，庶乎泌无内顾之忧，而得尽心于事"①。

他在梓州任满后，调任河北转运使。庆历七年（1047）十一月辛未朔（初一），便以河北转运使身份，与判大名府贾昌朝（998—1065）上言，指澶州、贝州、德州、博州、沧州、大名府、通利军、永静军等八州军，阙少修河物料。乞许诸色人进纳秆草，许诸色

（接上页）《墓志三·三首·宋故推忠协谋佐理功臣金紫光禄大夫行尚书吏部侍郎同中书门下平章事监修国史上柱国太原郡开国公食邑二千户食实封四百户赠太傅中书令谥曰文简毕公墓志铭》，叶七上；《全宋文》，第十七册，卷三百六十三《祖士衡·大宋故推忠协谋守正佐理功臣开府仪同三司行尚书左仆射兼门下侍郎同中书门下平章事充玉清昭应宫使昭文馆大学士监修国史上柱国河内郡开国公食邑一万二千七百户食实封五千一百户赠太师谥曰文简向公神道碑铭·天禧四年》，页373。

① 据欧阳修自述，他在庆历三年十二月擢知制诰，翌年秋出为河北转运使，则他为皇甫泌子写制文当在庆历三年十二月至庆历四年八月。参见《欧阳修全集》，第二册，《居士集》卷四十一《序六首·外制集序》，页595—596；第三册，卷七十九，《外制集》卷一《制敕五十首·兵部郎中皇甫泌男偁可将作监主簿》，页1142。

人等第与恩泽。宋廷从其请,并令开封府、河北及京东西转运使都行此指挥。①

不过,他在庆历八年(1048)闰正月丙午(初七),便因贝州王则起事,坐失察而让王则所部叛,自河北路转运使兵部郎中责监青州商税。幸而御史何郯(1005—1072)为他说话,指王则乱起,皇甫泌首先赶至城下,朝廷不为减罪是不公的。大概何的说话有效,他不久便复职。二月甲戌(初六),负责平乱的参政文彦博称皇甫泌在河北供馈有劳,宋廷就将他改知泽州(今山西晋城市)。到皇祐元年(1049)七月丁未(十六),他自太常少卿直昭文馆知郑州(今河南郑州市)。②他大概在皇祐三年(1051)四月前迁右谏议大夫。据《景定建康志》所记,他在是年四月癸未(初三),以右谏议大夫知建康府事并带提辖。当制的胡宿(996—1067)称他"稔服吏文,兼资识致"。他在皇祐

---

① 《宋会要辑稿》,第八册,《职官五十五·进纳补官》,页4516;《长编》,卷一百六十一,庆历七年十一月辛未朔条,页3889;《宋史》,卷二百六十七《李惟清传附李永锡》,页9218。

② 《宋会要辑稿》,第八册,《职官六十五·黜降官二》,页4798;第十册,《选举三十三·特恩除职》,页5883;《长编》,卷一百六十二,庆历八年闰正月辛酉条,页3908;甲子条,页3911;卷一百六十三,庆历八年二月甲戌条,页3917;《宋史》,卷三百一《郑骧传》,页10006。

四年（1052）四月召赴阙，惟在嘉祐年间的事迹不详。英宗继位后，他在治平三年（1066）四月以工部侍郎致仕。他不但是能吏，而且颇通《周易》，他献所著的《周易精义》等书，英宗称许他"老不废学，贫而守节，可尚也"。是月己丑（初六），特赐他帛一百匹。据《直斋书录解题》，他官至尚书右丞，大概是致仕后迁官。他所撰的易学著作，为《易解》十四卷（按：《宋史·艺文志一》作十九卷）。据陈振孙所记，皇甫泌的易学，得于常山（即真定）抱犊山人，而由青阳（今安徽池州市青阳县）游中传之。刘彝（1017—1086）与钱藻（？—1082）均为之作序。抱犊山人不知其名。陈又记皇甫泌曾守海陵（即泰州，今江苏泰州市）。①

---

① 《长编》，卷二百八，治平三年四月己丑条，页5049；胡宿：《文恭集》，文渊阁《四库全书》本，卷二十六《赐新授右谏议大夫皇甫泌口宣》，叶八下；陈振孙：《直斋书录解题》，卷一《易类·易解十四卷》，页12；晁公武：《郡斋读书记》，卷一《易类·周易述闻一卷隐诀一卷补解一卷精微三卷》，页31；《玉海》，卷三十六《艺文·易下·皇祐周易折蕴、旨要》，叶十九上（页686）；《宋史》，卷二百二《艺文志一》，页5037。马光祖（？—1269）编，周应合（？—1275后）纂，王晓波校点：《景定建康志》，收入王晓波、李勇先、张保见、庄剑点校《宋元珍稀地方志丛刊》甲编，成都：四川大学出版社，2007年6月，第一册，卷十三《建康表九》，页553。据陈振孙所记，《易解》十四卷，为《述闻》《隐诀》《补解》《精微》《师说》《明义》。据徐小蛮等考，郑樵（1104—1162）《通志》分载《易义》八卷，《补注》及《精微》（转下页）

皇甫泌老而不废治学,他治《周易》常为宋人所称道,①有点像他妻父冯拯的老同年胡旦。当然,胡旦老而贪,且没有吏才,又与皇甫泌不同。《天台集》收有皇甫泌长诗两篇,所言一派儒者的口吻。其一云:

> 昔在童蒙岁,学礼暨诗书。肃肃东庭训,罔敢宁斯须,积习将一纪,心目多勤劬。本此修拙辞,阶之登仕途。得以施所学,闻者谓之迂。吾道固未行,或嗤为腐儒。腐诚如所云,儒非敢吾居。时英贱民政,亦诮官之虀。嘉言屡贻勖,周旋画伟谟。胡不事章句,清贵无加于。我闻今学者,为人不自图。六朝文物壅,化源由是枯,华文魄不能,迷深甘守株,古人不得见,临风重欷歔。②

最后值得一提的是,冯拯的后人中还出了一位王

(接上页)各三卷。晁公武的《郡斋读书志》则记皇甫泌所著之《周易》,有《述闻》一卷,《隐诀》一卷、《补解》一卷、《精微》三卷,又有《纪师说》、《辨道》,合为八卷。与陈振孙所记同。

① 龚鼎臣便说:"皇甫泌右丞,治易有纪师说一卷,谓赜者所以测物情也,斯得之矣。"参见《东原录》,页4。
② 《天台前集》,卷上《皇甫泌》,叶十九上至二十上。

妃。据司马光的记载,冯拯的曾孙女是神宗弟歧王颢(后晋封吴王,1050—1096)的夫人。她不知是冯拯哪一个儿子的孙女,疑出自官位最高的冯行己一房。可惜她失爱于夫,屏居后阁者数年。元丰二年(1079)歧王宫失火,稍后扑灭。夫人闻知有火,派二婢往视。歧王见之,问二婢从何来。二婢说夫人派她们来看视歧王。王乳母素来憎厌夫人,与歧王两个嬖妾一同诬告夫人,说火是她放的。歧王大怒,命内知客审讯,二婢不胜拷问,就自诬是夫人使之纵火。王杖二婢,并向高太后(1032—1093,1085—1093摄政)泣诉,说夫人所为如此,要和她离异。高太后怒,要神宗杀之。幸而神宗素知歧王夫妇不睦,必为左右陷害,就徐徐对高太后说,夫人是公卿家子,怎可马上这样处置,要按验得实然后议之。于是神宗命内臣及侍讲郑穆(?—1092)一同审讯二婢于皇城司。数日,狱具,所谓纵火并非事实。神宗又命翊善冯诰录问。最后神宗以案情真相禀告高太后,并召夫人入宫。夫人闻召大惧,欲自杀。神宗派内臣慰谕,说她无罪,不必惊恐,且命她径往曹太皇太后(1016—1079,1063—1064摄政)宫。曹太后慰存她一番,高太后与神宗随后到来,诘以火事。她泣拜谢罪,说她并无纵火，只诉说自己不过是小家女，福薄，不足为歧王伉俪，请赦其死，愿削发出外为尼。高太后问她有否诅詈歧王，她回答说因乘怒，或有之。她的诚实，得到神宗等的谅解，神宗最后只罪乳母及二婢人，而命内臣送夫人往瑶华宫，令不须披戴。本来她月俸钱五十缗，神宗命倍增之，又厚加资给，并安慰她说，待歧王意解，就复迎她回府。歧王妃的不幸事，赖神宗的开明化解，也看到冯拯的曾孙女颇有家教，她的应对救了她，也不堕冯门家风。①

南宋时仍有人自称是冯拯的后代，那就是陆游提到的冯颉（？—1190后）。关于冯颉的事迹，周必大在庆元六年（庚申，1200）闰二月丁巳（按：闰二月无丁巳，疑是三月丁巳［初二］）所撰的一篇《书冯颉〈自得集〉后》中，提到自己在绍兴辛巳（三十一年，1161）三月，他任秘书省正字，被差充任公试、补试、类试考官。当时仁和县丞冯颉（字子长）来主管试院诸

---

① 司马光：《涑水记闻》，卷十四，第406条，"歧王夫人"，页291；《宋会要辑稿》，第一册，《帝系一·皇子诸王·吴王颢》，页25；《长编》，卷二百九十七，元丰二年三月丁酉条，页7229；《宋史》，卷二百四十六《宗室传三·吴王颢》，页8720—8721。

司。周开院与之交往。冯长得伟岸，自言出于冯拯之后，周意奇之。二十年后，冯为朝散郎京西安抚使司参议官，他拿出所著之书，取名《自得》，上论经旨十六事，中为史评二十二事，下为诗话四十则。周说他推明圣贤之意，考订古今之说，往往出人意表。他年八十而终。庆元六年春，冯子从政郎冯有年（？—1200）自循州理掾（司理参军）奉其母返严州（今广西来宾市东南），路过见到周必大，谈到其父旧事，周感慨而撰此文赠之。①

另据韩元吉（1118—1187）所撰《宣教郎新知衢州江山县冯君墓志铭》的记载，墓主冯预（字子容，1118—1177）是冯顾之弟，他们兄弟是"乾兴丞相魏国公文懿公之五世孙也。文懿公劳烈在国史，而世为河南府偃师县人"。冯预的墓志铭提供了冯顾、冯预兄弟的亲属名单：二人的曾祖父名冯维申，即冯拯之孙，官至殿中丞。其妻（即冯预曾祖母）江氏。他们的祖父名冯景温，即冯拯曾孙，官至武翼郎，其妻余氏（即冯预祖母）。他们之父名冯铎，即冯拯玄孙，官通判蔡州，后

---

① 周必大：《文忠集》，卷四十九《书冯顾〈自得集〉后》，叶四下。

赠朝议大夫,母赵氏。冯预仕途欠佳,年四十余才登第,先任黄州黄冈县(今湖北黄冈市)主簿,再监潭州南岳庙。后迁江州教授及黄州(今湖北黄冈市黄州区)教授,然后授宣教郎,从吏部选获知衢州江山县(今浙江衢州市江山市),然上任不久,就在孝宗淳熙四年(1177)七月二十六日卒于任上,年仅六十。其妻康氏(?—1175),早于淳熙二年(1175)卒。他有二子,长冯椿(1143—1177后),父死时年三十五;次冯樗(1168—1177后),时年十岁;女一人,适诸葛梭。其兄冯顺时任江州通判,就请韩元吉为其弟撰写墓志铭。并在是年仲冬葬于上饶县(江西上饶市上饶县)开化乡金地佛舍之上。① 冯拯因后人到了宋室南渡仍有出仕,虽非显赫,但仍得以被提及其伟绩,自然他的身后名声不会差得太多。

董俨、张鉴、宋太初、牛冕等之子孙,即有出仕,亦并无贵显者。董俨有两子,名董仲容(?—1017后)与董仲宗,最后只官至太子中舍。董俨兄董伟至殿中丞

---

① 韩元吉:《南涧甲乙稿·附拾遗》,《丛书集成初编》本(北京:中华书局,1985年新一版),卷二十一《墓志铭·宣教郎新知衢州江山县冯君墓志铭》,页421—422。

致仕。他们官小事功也不载。①

张鉴有子三人,张士廉官至殿中丞,张士宗至太子洗马,张士程屯田员外郎,都是小官。据王禹偁所撰《监察御史朱府君墓志铭》的记载,张士廉与张士宗都举进士,都是监察御史朱遵式(924—978)的女婿。据《宝庆四明志》的记载,张士宗在天禧三年(1019)十二月,以卫尉寺丞知明州定海县(今浙江舟山市定海区),到乾兴元年(1022)四月任满转太子洗马。而据《宋会要·刑法四》的记载,在景祐三年(1036)四月乙丑(十七),通判蕲州的他因依从知州王蒙正的判决,坐故入林宗言死罪,虚妄申奏,责追见任官。他以后的事迹不详。至于张鉴幼子张士程,于庆历八年(1048)七月甲寅(十八),以国子博士同管勾修叠黄河口。据《姑苏志》所载,张士程曾官殿中丞,惟年月不详。至于宋太初,《宋史》本传只记他有子宋传庆,官至太子中舍,天圣中曾任遂宁守。据宋人笔记所说,

---

① 夏竦:《文庄集》,卷二《太常寺太祝董仲容可大理评事制》,叶三下;《宋史》,卷三百七《董俨传》,页10124。按夏竦为董俨长子董仲容写的制文,大概是祥符九年末至天禧元年初,当是董仲容受荫为太常寺太祝的第一次升迁。夏竦说董是"承荣华绪,效职曲台,勤劳在公,考课斯允,宜备理官之属"。他后来只迁至太子中允的小官。

他曾告诉张师正(1016—1060后)之父,宋太初嗜吃鳖,有一日得到数鳖,厨婢放生了其中一只最大的。过年后该婢得疫疾将死,却奇迹般地被救回,据说是放生的大鳖所救云云。①

至于牛冕,《宋史》本传记他有子牛昭俭(?—1036后),官至殿中丞,《全宋文》录自《越中金石记》卷二的《阳明洞投龙简记》记他在天禧四年(1020)三月甲戌(廿三),以大理评事通判越州(今浙江绍兴市),陪同入内供奉官王从政(?—1020后)以及知越州太常博士郑向,持金龙玉简往紫府阳明洞天射的潭设醮。同年六月癸卯(廿三),他再陪同入内东头供奉官刘某(碑文衍其名字),以及新任知越州屯田员外郎任布(975—1052)及新授横州(今广西南宁市横县)知

---

① 王禹偁:《小畜集》,卷三十《监察御史朱府君墓志铭并序》,页208—209;《长编》,卷一百六十四,庆历八年甲寅条,页3957;《宋史》,卷二百七十七《张鉴传》、《宋太初传》,页9417、9423;《宋会要辑稿》,第十四册,《刑法四·断狱》,页8485;张师正撰,白化文、许德楠点校:《括异志》(与《稽神录》合本)(北京:中华书局,1996年11月),卷四,"宋中舍"条,页44;胡榘(?—1228后)修:《宝庆四明志》,载《宋元方志丛刊》,第五册,卷十八《定海县志·县令》,叶四下(总页5226);王鏊(1450—1524):《姑苏志》,文渊阁《四库全书》本,卷四,叶九上。

州周熏、观察推官试大理评事江白再来此处设醮。①

据《宋会要·食货六十一》,牛昭俭于天圣五年(1027)八月,以太子中舍知果州(今四川南充市)时上言,根据敕令,应典卖田宅,若从初交易时不曾问邻及书契,可给百日自首免罪,只收取抽贯税钱。他说自从天圣四年(1026)十月到任,务开后来,推勘争田契十余事,各自克复以来造伪文契。他批评是通判李锡不知诸路事体,而紊乱正条,弃民本而取毫末之利。他请求今后典卖庄宅契,除原限的两月外,更展限四十天。他的建议得到新任京西转运使高觊的支持,最后申报三司,三司上奏牛昭俭所请的展限、抽罚、给赏,已有编敕施行外,请应典卖田宅奏,本州投下,令佐验认,如无诈伪,便关照,依例纳钱。获宋廷同意执行。而据《长编》所记,牛在景祐三年十月乙巳朔(初一),以金部员外郎提点广西路刑狱,被知桂州于大诚劾他在所部按劾不公。宋廷于是将他降知婺州(今浙江金华市婺

---

① 《全宋文》,第十五册,卷三百五《王从政·阳明洞投龙简记·天禧四年三月》,页136;第十六册,卷三百二十七《任布·阳明洞射的潭投龙简记·天禧四年六月二十三日》,页124;第十七册,卷三百六十二《牛昭俭》,页344。

城区)。又据《浙江通志》和《广东通志》所载,牛又曾知衢州和韶州。①

至于在太宗朝末年便告退的张肃,据晁补之所记,他的儿子张畋,字无逸,高介有父风,亦早弃仕途,仁宗至神宗朝的名臣张方平(1007—1091)及石延年(994—1041)都与之交。张畋的儿子孝绰、孝基、孝孙亦善士好客,能修先人之业。与晁补之的父辈都有往来,故张肃的曾孙张大方,在徽宗大观二年(1108)七月丙寅(十八)就求得晁为张肃的文集《触麟集》作序。张肃的事迹就靠其孝子贤孙得以传扬。值得一提的是,南宋人张镃(1153—1221?)所传一则称扬许昌士人张孝基不贪妻父家财,还导妻弟向善,最后将妻父家财归还妻弟的故事,不但为南宋人多番复述,且为明代小说家冯梦龙(1574—1646)改写编入《醒世恒言》第十七卷《张孝基陈留认舅》。这个张孝基是否就是张肃

---

① 《宋史》,卷二百七十七《牛冕传》,页9440;《宋会要辑稿》,第十二册,《食货六十一·民产杂录》,页7465—7466;《长编》,卷一百十九,景祐三年十月乙巳朔条,页2808;《浙江通志》,卷一百十五《知衢州军》,叶三十七下;郝玉麟(?—1745)编纂:《广东通志》,文渊阁《四库全书》本,卷二十六《知韶州》,叶九十八下。

善士好客之贤孙,待考。①

比较而言,薛映的子孙尚算不坠家声,薛的两个儿子薛耀卿(?—1039前)和薛季卿(997—1060),分别官至秘阁校理和司农少卿。薛耀卿的儿子薛绅(?—1051后)在仁宗朝历任内外,官至直龙图阁。②

薛耀卿生平事迹不详,据《浙江通志》所载,他在大中祥符间曾知湖州乌程县(今浙江湖州市),重修厅事,建有制锦堂。③其生母为万寿县君王氏(?—

---

① 晁补之:《鸡肋集》,卷三十《金乡张氏重修园亭记》,叶十三下至十五上;卷三十四《张穆之觸麟集序》,叶三下至六上。据《钦定续通志》所记,熙宁四年(1071),有张孝孙其人在谒西岳时留下题名。这个张孝孙不详是否张肃的孙儿。又据孔武仲的一篇铭,在元丰五年(1082)十一月,信州祥符院大钟铸成,铸者是诸杭人张孝基。这个张孝基是否也是张肃的孙子,待考。参见孔文仲(1037—1088)、孔武仲、孔平仲(1047—1104)撰,孙永选校点《清江三孔集》(济南:齐鲁书社,2002年9月),《孔武仲集》,《铭·信州祥符院新钟铭》,页271;张镃《仕学规范》,文渊阁《四库全书》本,卷三十《阴德》,叶一下至二上;嵇璜(1711—1794)、刘墉(1719—1805)编纂《钦定续通志》,文渊阁《四库全书》本,卷一百七十,叶二十二下。

② 《宋史》,卷三百零五《薛映传》,页10091;王珪:《华阳集》,卷三十八《朝请大夫守司农少卿赠兵部侍郎上柱国赐紫金鱼袋薛公季卿墓志铭》,页519—520;《全宋文》,第二十册,卷四百九《薛绅》,页377—378;《长编》,卷一百十一,明道元年五月癸酉条,页2581。考《长编》以薛绅为薛映子,有误。

③ 嵇曾筠(?—1737后)编纂:《浙江通志》,文渊阁《四库全书》本,卷三十一,叶十一下,卷四十二,叶二十下。该则记载来自《万历湖州府志》及《崇祯乌程县志》。

1039),是薛映的侍妾。薛耀卿子、时任度支判官集贤校理的薛绅,在宝元二年(1039)八月壬申(十三)向宋廷询问刚去世的王氏的守制问题。太常礼院与御史台参详后,提出薛耀卿既亡,薛绅受重代养祖母,而以前薛绅因籍田覃恩,请将叙封母氏之恩泽回授亡父所生母王氏。本来薛绅官爵未合叙封祖母,但朝廷以耀卿已亡,薛绅是长孙,敦以孝道,特许封邑。为此,岂可王氏生受国恩,而死不受重服,而且薛绅被王氏鞠养之恩,合令他解官持齐衰三年之服。宋廷从之。①

薛绅是薛映的嫡孙,他比其父知名且较有事功。他在真宗末年以荫为大理评事。仁宗继位后,在天圣元年二月己亥(初五)试学士院,他以策稍优,颂平的成绩授馆阁校勘。明道元年同知太常礼院。他在五月上言,说汉魏以来,朝廷大政必下礼官博士定议。《唐六典》规定太常置博士四人,现时知礼院官即古博士之任。他以宋朝同知院四员,每日轮值本院,后来或别领职事,因循废旧制。他请如故事,轮一员在院。乃下两制议。

---

① 《宋会要辑稿》,第三册,《礼三十六·齐衰服》,页1540—1542;《宋史》,卷一百二十五《礼志二十八·嫡孙承重》,页2931—2933。

翰林学士冯元（975—1037）支持薛的主张，宋廷于是从之。他累迁刑部员外郎。景祐中，迁太常丞。据载叶清臣（1000—1049）父叶参出守吴兴，薛与韩琦、余靖等均有诗相送。到宝元二年八月前见任集贤校理、度支判官。庆历四年以三司判官升任京东转运使代晁宗简，却被人批评不合。欧阳修也即上奏论薛不合适。宋廷却仍维持此任命。他大概在庆历五年中还以刑部员外郎集贤校理转一官。余靖当制，还美言了几句，说"以尔绅等器度，和雅望实休懿，咸以台省美秩，出总庶务，或埋轮而清列郡，或分虎而守名邦"。到庆历七年四月己酉（初五），薛刚新任陕西转运使，就被仁宗以他任京东转运使时，常委部吏孔宗旦、尚同、徐程与李师道等人，伺察郡县细过，苛刻用事，降知陕州（今河南三门峡市陕县），并申令以后不得再任转运使。皇祐二年（1050）十一月，知谏院包拯（999—1062）劾奏王逵不宜任淮南转运使时，就两番为薛绅说了公道话，指薛绅与杨纮只不过以体量官吏过当，实别无罪状，而降任使后，尚未牵复。他在皇祐四年（1052）前徙知滑州（今河南安阳市滑县）。据后来继知滑州的张方平（1007—1091）所说，薛绅在皇祐四年与入内供奉官于文化等奏,说点检得滑州退背埽的物料残破不堪,委实是年深损烂,尽是煤末,不堪使用。他大概在年底便被召还,在皇祐五年(1053)正月甲寅(十三),以直龙图阁任是年贡举的封印卷首官。以后事迹不详。他的一个女儿嫁与庆历六年的状元、英宗朝官至翰林侍读学士的贾黯(1022—1065)。薛绅颇类其祖,既有吏才又有文才。①

薛季卿的儿子虽不像薛绅这样有本事,但他的外甥王珪(1019—1085)在神宗朝则贵为宰相,亦靠王珪一

---

① 《长编》,卷一百十一,明道元年五月庚辰条,页2581;卷一百五十四,庆历五年二月丙子条,页3737;卷一百六十,庆历七年四月己酉条,页3869;《宋会要辑稿》,第八册,《职官六十五·黜降官二》,页4799;第十册,《选举十九·试官一》,页5627;《选举三十一·召试除职》,页5854;《宋史》,卷十一《仁宗纪一》,页223;《欧阳修全集》,第四册,卷一百四《论三司判官择人之利札子·庆历四年》,页1592—1593;包拯著,杨国宜整理:《包拯集编年校补》(合肥:黄山书社,1989年12月),卷一《弹王逵第六章、第七章》,页57、59;张方平著,郑涵点校:《张方平集》(郑州:中州古籍出版社,1992年10月),《乐全集》,卷二十五《乞免枷锢退背埽分物事人》,页389—390;刘敞(1022—1088):《彭城集》,文渊阁《四库全书》本,卷三十四《贾公行状》,叶十六下至十七上;余靖:《武溪集》,卷十《刑部员外郎集贤校理薛绅驾部员外郎王正已太常博士蒋安石殿中丞杜术阎革等转官制》,叶十六至十七上;《宋会要辑稿》,第十六册,《蕃夷二·辽下》,页9747;董斯张(1587—1628):《吴兴备志》,文渊阁《四库全书》本,卷十一《人物征第五之四·叶参》,叶一上下。考余靖在庆历五年二月前任知制诰,他这篇制词当写于这时。

支笔，薛映一门之名声，得以传扬。王珪为薛季卿写的墓志铭，补充了《宋史·薛映传》所记有关薛映的家世。让人知道薛映祖名薛竞，在五代初徙蜀。而其父薛允中，事后蜀，入宋后历都官郎中兼大理少卿。据王珪所记，薛季卿是薛映次子，在大中祥符初以父荫为将作监主簿，累迁卫尉寺丞。仁宗即位后，改大理寺丞，赐五品服，监在京皮角场与广积仓，稍后又监许州郾城（今河南漯河市郾城区）和曹州酒税。再以太子中舍知邵武军归化县（今福建南平市邵武市）。以籍田恩迁殿中丞。丁太夫人忧。服除后，以国子博士知真州六合县。因县滨大江，民多逐鱼盐之利，而有聚而为盗的，致为患乡间。薛季卿订严捕赏格，于是尽获其徒。直到他离任，县民没有人再敢为盗。他又知越州萧山县（今浙江杭州市萧山区），遇到岁饥，发生大疫，致流离道路者十室八九。他说邑当饲民，怎可坐视其死？即白郡守，请发官廪以赈之。郡守畏令不敢发，他就向转运使申诉，说今民瘠甚矣，先发粮而后申报朝廷，犹可救济。得到监司的同意，于是灾民得活者多。他后历水部、司门、库部员外郎，通判亳州，徙宣州，赐三品服。他以郡守不奉法，受累降开封府太康县税务。后又历水部、司门及库部郎中,又通判黄州,再换官司农少卿。召还朝,权判殿中省。因丁生母忧,执丧过哀,而在嘉祐五年(1060)六月乙酉(廿八)卒于京师,得年六十四。宋廷官其一子。王珪称扬薛季卿是大臣子,性不喜浮华,"能以俭纯自高,其视名利,耻务苟进。平居不妄语言,虽家人亦未尝见喜愠色"。他的家人到熙宁七年(1074)四月丁酉(三十)始葬他于开封府开封县丁冈村。他有子七人,依次是薛维(?—1070后),官水部郎中,次薛综,均早卒。再次为薛经(?—1074后),任录事参军,次为薛纮(?—1074后),试将作监主簿,次薛绎与薛绚均未仕。他有女二人,一早卒,一尚幼,有孙十五人。王珪称扬薛映是"不暇有人,以世爵禄。伟矣文恭,德名之隆"。又说薛季卿"虽未大亨,公则有后。维其受祉,百世是茂"。①在王珪笔

---

① 王珪:《华阳集》,卷三十八《朝请大夫守司农少卿赠兵部侍郎上柱国赐紫金鱼袋薛公季卿墓志铭》,页519—520;《宋会要辑稿》,第八册,《职官六十五·黜降官二》,页4815;按《宋会要·职官六十五》录有薛维一条记述。薛维在熙宁三年(1070)正月辛亥(十九),以库部员外郎青州签判坐失点检知潍州步翔之过,与监当差遣。他以后事迹不详,后来回升水部郎中,大概在不久卒。又《宋会要·职官七十七》记高宗绍兴五年(1135)九月壬申(初二),诏武功大夫前泾原路走马承受公事致仕薛纮差充川陕宣抚司干公事。这个薛纮是否薛季卿的第四子?按薛季卿卒于嘉祐五年,距绍兴四年有七十五年,虽说这个武功大(转下页)

下，薛季卿可说是循吏，人品也高尚。虽然有溢美成分，但也应近乎事实。诚如王珪所言，薛氏父子"有后"对他们身后之名是大有影响的。

除了薛绅的女婿贾黯状元，以及官拜宰相的王珪外，薛映还有一个官至西京左藏库使的贤孙某人，不但绘画薛映之像于成都玉局观西室内，还于熙宁五年（1072）请同为蜀人的吕陶（1027—1103）写记，大大地溢美他先祖的功德。在神宗、哲宗朝大力反对新法而被列为"元祐党人"的吕陶，既称他的邑先达薛映为"重德君子"，又说他历事三朝，"率有大节，出入中外，风迹蔼然，书在国史，实显以光"，并在"盛时能以道德致位八座，而子孙又能蒙其遗泽余美，保有爵位，既蕃且昌"。最后更许薛映"夫于国为名臣，于乡为先生"。至于薛映挟党打击姚铉，以及他在真宗朝党争中随波逐流之事，当然不会在这种为人家祖宗颂德之文字中出现。①薛映的事例再一次证明，所谓"名臣"

（接上页）夫薛纮应召时已致仕，可能已超过七十岁，也许他真的就是熙宁七年四月薛季卿下葬时试将作监主簿的薛纮的同一人，待考。

① 《宋史》，卷三百四十六《吕陶传》，页10977—10980；吕陶：《净德集》，文渊阁《四库全书》本，卷十四《薛文恭公尚书真像记》，页145—146。

也者，许多时候要靠子孙努力"营造"。胡旦一榜人身后之名之显隐好坏，多多少少也得看他们有多少孝子贤孙为他们纪功饰过了。

最后，值得一谈的是李昌龄的家属和子孙。李昌龄兄弟三人，兄李昌图官至国子博士，弟李昌言官至太子中舍。李昌龄子李虞卿（？—1057后），李昌言子李晋卿（？—1051后）、李仲卿、李耀卿、李禹卿（？—1075后）都进士及第。李晋卿官至都官郎中，李禹卿官至光禄少卿。①

李虞卿大概在景祐年间以大理寺丞知河南府登封县（今河南郑州市登封市），并迁太子右赞善大夫，稍后又迁光禄寺丞。大概在庆历初年知江州（今江西九江市）。到庆历四年，以殿中丞府司录擢为国子博士。当制的欧阳修在制词中称许他：

> 司录为府曹首，民阀阅增减、吏词按曲直皆系

---

① 《宋史》，卷二百八十七《李昌龄传》，页9653。考李晋卿在皇祐二年已任兵部员外郎，吴曾《能改斋漫录》称他为都官公，当为都官郎中，不应是比兵部员外郎低的都官员外郎。参见《能改斋漫录》，卷十八，页515。

焉，前莅此者，或苛悍，或懦软，率不免缺折之患。惟尔慎不逾节，廉不挠人。吾用嘉之，俾增秩于庠列。①

他到仁宗至和元年（1054）七月任三司盐铁判官，却被殿中侍御史马遵、吕景初（？—1061后）等劾他推按茶商李士宗负贴茶钱十四万缗不实，宰相梁适（1000—1070）就将他出为陕西提点刑狱。不过，后来查明马、吕等所言非实。李虞卿在至和二年（1055）冬，以主客郎中任利州路转运使。他在任上，以蜀道青泥岭旧路高峻，请开白水路，由凤州河池驿至长举驿五十里半，以便公私之行。奏上未报，他即预备材料费

---

① 宋庠（997—1066）：《元宪集》，文渊阁《四库全书》本，卷二十四《大理寺丞知河南府登封县李虞卿可太子右赞善大夫监河阳清酒务聂德一可太子中舍制》，叶四下至五上；卷二十四《大理评事知建昌军南城县李虞卿可光禄寺丞》，叶一下；《欧阳修全集》，第三册，卷八十一，《外制集》卷三《制五十首·殿中丞司录李虞卿可国子博士制》，页1184；《江西通志》，卷四十六《知江州》，叶五十三上。按宋庠在景祐元年闰六月已知制诰，宝元元年三月拜翰林学士。他这两篇制词当撰于景佑元年后至宝元元年间。又首篇制词称李虞卿自大理寺丞迁太子右赞善大夫，但次篇则记李虞卿自大理评事迁光禄寺丞，似于制不合。关于宋庠任知制诰之年月，参见《长编》，卷一百四，景祐元年闰六月辛酉条，页2681；卷一百十八，景祐三年二月壬戌条，页2777；洪遵《翰苑群书》，卷十《学士年表》，页86。

用，待宋廷批准就动工。翌年（嘉祐元年，1056）春，他与州巡检马递铺殿直乔达领桥阁并邮兵五百余人，因山伐木，积于路处。他又请得知兴州刘拱护督作。这年七月，宋廷才批准施工，但八月路已大半通行，十二月毕功。嘉祐二年（1057）三月继任转运使的田谅奏上李虞卿之功。当宋廷尚未封赏李虞卿时，他在是年二月在新任梓夔路转运使任上又干了一件漂亮的事，当时三里村夷斗还等百五十人谋入寇。李亲驻江安县（今四川宜宾市江安县），令长宁州黄土坎夷人斗盖率其众，同招安将白进丰率子弟兵焚荡斗还的巢穴。他调兵前，察阅到宋军的戈楯不便于用，就更造龟甲、长枪、镖、藤楯、革笠与木弩，果然轻便合用，夷人畏惧，不敌，于是相率来降，一场乱事平定。李虞卿既有吏才，又有武干。惜他在嘉祐二年以后的事迹不详，《全宋诗》仅收有他纪开白水路的诗《咏青泥岭》两句。①

---

① 《宋会要辑稿》，第八册，《职官六十五·黜降官二》，页4804；《长编》，卷一百七十六，至和元年七月己巳条，页4256；卷一百八十五，嘉祐二年二月己酉条，页4468；《宋史》，卷二百八十五《梁适传》，页9624；沈青崖（？—1736后）等编《陕西通志》，文渊阁《四库全书》本，卷九十一《雷简夫·新开白水路记》，叶七十四下至七十六下；《全宋诗》，第四册，卷一百八十七《李虞卿·咏青泥岭》，页2139。关于李虞卿开白水路的始末，名臣雷简夫（1001—1067）（转下页）

李昌言子女的事迹多不详，梅尧臣（1002—1060）在康定元年（1040）先后撰有《依韵答李晋卿结交篇》与《检覆叶县鲁山田李晋卿饯于首山寺留别》两诗予李晋卿，又于庆历六年（1046）撰《寄光化退居李晋卿》一诗。梅尧臣的这位诗友，从时间上而论，是李昌言之子李晋卿的可能性颇大。[①]而据《无锡县志》所记，李晋卿在乾兴元年知无锡县（今江苏无锡市），并重筑旧子城。那应是李晋卿早年的职位。[②]据范成大（1126—1193）的《吴郡志》及郑虎臣的《吴都文粹》所录蒋堂（980—1054）在皇祐六年（即至和元年）三月《府治重修大厅记》，李晋卿在皇祐中已擢至兵部员外郎知苏州，他到任后修缮府厅，蒋堂称许"李公之为有过人者，图新补废，俾唐末遗构，巍乎显明，吏民瞻之，靡不胥悦。君子谓李公急于先务，知布政之本焉"。而蒋堂又有《谢

（接上页）曾撰《新开白水路记》以记其事。

[①] 梅尧臣撰，朱东润编年校注：《梅尧臣集编年校注》（上海古籍出版社，1980年11月），上册，卷十《依韵答李晋卿结交篇》，页161；《检覆叶县鲁山田李晋卿饯于首山寺留别》，页165；中册，卷十六《寄光化退居李晋卿》，页352。

[②] 不著撰人：《无锡县志》，文渊阁《四库全书》本，卷一，页十四上；卷四中，叶七上下。

李兵部诗》,再记李晋卿守苏州居于灵芝坊之事。①

据曾巩所记,熙宁二年(1069)十月,李禹卿时任光禄少卿,承担殡葬已卒于嘉祐八年(1063)十一月丙辰(十九)的大姊永安县君李氏,将李氏葬于许州长社之牟舞鸾乡白兔里,祔于其姊夫骆与京之茔,并命其婿曾巩撰写墓志铭。熙宁八年(1075)五月丁丑(十七),其侄李逢(?—1075)牵涉宗室赵世居之狱,李禹卿时任司农少卿,也受到牵连,幸免真流。他以后事迹不详。②

永安县君李氏是李昌龄族人中少有墓志铭传世的一位妇女。其父李昌言,母晋平县君聂氏。李昌言家许州长葛(今河南许昌市长葛市),她也配同里的骆与京。李昌言没有计较骆出身贫寒,曾巩说李氏嫁女常择寒士,这是李氏一贯的作风。至于骆氏的官历没有具体记

---

① 蒋堂:《春卿遗稿》,文渊阁《四库全书》本,《谢李兵部诗》,叶二下;范成大撰,陆振岳点校:《吴郡志》(苏州:江苏古籍出版社,1986年10月),卷六《官宇》,页50、72—73;郑虎臣编:《吴都文粹》,文渊阁《四库全书》本,卷二《蒋堂·府治重修大厅记》,叶十上至十一上。
② 《曾巩集》,下册,卷四十五《志铭十八首·永安县君李氏墓志铭》,页615;《长编》,卷二百六十四,熙宁八年五月丁丑条,页6470。

下，当不会显贵。李氏有子四人：骆长吉、骆逢吉及骆元吉皆荫授三班奉职，皆早卒。尚存的一子骆嘉福见为右班殿直。有女三人亦早卒。曾巩笔下，李氏"仁孝慈恕，言动必择义理。事父母不违其教，事舅姑不违其志，事夫顺而有以相其善，遇子至于内外属人，一以恩而不违于礼"①。

李昌龄的子侄中，以从子李纮（？—1041后）最有名。李纮与李昌龄的关系，确切来说是族叔与族子。据李纮侄李师中（1013—1078）墓志铭的记载，其曾祖名李寿（即李纮祖），而据《宋史·李纮传》、李师中墓志及《广东通志》所载，其父名李克明（？—997后），在至道三年（997）任提点广东刑狱。母为金城郡太君朱氏。按李昌龄与李克明同辈，而李昌龄父李运与李纮之祖李寿同辈，疑李昌龄之祖李谭与李寿之父为兄弟。而李昌龄之曾祖李确就是两房人的始祖。故李纮从辈份而言，也可称为李昌龄的从子。②

---

① 《曾巩集》，下册，卷四十五《志铭十八首·永安县君李氏墓志铭》，页615。
② 刘挚（1030—1097）撰，裴汝诚、陈晓平校点：《忠肃集》（北京：中华书局，2002年9月），卷十二《墓志铭·右司郎中李公墓志铭》，页252—256；《宋史》，卷二百八十七《李昌龄传附李纮》，（转下页）

300

李克明在庆历三年底到四年中,因子李纮故,自国子博士追赠度支员外郎,他大概在庆历三年以前卒,最后官至国子博士。当制的欧阳修说:"故具官某,有子德隆,克嗣其世,效官陈力,当得叙迁,而思以其荣报于罔极,合于经之以显父母之义。"①李克明是以子之故才为人所知。

李纮字仲纲,《宋史》本传附于李昌龄传后。他与其族兄弟一样进士及第。据《新安志》所记,他登大中祥符元年进士,试秘书省校书郎知歙县(今安徽黄山市歙县)。该地产黄金,民输以代赋。后来金竭,地方官责民纳金如故,李到任就奏罢此不合理之制。他历知於潜(今浙江杭州市临安区於潜镇)、刾县(今山东临沂市刾城县),均有治声。稍后改著作佐郎监丹阳县酒税。天禧四年(1020)七月庚戌朔(初一),侍御史知杂事吕夷简从四川还,就举荐时任益州灵池县(今四川成都市东龙泉驿)的李纮、通判益州刘随等九人堪充三

(接上页)页9652—9655;《广东通志》,卷二十六《提点刑狱》,叶五十八上。
① 《欧阳修全集》,第三册,卷八十,《外制集》卷二《制五十首·故国子博士李克明可赠度支员外郎制》,页1163。

司、台省及转运使提调刑狱藩郡之职。真宗诏有司记其姓名，代还日升其任。仁宗继位后，刘筠及蔡齐（986—1037）举荐他为御史台推直官。天圣二年（1024）已拜监察御史。他在是年六月戊寅（廿二）上言论奏举之制，以近年臣僚举奏幕职州县官的问题，请宋廷自转运、制置、发运、提点刑狱、劝农使副、知州军、通判、钤辖、都监崇班以上，并令举奏本部内幕职州县官。在京大两省以上，并许举官。他又提出哪些官不在举官之限。宰相王钦若认为李纮的建议可行，可稍革其弊。八月丙辰朔（初一），他又上言反对召成都府优人许朝天来京补教坊之官。他认为仁宗初继位，尚未擢俊士即召伶官，不合。于是许朝天罢归。三年（1025）五月前李纮已任殿中侍御史，一任三年。他在御史任上，敢言论事，在三年五月己酉（廿八），便劾奏谏议大夫赵湘以孙为子奏授京官。同年八月辛酉（十二），又覆审东上阁门使领皇城司王遵度诬告人为辽间谍一案得实，制止了皇城卒的胡作非为。六年（1028）四月庚寅（廿五）前已任殿中侍御史，并上言反对命僧道襘禳于文德殿。然后到五月出任梓州路转运使，并赐金紫。他在五月戊戌（初四）上言，以审官院将新及第人授京官知县，未满一任就差充广南知州。他认为初任官的人未谙历事，而远荒之地，尤藉官员抚绥，兼且替回例入通判，实颇为侥幸。他请今后京朝官知县合入远地，候第二任移充广南知州。宋廷诏审官院详定，审官院请依李纮所奏，若遇西川与广南有通判员阙，即依例移差，如无阙，任满差替。不过，在天圣七年（1029）八月戊戌（十二），却有上封者认为李纮与王沿（？—1044）及朱谏，只历知县除省府推官，那么快出任转运使副的监司是侥幸。李又任判三司开拆司及盐铁判官，又出任陕西、河北转运使。他建议择良将，练精卒，去冗惰，实仓库，丰财用，为守御备。他举种世衡等数人，又奏罢贡余物遗近臣的做法。①

他大概在明道元年迁侍御史知杂事权同判流内铨。他在明道二年（1033）六月戊午（廿五），以侍御史知

---

① 《长编》，卷一百二，天圣二年六月戊寅条，页2359—2360；八月丙辰朔条，页2364；卷一百三，天圣三年五月己酉条，页2381；八月辛酉条，页2387；卷一百六，天圣六年四月庚寅条，页2472；卷一百八，天圣七年八月戊戌条，页2521；《宋史》，卷二百八十七《李昌龄传附李纮》，页9653—9654；《宋会要辑稿》，第六册，《职官十七·御史台》，页3451；第七册，《职官四十七·判知州府军监》，页4268—4269；罗愿（1136—1184）：《新安志》，文渊阁《四库全书》本，卷三《李纮传》，叶二十六下至二十七上。

杂事上言，请减天下岁贡物。七月庚辰（十七），又以同判流内铨上言，以近敕臣僚举幕职州县官充京官，令铨司勘会，如已成资，就抽取磨勘；如未成资，即候成资，请并许抽来磨勘引见。宋廷大致从其议。八月戊午（廿五），仁宗委李纮以度支副使兵部员外郎使辽，贺辽主生辰（按：十二月甲寅［廿二］始抵辽京）。他在景祐元年（1034）初使还后，还为在明道元年（1032）十一月癸未（十五）往贺契丹国母生辰而被皇城卒中伤被贬的工部郎中、其早年的旧同僚刘随辩白。刘在五月乃得复职。李纮大概在景祐二年（1035）任河北都转运使，是年底，与侍御史刘夔诛在大名府因赏不公而作乱的骁武军卒李玉等十人。景祐三年（1036）三月庚子（廿一），他以天章阁待制上言，以官员使命往来，差防送人常一二百人，止在道路。兵士虽给口食二升，裹费不足。他请量官品高下，差十人已来给护。宋廷从之。而他一生中最为人称道的事，是在五月丙戌（初九），当时任权知开封府范仲淹被宰相吕夷简（978—1043）指荐引朋党而遭贬知饶州（今江西上饶市鄱阳县）时，李纮不怕被指为范的朋党，独与集贤校理王质（999—1043，王旦侄）载酒为范仲淹饯行。他后来出任河北都转运使迁刑部郎中。回朝后任同知通进银台司。大概在是年十二月，他上言宣敕札子皆不经通进银台司，于是封驳之职废而不举，请用旧制申明之。宋廷在是月戊申（初四），就诏宣敕札子非经通进银台司，不得直下诸司。他大概在景祐四年到五年自刑部郎中天章阁待制升龙图阁直学士出知秦州，当制的宋庠称许他：

> 局度详正，风力敏强。早饰吏文，见稔朝论。或执简宪署，意无隐辞；或操筹计庭，使有余范。曩旌干固之效，入升侍从之联。寻驾传封，外主漕挽。两河之绩，再岁有闻。来复近班，益见纯节。而价藩缺帅，官簿类能。得是干良，惬乃襃陟。宜仍应宿之边，序直巢阿之华。钦佩宠名，往抚雄郡。勉布威惠，副予倚成。

他担任秦凤帅时，曾开拓水洛城（今甘肃平凉市庄浪县城）。他的为人，庆历三年（1043）正月丙申（廿七），陕西转运使孙抃上言论吕夷简，便谈到刘太后临朝时，李纮等以亮节更任论列，称许李为直臣。《宋史》本传称许他"方介有吏材，笃于交游"。他又曾为范仲淹麾下大将种世衡（985—1045）辨诬，种得以复官授卫尉丞。①

他与李昌龄相同之处，是同具吏材，而笃于交游。不过，在宋人眼中，李纮清介，李昌龄贪墨；李纮交的都是君子，李昌龄结的却是无行投机的小人。朋与党，清与浊，是李昌龄叔侄所得之不同评价。对于李氏家族来说，李纮无疑是为先人补过之好子孙。

李纮有弟名李纬，《宋史》将其小传附在其兄李纮

---

① 宋庠：《元宪集》，卷二十二《尚书刑部郎中天章阁待制李纮可龙图阁直学士知秦州制》，叶十一上下；《宋史》，卷二百八十七《李昌龄传附李纮》，页9654；《长编》，卷一百十二，明道二年六月戊午条，页2620；七月庚辰条，页2622；卷一百十三，明道二年八月戊午条，页2634；卷一百十四，景祐元年五月庚申条，页2675；卷一百一十八，景祐三年二月辛卯条，页2774；五月丙戌条，页2783—2784；卷一百十九，景祐三年十二月戊申条，页2812；卷一百二十八，康定元年九月丁卯条，页3043；卷一百三十九，庆历三年正月丙申条，页3346；卷一百四十八，庆历四年四月丙申条，页3576。脱脱（1314—1355）编纂，刘浦江（1961—2015）等修订：《辽史》（北京：中华书局点校修订本，2016年4月），卷十八《兴宗纪一》，页243；《范仲淹全集》，上册，《范文正公文集》，卷四《律诗·送李纮殿院赴阙二首》，页83—84；卷十五《墓志·东染院使种君墓志铭》，页359。范与李的交情甚笃，范所赠的七律一首，大概是李在明道年间任侍御史知杂事时作。诗情文并茂，云："寂寥门巷每相过，亲近贤人所得多。今日九重天上去，潍阳孤客奈愁何。霜露丘园不忍违，三年月日速如飞。金门乍入应垂泪，因挂朝衣忆彩衣。"

传后。在李氏子侄中，他不从文臣仕，而改任武将。其兄以文臣而为边帅，他就一直任边将。他起家三班使臣，因枢密副使杜衍（978—1057）之荐为阁门祗候，任镇戎军瓦亭寨（今宁夏固原市瓦亭乡）都监。康定元年（1040）九月己巳（十七），西夏军攻镇戎军三川寨（今宁夏固原市彭堡乡隔城子古城），李纬以泾原都监从征，时夏军十万来攻，李纬与刘继宗率兵出战，但泾原帅司所遣的郭志高逗留不进，宋军惨败，殁五千余人。诸将以众寡不敌而不敢出。李纬以兵败坐降三官。其子李师中上书宰相吕夷简，为其父辩无罪。又请以军法治主帅和郭志高。吕将他召来诘问，他不屈，吕大怒，以为非布衣所宜言。他回答说其所言，父事也。也许儿子的申诉有效，翌年（庆历元年，1041）七月己巳（廿二），李纬以秦州驻泊都监右侍禁阁门祗候徙为泾原路管勾招抚蕃落公事。十一月乙亥（廿九），当时担任环庆路经略使知庆州的范仲淹上《攻守二议》奏，论及麾下诸将时，与范有亲属关系的李纬也被评为"有心力干事者营立营寨"。他后来调到北边，累迁至河北缘边安抚副使。韩琦荐知保州。稍后又以左骐骥使、荣州刺史知雄州。他治兵颇严，不做供应过客食宿车马的厨传，并数与监军内臣争利害。他积公使钱贮米三千斛为常平仓，并奏下其法予他州。他再迁横班的西上阁门使。皇佑五年六月丁亥（十九），自西上阁门使迁官至东上阁门使，再留任雄州。至和三年（1056）五月卒于任，赠引进使陵州团练使。①

李纬的儿子李师中是李昌龄族孙中最突出的一个。他甚有吏才，是出色的边帅。他从仁宗嘉祐年间为广西提点刑狱及转运使，既平定甲峒蛮之乱，又开发广西。神宗熙宁初年，他出任秦凤帅，也甚有政绩。他的政治取向极鲜明，反对王安石新法。据载他在仁宗晚年尚任州县时，已对人说时任知鄞县（今浙江宁波市鄞州区）的王安石其眼多白，甚似东晋权臣王敦（266—324），说他日乱天下就是王。王安石当权时，因为李反对王所

---

① 《范仲淹全集》，上册，《范文正公文集》，卷七《议·上攻守二策状》，页161；《长编》，卷一百二十九，康定元年十月丁酉条，页3053；十一月壬子朔条注，页3054；卷一百三十二，庆历元年七月己巳条，页3153；卷一百三十四，庆历元年十一月乙亥条，页3201；卷一百七十四，皇祐五年六月丁亥条，页4213；《东都事略》，卷九十一《李师中传》，叶二下（总页1394）；《宋史》，卷二百八十七《李昌龄传附李纬》，页9655；卷三百三十二《李师中传》，页10676，卷四百八十五《外国传一·夏国上》，页13996；《宋会要辑稿》，第四册，《仪制十一·武臣追赠·防御使以下追赠》，页2546。按《宋会要辑稿》以李纬卒于至和五年，惟至和只有三年（即嘉祐元年），疑为三年之讹写。

信任的王韶（1030—1081）开边的做法，为王安石所恨恶，一直将他打压。他与旧党亲近，熙宁七年（1074）六月在瀛州任上应诏上书，请神宗召用司马光及苏轼等，其直言开罪了神宗，而王安石也指使吕惠卿（1035—1111）加以中伤而被重责罢废。元丰元年（1078）四月卒。他在元祐四年（1089）五月，因其子李俣上书才得平反，旧党大将刘挚为他撰写墓志铭，也为其子李伉（1048—1093）撰写墓志铭。他官虽只右司郎中天章阁待制，但《东都事略》及《宋史》均为他单独立传。他有诗集一卷传世。他及儿孙的生平事迹参看本书附录一《北宋中叶边臣李师中事迹考》。①

李昌龄除了有李虞卿、李纮、李纬及李师中这么长进之子孙外，他的家族还有甚多的佳婿。李昌龄的侄婿有名的计有范仲淹和在仁宗朝官拜枢密副使的郑戬（992—1053），二人都是在小官或布衣时选配。李昌龄侄李晋卿有两女，长配英宗朝官至御史中丞、翰林学士

---

① 刘挚：《忠肃集》，卷十二《墓志铭·右司郎中李公墓志铭》，页252—257；卷十三《墓志铭·承务郎李君墓志铭》，页281—283；《宋史》，卷三百三十二《李师中传》，页10676—10679；《东都事略》，卷九十一《李师中传》，叶二下至四上（总页1394—1397）。

的王陶（1020—1080），次配在神宗时官至龙图阁学士的滕元发（1020—1090）。二人婚配李氏女时尚未显达。李昌言子李禹卿之女就配大名鼎鼎的曾巩。①此外，据范纯仁所记，李昌龄一个侄女仙源县太君嫁予阎照，而阎照之子、在神宗朝官至朝议大夫知耀州的阎充国（1019—1085）又娶了李禹卿之女仁寿县君李氏。②李家有这么多"贵女""佳婿"，李昌龄虽以贬黜终老，但李氏家声却赖以不堕。

李家也不是没有不肖子孙，比如李昌龄的侄孙前余姚县主簿李逢（？—1075）便有损家声。李逢在熙宁八年五月丁丑（十七），因牵涉太祖曾孙右羽林大将军、秀州防御使赵世居（？—1075）谋反案中而被诛。赵世居谋反案，是神宗朝一场由神宗主导并牵涉党争而引发的大狱。李裕民教授称之为"宋神宗制造的一桩大冤

---

① 吴曾：《能改斋漫录》，卷十八，"李氏之门女多贵"，页515；曾巩：《曾巩集》，下册，卷四十五《志铭十八首·永安县君李氏墓志铭》，页615；富弼：《范文正公仲淹墓志铭》，载《范仲淹全集》，中册，附录一：传记，页824。按范仲淹妻李氏，封金华县君，据载她卒于鄱阳，当是景祐三年（1036）范被贬饶州时。

② 范纯仁：《范忠宣集》，卷十四《朝议大夫阎君墓志铭》，叶十二下至十七上；《宋史》，卷九十五《河渠志五·河北诸水》，页2372。据《宋史》所记，阎充国在熙宁七年，在知耀州任上曾募流民治漆水堤。

案"。有关此案的来龙去脉，李教授的《宋神宗制造的一桩大冤案——赵世居案剖析》有极精彩的分析。李氏认为神宗私心忧虑自己一房出于旁支而入继大统，太祖后人不服，于是借制造此案立威，甚至不接受王安石的劝告，独断独行。①李昌龄的不肖子孙李逢，在此案中不过是小角色，却被人利用而牵起大狱。此案始于沂州（今山东临沂市）（一说徐州）民朱唐于熙宁八年三月，告发李逢教唆太祖曾孙赵世居谋反。据说赵世居"貌似太祖"，平素多与日者、医者之流往来，家中又藏有谶纬《星辰行度图》、兵书《攻守图术》及钑龙刀一类的"禁书"和"禁物"。他也许真的有非分之想，认为"天命有归"，宝座应回到他们太祖的一房。不过，赵世居、李逢一伙人只是妄想，并没有真的像当年王继恩、李昌龄及胡旦等有所行动。牵涉此案的人除李逢外，还有河中府推官徐革、翰林祇候刘育、试将作监主簿张靖、司天监学生秦彪、布衣李士宁（？—1175后）、大理评事王巩（1048—1117）、天章阁待制刘瑾

---

① 李裕民：《宋神宗制造的一桩大冤案——赵世居案剖析》，收入李著《宋史新探》（西安：陕西师范大学出版社，1999年1月），页30—46。

(？—1086）和礼部侍郎滕元发。其中刘瑾是仁宗朝宰相刘沆（995—1060）之子，李士宁是王安石故旧；王巩则是王素儿子，并是宰相韩绛（1012—1088，韩亿长子，王旦外孙）之亲党（按韩绛是王安石政治盟友）；至于滕元发，不但是李昌龄侄孙婿、李逢的至亲，还是神宗赏识却不为王安石喜欢的人。他们有属旧党，有与王安石交好的。王安石、吕惠卿和尚在位的旧党都想借此案打倒对方（按王、吕这时已交恶），结果此案演成大狱。赵世居与刘育先在三月丙申（初四）下狱，到闰四月壬子（廿一）结案。为时两月多的赵世居谋反狱，神宗命御史中丞邓绾（1028—1086）、知谏院范百禄（1030—1094）、监察御史徐禧（1043—1082）审理。邓绾是王安石提拔的"笑骂由人"的"好官"；徐禧是吕惠卿的党羽；而范百禄则是范镇从子，死硬的旧党，他们三人本身矛盾多多，对如何断狱，并不一致，还互相攻讦，并借此案打击牵连彼此的靠山。范百禄先是指徐禧论滕元发之罪过当；徐禧则反击范百禄，说他入李士宁死罪不合。范再反击徐禧，说他故意出李士宁罪，以讨好王安石。最后闹到神宗前，由宰执会议定谳。吕惠卿在神宗面前，又乘机攻击王安石、韩绛袒护王巩。

争议多时，闰四月壬子（廿一），神宗最后赐赵世居死，并削去其子孙宗室之籍；并诛刘育、张靖；秦彪、李士宁则决杖编管湖南；大理评事王巩追两官勒停，知瀛州天章阁待制刘瑾坐与赵世居往来，落职知明州。前翰林侍读学士礼部侍郎滕元发坐知青州时，李逢于他所部之地方奸发，而他不以亲引避，责落职俟守丧服阕再差知州。五月甲子（初四）再腰斩预谋的进士李侗。丁丑（十七），再将李逢及徐革凌迟，而腰斩武举进士郝士宣。李逢以谋反，累及亲人。其妻因久弃出外，免没官，度为尼。李逢的子女没官为奴婢。他的叔父司农少卿李禹卿，其侄分宜县主簿李龚、汝州推官李毅、前永济县主簿李颜，并免真流。其兄秘书丞李逵免没官，并除名勒停。李逵送湖南编管，李龚免决配，江东编管。又以失察，京东西路转运副使太常丞赵济（？—1088后）以下官员等均被责降。七月戊戌（初二），皇伯昭信军节度使知大宗正事赵宗旦、忻州防御使同知大宗正事赵宗惠、知大宗正丞太常少卿赵丙、屯田员外郎张叙、国子博士宋靖国、诸王宫记室参军屯田郎中王恺、皇伯连州防御使赵从贲均以失察责降。至于原告人朱唐，就赏以内殿崇班。迎合神宗判案的徐禧升官，不从的范百禄就贬官。据李裕民教授所考，李逢亲属中，妹夫王陶因是神宗东宫亲信，故得到保全，而李的表兄范纯仁（1027—1101）也因没和李见面，而得以脱罪。①

考李逢兄李逵本来仕途还算顺畅，他在治平四年正月甲戌（廿五），以大理寺详断官任贡举覆考官。熙宁三年六月丁丑（十八），虽以任大理寺详断官坐错入秦州民曹政死罪，只轻责冲替。这次却受累除名勒停并送湖南编管，可说不幸。②

南宋大史家李心传（1166—1243）提到这一件所谓

---

① 《宋史》，卷十五《神宗纪二》，页288；卷三百二十《王巩传》，页10404—10405；卷三百二十九《邓绾传》，页10597—10599；卷三百三十二《滕元发传》，页10673—10676；卷三百三十三《刘瑾传》，页10703；卷三百三十四《徐禧传》，页10721—10722；卷三百三十七《范百禄传》，页10790—10793；《长编》，卷二百六十二，熙宁八年四月乙亥条注，页6399；庚辰条，页6403；卷二百六十三，熙宁八年闰四月壬子条，页6446—6448；卷二百六十四，熙宁八年五月辛酉朔至甲子条，页6457—6458；丁卯条，页6459—6462；五月丁丑条，页6470—6471；《宋会要辑稿》，第八册，《职官六十五·黜降官二》，页4820；第十四册，《兵十二·捕贼》，页8833；李裕民：《宋神宗制造的一桩大冤案——赵世居案剖析》，页38—40。

② 《宋会要辑稿》，第八册，《职官六十七·黜降官四》，页4860；第十册，《选举十九·试官一》，页5628；第十四册，《刑法四·断狱》，页8487；《长编》，卷二百一十二，熙宁三年六月丁丑条，页5154。考元符二年（1099）三月乙丑（廿二），宋廷贬降的熙河路官员中，有熙河路经略司管勾机宜文字承务郎李毅，这个李毅与二十四年前被贬的李逢侄汝州推官李毅是否同一人，待考。

谋反案时，即说李逢正是受到乃祖当年谋立太祖长孙赵惟吉（966—1010）的影响。①李心传在这里虽误将元佐作惟吉（大概是李心传未有细考南宋时之传闻所致）；但李逢之不智，却又使祖宗不光彩之事抖了出来。赵世居所谓谋反一案，肯定是一场冤狱，然李逢不幸牵涉其间，李昌龄也就只好再担上"有其孙必有其祖"的恶名，再也洗擦不了了。

太平兴国三年进士的子孙，事迹可考的，已如上述。他们彼此的关系怎样，有否世代交好不辍，在可见的文献中，除了知道赵昌言的外孙王素，与李昌龄的从子李纮、侄婿范仲淹交好外，其他人就记载不多了。（按王素的儿子王巩也牵涉赵世居案，他和李逢交往如何不详）比起太平兴国五年进士的第二、第三代互相声援，继续结成政治上有影响力的集团，②胡旦等的后人，当然是大大逊色。也许一方面他们有才干而又有机会置身高位、发挥影响力的本不多；另一方面，他们多数人都不像他们的父祖那么好结朋党、不避介入党争。

---

① 李心传撰，胡坤点校：《建炎以来系年要录》（北京：中华书局，2013年12月），第一册，卷四，建炎元年四月壬戌条，页106。
② 参见 Ho Koon-wan, *op.cit.*, pp. 297-298。

冯拯的两个儿子冯行己和冯洁己都与旧党大臣有交,而冯洁己似乎也倾向旧党反对开边的立场,惟他们并没有明显的朋党的言行。李昌龄的侄婿、侄孙婿,从范仲淹到王陶都曾介入仁宗至神宗的党争,不过,李氏直系族人除了李师中明显倾向旧党,以致被神宗斥为"朋邪罔上"外,其他人都没有牵涉朝臣的党争。①故此,我们可以说胡旦等结党的"风尚"严格来说是后继乏人了。我们常说始作俑者,其无后乎?对于胡旦一榜人来说,有后还是无后,就视我们从哪一角度看了。若从孝子贤孙有无之角度看,他们算得上后继有人;若从结党交朋、在政治上发挥影响力之角度衡量,他们是后继乏人了。

---

① 除了李昌龄的侄婿范仲淹在仁宗朝屡次介入党争外,李昌龄另一个侄婿郑戬,与他的孙婿王陶,也先后主动介入党争。郑戬在仁宗时,曾与范仲淹力斗吕夷简;王陶则在神宗即位之初,挑起斗争宰相韩琦之序幕。当然,宋人厚郑而薄王之所为。另外,李师中与旧党关系甚深,神宗也批评他"朋邪罔上",但严格来说,他算不得是旧党的核心分子而积极介入党争。参见《宋史》,卷二百九十二,《郑戬传》,页9766—9768;卷三百二十九《王陶传》,页10610—10612;本书附录一《北宋中叶边臣李师中事迹考》。

结　论

朋党政治（Factional Politics）的理论，中外学者已论列甚多，①本书无意创立任何新的理论，只希望透过这一个案，提出科举制度的衍生品同年关系，在许多时候是朋党产生的温床。同年进士互为奥援，进而结为政治党派，在明清两代实很普遍。即在戏曲小说中亦多有反映，如京剧《四进士》即一例。不过，研究明清党

---

① 西方学者论朋党政治理论，精审明晰的，首推 Andrew J. Nathan（黎安友）。参阅 Andrew J. Nathan, *Peking Politics 1918 – 1923: Factionalism and the Failure of Constitutionalism*, Berkeley: University of California Press, 1976, pp. 37 – 47, "Characteristics of Factional Politics"。国内学者近期在这方面之著作，可参阅朱子彦、陈生民《朋党政治研究》（上海：华东师范大学出版社，1992 年 3 月）。此书属通论性质，有借古喻今之意，而精审处不如 Nathan 之作。

争的论著,似乎没有从这个角度进行过深入而有系统的探讨。①本来明清进士登科录今天齐全可考,要做这方面的研究,绝无文献不足征的问题。大概我们过分注意地域、政见与朋党之关系,而疏忽了今日我们都理解的这种甚类"同学""同期""同班"的同年关系。比较而言,宋代(尤其是北宋)的进士登科录残缺不全,②要从这一角度入手研究宋代党争,有资料不足之憾。比如胡旦一榜七十四人,姓名可考、事迹可稽者不过十余人,若非胡旦等公开结党,不避人耳目,我们不一定晓得这班来自东南西北的人,之所以走在一起,是靠同年关系维系的。

本书重点论述胡旦一榜人如何结党,实际上也述及

---

① 研究清季幕府的美国著名学者 Kenneth E. Folsom,是少数注意到在士大夫圈子中,同年关系是最重要的社会关系的西方学者;不过,他没有进一步探讨这个问题。参阅 Kenneth E. Folsom (1922 - 2013), *Friends, Guests And Colleagues: The Mu-fu System in the Late Ch'ing Period*, Berkeley: University of California Press, 1968, pp.18 - 19。

② 早在宋太宗时,冯起及和㠓(951—995)已先后编成《御前登第三榜碑》和《七榜题名记》,到南宋时,洪适(1117—1184)又撰有《大宋登科记》三十二卷,不分卷第,只述进士一科,自建隆庚申迄绍兴庚辰,录二万三千六百人有奇,共二十一卷,但均不传。见《宋史》,卷四百三十九《文苑传一·和㠓》,页13015;陈振孙《直斋书录解题》,卷七《传记类·大宋登科记三十二卷》,页202—203。

吕蒙正、寇准、王钦若三榜人结党的始末。在整个宋代，同年进士结党的例子比比皆是，只在于我们有否留意而已。

笔者无意夸大同年朋党的力量，自古以来，文臣士子结党交朋不会只限于某一种社会关系，同年兄弟演为政治盟友，只是科举制兴起后常见的模式之一而已。人际关系最易变，亲兄弟尚且会见利反目，同年兄弟见利忘义也就绝不稀奇，是故这种同年朋党的基础之稳固度也有限。

领袖、机遇和竞争环境，是某一群进士能否形成一强有力的政治党派的必须条件，客观而论，胡旦及其同年算是具备了上述三项条件，故他们能结党成派，自树一帜。当然，他们事功有限，而偏遇上前后两榜进士均名臣辈出，他们遂不为人注意了。

说起来，论述宋代同年进士结党，本书是笔者第二度尝试，一九九零年笔者的博士论文便以寇准及其同年为题，本书可说是它的姊妹篇。不同的是，寇准一榜人在政治上整体来说是成功的，而胡旦一榜人却基本上是失败的。自然，治史不当以成败论英雄，胡旦及其同年，一方面是最早凭借同年关系结党的一群；另一方面也是相对地较团结、较少内斗的一群,若就这方面来说,他们的研究价值,比起寇准之"龙虎榜"来说,实不遑多让。若条件、时间许可,笔者也想尝试深入探索吕蒙正以及王钦若这两榜人的仕宦经历。笔者学浅,实更盼抛砖引玉,盼望国内宋史学者纂辑宋代进士登科录功成后,①这一课题能引起前辈学者的兴趣,从而使人得以窥见宋代同年进士结党问题的全豹。

笔者按:由龚延明教授及祖慧教授主持编纂的《宋登科记》已于2009年完成,于是年出版《宋登科记考》(南京:江苏教育出版社,2009年11月)。其后再作修订,又于2014年出版了《宋代登科总录》(桂林:广西师范大学出版社,2014年12月)。

---

① 据报告,四川大学古籍整理研究所主持的《全宋文》编纂计划,尚包括《宋代登科记》的编纂。见杨忠主编《高校古籍整理十年》(南昌:江西高校出版社,1991年10月),页237。又最近承杭州大学历史系龚延明教授赐告,这项工作将由他及傅璇琮教授主持。

附录一：
北宋中叶边臣李师中事迹考

李师中字诚之，据刘挚所撰的墓志铭所载，他卒于元丰元年（1078）四月庚戌（初七），得年六十六。以此上推，他当生于真宗大中祥符六年（1013）。其家从他开始徙于郓州，故以郓州为里籍。据载他貌不逾中人，但志尚甚高。他自幼有胆气，《宋史》本传记他在十五岁（天圣五年，1027）便上封言事。他的伯父李纮爱之，遗奏请授以官，但他不受，而推与李纮之子。其从弟诣阙上书，下宰相问状，仍照李纮遗愿授以官，但他不愿以荫入仕，而宁可刻励自学，以科举之途登仕。①

关于李师中登第的年月，据《默记》所记，他与王安石同年登第，即是说他在庆历二年（1042）进士登第。《宋登科记考》据《默记》及多种明清方志，亦以李师中为庆历二年进士。但《默记》所记之事的年月与人事都有问题。王铚记李师中在其父李纬坐镇戎军退阵当斩时，以十八岁之龄赴省试，并上书讼父之冤，且请斩主帅韩琦，以韩起陕西民兵而败。王铚又说当时李师中叔父李纮知开封府，一日见朝廷押上书人到阶下，原来就是他家的六秀才李师中，于是将他释放，是年李便登第。正如第八章所考，李纬坐镇戎军兵败被责，在康定元年（1040）九月，而他在庆历元年（1041）七月已复职。李师中上书当在康定元年九月，当时他已二十八岁，说他年十八大误。而李纮是他伯父而非叔父，也从未知开封府。王铚说李与王安石同年进士，他就不可能在康定元年或庆历元年中举（按：康定元年及庆历元年均停贡举）。王铚在此条所记多误。王铚又记李师中

---

① 《宋史》，卷三百三十二《李师中传》，页10676—10677；刘挚：《右司郎中李公墓志铭》，页252—256；《东都事略》，卷九十一《李师中传》，叶二下至三上（总页1394—1395）。

自幼负材气,一日,广坐中有称他是少年豪杰。王安石刚认识他,见众人称他是豪杰,就说唐太宗十八岁起义兵,方是豪杰,李算是什么豪杰?言下之意,李师中并非十八岁的少年。王铚在这处所说前后矛盾。惟一可信的,就是李师中与王安石早便互不欣赏,没有一点正常的同年情分。除了《默记》外,没有其他宋人的记载说后来势成水火的李师中与王安石是同年,而王安石的同年如王珪及苏颂,其文集也没有提到李师中是他们的同年。故李师中是否登庆历二年进士第,仍待详考。①

值得一提的是,有关李师中上书为其父李纬讼冤的事,邵伯温另有一则与王铚稍异的记载,邵伯温先说李承之待制(当是李诚之),是苏轼所谓李六丈(吻合王铚所记他是李家六秀才)人豪。说他为童子时,论其父李纬之功于朝,久不报。于是他自行往漏舍(即登闻院)以状白丞相韩琦。韩琦教训他,说他能读书,就自当取科名,不用纷纷论赏。李师中却回答说他的先人功罪未辨,怕父一日不在,无以见父于地下,才忍痛自言。他又说如想求官,稍微读书,第二人及第并不难。

① 王铚:《默记》,卷中,页25;龚延明、祖慧编:《宋登科记考》,上册,卷四,仁宗庆历二年(1042),页176—178。

据邵伯温解释,韩琦在王尧臣榜第二人及第,故李师中暗讽之。据说韩琦听罢此言,矍然无语。或说韩琦一生德量为人所服,只为李师中一语终身不能平。按邵伯温所记,和王铚所记同样多有误,首先李师中为父讼冤时,至少年廿八,绝非童子,而召他来诘问的宰相,据《宋史》本传所载,是吕夷简而非韩琦。邵伯温显然是张冠李戴。他激怒宰相而知名是事实,却不是冲撞了第二名登第的韩琦。不过,邵伯温记李师中"登第而官浸显,益有直声"却是事实。①

关于李师中与韩琦的瓜葛,韩的心腹强至(1022—1076)则有不同的记述,强至说李师中为布衣时,其父李纬坐在镇戎军退阵当斩。韩琦驰至镇戎军,以敌众我寡,非诸将之罪,只欲诛为首一人,而李纬在宽赦的人中。韩琦方请命于宋廷,而李师中正赴试京师。李师中上书论韩琦,说他募民为兵应敌,大扰陕民,请斩韩以谢陕西民。宋廷自然没有理会李的上书,李疑韩会报复。据说有执政请勿加害李师中。韩琦笑说,李当时以

---

① 邵伯温撰,李剑雄、刘德权点校:《邵氏闻见录》(北京:中华书局,1983年8月),卷十三,页147;《宋史》,卷三百三十二《李师中传》,页10676。

子救父,岂可加罪?人们听了都佩服韩的恩德,但李师中始终不相信。到他擢为两制,才愧服且深谢韩之厚道。①李师中举进士后,知延州庞籍(988—1063)将他自并州推官辟为知鄜州洛川县(今陕西延安市洛川县)。县民犯罪而妨农时,他必遣归,到农隙时才要他们投案。令当下者,他就榜于民,或召父老谕之。于是租税都先期收到。民欠官茶值十万缗,追系甚众,李就为他们脱枷锁,许他们宽期清还公钱,众皆感泣听命。他令每乡置一匦,籍其名,许民日输所负,一钱以上辄投之,书簿而去。到年底,欠者尽偿还。本路安抚使调诸郡粮输于边,然后归还之。碰上盛冬大雪,这样转运粮粟劳且费,民被迫贱卖给豪家。李师中见此,说他州亦其民也,就令愿过来洛川县输粮者听,他躬坐在衙门外,执契以待。数日就得粮万斛。使者就将其法广传各县。他曾出乡亭,见戎人杂耕,都是宋夏兵兴时入宋境的,宋人借其劳力,并与之通婚,于是他们久而不归。李师中对此现象颇虑,以此辈不可与汉民杂处,言于经

---

① 强至:《韩忠献公遗事》,《丛书集成初编》本(上海:商务印书馆,1939年12月初版,1960年1月补印),页9。

略使，并告知邻郡，将这些戎人徙于绝塞地方。①

庆历五年（1045）正月丙戌（廿九），庞籍从延州召拜枢密副使，再荐李师中才。仁宗召对，李师中转太子中允知敷政县（今陕西延安市甘泉县）和兴元府褒城县（今陕西汉中市），稍后权管勾鄜延路经略司机宜文字。夏人以岁赐缓给，就从宥州（今陕西榆林市靖边县东与内蒙古鄂托克前旗境内，为西夏左厢军治所）移牒保安军（今陕西延安市志丹县），以岁赐每至次年方毕，希望勿过岁暮。延州上报宋廷，降诏许之，但李师中却改为一切照旧。他上奏说夏人所求无厌，今许之，不足以示恩，徒启其贪心而示弱。枢密院劾他擅改制书。他就说所改的只是保安军回宥州牒，不是制书。宋廷就只薄责了事。此事可见他敢作敢为的个性。②

---

① 《长编》，卷一百三十二，庆历元年七月乙丑条，页3152；卷一百五十四，庆历五年正月丙戌条，页3742；《宋史》，卷三百三十二《李师中传》，页10676—10677；《右司郎中李公墓志铭》，页252—256；《东都事略》，卷九十一《李师中传》，叶二下至三上（总页1394—1395）。惟据《长编》所记，庞籍于庆历元年七月乙丑（十八）已知延州，至五年正月丙戌（廿九）召入为枢密副使。他被庞籍自并州推官辟知洛川县，也当在庆历元年七月至庆历三年底。他是否在庞籍知延州前已任并州推官，待考。

② 《长编》，卷一百五十四，庆历五年正月丙戌条，页3742；《宋史》，卷十一《仁宗纪三》，页219；卷三百三十二《李师中传》，（转下页）

他大概在皇祐二年（1050）至四年（1054）间以太常丞迁太常博士通判澶州。当制的胡宿称许李师中"性无外饰，器有远用"，也颇道出李的个性。①因继母清河县太君张氏卒，他辞职守制。丧除后知临江军，大概在嘉祐二年（1057）至三年（1058）初，再内调为三司河渠司勾当公事。他在三司，碰到黄河数度决堤，就上治河策百余事。当时沿河州郡以本来负责治河的河清卒任其他工役，每年更调役卒，而以别处的役卒代替，因不习河务，致溺死的人不少。他请增募河清卒，立冗占法，而不扰平民。他又请缮治曹村河堤，认为如不马上做，河必于此决。他不幸言中，不到两年河果决于此处。嘉祐三年十一月，宋廷诏置都水监，罢三司河渠司。李师中以他即将罢去，言之无碍，以河渠司勾当公事上言论其积弊。他称从来受三司牒，令行下诸州军文字。虽然令指挥辖下州军，因并无定式，以致诸处都大

（接上页）页10676—10677；刘挚：《右司郎中李公墓志铭》，页253、256，《东都事略》，卷九十一《李师中传》，叶二下至三上（总页1394—1395）。

① 考李师中与李建中一同迁太常博士，当制的是胡宿。按胡宿在皇祐元年十月后知制诰，至皇祐四年底。他撰写这篇制文当在皇祐二年至四年间。参见胡宿《文恭集》，卷十四《外制·李师中李建中并可太常博士制》，叶十七下至十八上。

巡河使臣及县邑都不申状，只行公牒。他说这于事体殊失轻重，亦难于办事。他请求自今都大巡河使臣及县邑所有关乎河渠事的并须具申状。如州县有不应报事，或稽缓至误事的，许牒转运司取勘，而下都水监定夺。宋廷最后根据监司的覆奏接受李师中的意见。①

是年十一月戊戌（廿六），昭德军节度使知并州庞籍被御史劾奏匿隐司马光在麟州兵败事的责任，被罢节度使为观文殿大学士知青州。李师中不忘故主，特奉上诗以慰问，其注云：言事者怨执政日曾罢彼风宪职，于是奏收庞籍的节度使官。②

嘉祐三年九月丙子（初八），宋廷命李师中以屯田员外郎提点广南西路刑狱。他在广西，锐意兴革。他建言岭南自古不利戍兵，请置土丁和募敢勇，家丁有四五人，就籍一人，总为五番，上州教阅。若不及五百人为四番。他请整治器械，在农隙时教习之，而禁止派他们

---

① 《右司郎中李公墓志铭》，页253、256；《宋会要辑稿》，第五册，《职官五·河渠司》，页3141—3142。按《宋会要辑稿》将李师中上言系于嘉祐三年闰十二月己巳（初三）。但李师中已于是年九月任为广西提点刑狱，论理已离开河渠司，疑他上言，应在是年九月前。
② 《长编》，卷一百八十六，嘉祐二年十一月戊戌条，页4494—4495。

其他差役，上番就给粮免税。他的做法有效，于是广西一路就募得四万余人。他又请通盐商以便民，及恢复邕州和市场以实边，而事多施行。他又令拔去草蒯，疏瘴疠之气。以前广南署任士人为官，铨授无法，权在州县吏，于是吏肆为奸。李师中乃记下这些人的名字，命他们待于家，不得随意到衙台，人皆以为便。宋廷在嘉祐三年置都水监，嘉祐四年（1059），以诸道提点刑狱兼领河渠事，李师中有此职权，于是又修治在桂州兴安县（今广西桂林市兴安县）的灵渠，募兵凿开积石，并废斗门三十六所，只剩十所。他共发近县民夫一千四百人，凡施役三十四天而成，于是舟船通航。他撰《重修灵渠记》以志修渠始末，他并提到修渠，属下的马仲芳实领其事，而属下张竞、石怀玉与孙约均有功，李师中没有将功劳据为己有，胸襟可见。当时邕州置马车五百，但马不能抵受炎夏，多死，而刍草不给，折取税米于他部。李师中以该地皆是险阻，无须用骑，就奏罢之。①

---

① 《长编》，卷一百五十八，嘉祐三年九月丙子条，页4527—4528；《宋史》，卷九十七《河渠志七·广西水》，页2417；卷三百三十二《李师中传》，页10677，卷三百三十四《陶弼传》，页10735；黄庭坚（1045—1105）撰，刘琳、李勇先、王蓉贵校点：《黄庭坚全集》（成都：四川大学出版社，2001年5月），第二册，《宋黄文节公（转下页）

宋廷对他修整灵渠，就颁诏褒奖一番。当制的王珪撰写褒词云：

> 敕师中等：昔秦命御史监郡，史禄凿桂之灵渠，汉益浚之，以通漕岭西。然其道狭而流壅，其后卒以堙废。尔奉职于外，究兴利源，镌石疏流，役不留月，舟航之济，自公及私。都水上功，不忘嘉叹。①

嘉祐四年二月庚午（初五），广南经略司言交趾寇钦州思禀峒。甲戌（初九），广西安抚都监萧注上言交趾寇诸峒，掠十九村人畜无数，请发兵攻讨。宋廷即诏

（接上页）全集·正集》，卷三十《墓志铭·东上阁门使康州团练使知顺州陶君墓志铭（陶弼）·元丰三年十月》，页815—816；刘挚：《右司郎中李公墓志铭》，页253—254；《全宋文》，第四十八册，卷一千三十《李师中·重修灵渠记》，页28。按《重修灵渠记》一文录自《粤西文载》卷十九，又见康熙《桂林府志·沟洫》，以及雍正《广西通志》补纂、嘉庆《广西通志》卷一百十七及道光《兴安县志》卷三。又兴安令陶弼（1015—1078）早就提出修浚灵渠之议，但萧固不听，到李师中才行之。李师中后来荐其能，擢知宾州（今广西南宁市宾阳县西南），换崇仪副使。

① 王珪：《华阳集》卷二十五《制词敕书·赐权提点广南西路刑狱公事李师中等兴水利奖谕敕书》，叶八下。

广南西路安抚使萧固、转运使宋咸及李师中与萧注一同处置。萧注想以所管蛮峒酋豪往讨交趾。萧固与宋咸为萧注所言打动,都表示同意。当李师中来后,诏以萧注之奏付之。李师中邀萧注到来,问他以酋豪伐交趾是否能保必胜。萧注回答不敢保证。李就说既不能保必胜,若打败了怎办?萧注知不可,只好罢议。九月戊申(十六),李师中上奏宋廷,称知邕州萧注想伐交趾,而知宜州张师正则想取安化军。他说恐远人闻之不安,请戒萧注等不得生事。宋廷从之。嘉祐五年(1060)七月,因交趾与甲峒夷人申绍(亦作诏)泰入寇,都巡检宋士尧率兵击之,却兵败被杀。萧注于是马上奏报宋廷,使仁宗不安。是月癸巳(初七),宋廷诏萧固赴邕州,与转运使宋咸及李师中同议掩击。辛丑(十四),交趾与甲峒夷又寇永平寨。广西经略司请宋廷发荆湖北路兵善用摽蜂者三千人来援。宋廷从之。对于广西出事,起初台谏官只言萧固等在广西所为不法。李师中稍后即劾知邕州萧注治邕州八年,有峒兵十万,却不能抚而用之。而入溪峒贸易,掊敛以失众心,以致将卒覆败。他又劾广西经略使萧固措置乖谬,与转运使宋咸结党。宋廷于是察知寨管下西平州溪峒使臣匿藏外界人口,给交趾及甲峒夷起兵的借口，而致杀害官兵。仁宗再诏当年曾佐狄青平定侬智高的余靖（1000—1064）为广西路体量安抚使，令发荆湖兵讨之。十月，余靖抵桂州，他在是月晦日（乙酉，三十），还与广西的新旧守臣安抚副使贾师熊、经略安抚使萧固、转运使宋咸、兵马钤辖柳涉及提点刑狱李师中、马仲方、通判黄照，同游桂州名胜龙隐岩的风洞、栖霞洞，并命随行的赵璞留书。翌日（十一月丙戌朔，初一），余靖就奉旨将萧固落职知江州（今江西九江市），萧注自西上阁门使降授引进副使荆湖南路钤辖。戊子（初三），改以知邵州（今湖南邵阳市）如京使贾师熊代知邕州兼广南西路安抚都监。十二月辛酉（初六），广西转运司言甲峒蛮入寇邕州，是月己卯（廿四），广西安抚司又言苏茂州蛮又寇邕州。是冬余靖抵邕州，在李师中的辅佐下，余派人召交趾用事者费嘉祐前来。费嘉祐见到宋军到来，就向宋请和。嘉祐六年四月庚申（初七），宋廷命李师中权本路转运使，负责善后。他上任后再痛劾已责荆南的萧注在广西黩货阻威，诱略侬智高所阉民罗寨五辈为奴，又擅发溪峒丁壮采黄金，而无簿籍可考，为国生事，本来按法当斩。现时只就横行使臣降一官，自都监为钤辖，实在不合理。他又劾萧固知桂州日,令部吏买女口及差指挥入两浙商贩私物,又劾宋咸在邕州射银楪子凡九百九十六片,事觉就诈收入本司公使簿。宋廷派内臣李若愚往审讯,御史赵抃(1008—1084)随即痛劾萧注之罪,指萧注贪婪放肆,丑恶彰闻,货赂诛求,蛮徼骚动。赵认为李师中论列切至,使臣李若愚体量分明。他说若不正邦刑,则定生边患。他请神宗将萧注下荆南路勘劾施行,无令长恶不悛,远方受弊。神宗从之。萧注再责为泰州团练副使安置,而萧固追三官勒停,宋咸追一官勒停。三人被黜后,李师中就成为广西路最高长官。不过,李师中这样参倒与他共事的三个广西大员的手法,权御史中丞王畴(1007—1065)就颇不以为然,他在七月丁亥(初六)上奏,指近日李师中以邕桂狱事而忽然揭发宋咸及萧固奸赃,只当核实尽理,朝廷自有刑典。如狱辞未真,恶状未具,则当请再加按问。但李师中却别上御史台状,用小纸解说三十余事,推原其情,是想当任者为言助之。他请以后臣僚如以公事奏朝廷,不俟施行,而辄申御史台的,就许弹奏以闻。仁宗嘉纳之。①

---

① 刘挚:《右司郎中李公墓志铭》,页253—254;赵抃:《清献集》,文渊阁《四库全书》本,卷九《乞劾勘萧注状》,叶九上 (转下页)

广南西路安抚使余靖在乱事平定后还京，李师中与他合作得不错，他应余靖之请，撰《平交趾记》，对余之功业称道一番，自称"旧学于经，得褒贬之义。顾桂之北，青壁万寻，誊而刻诸，以为公作记，其威令有未究者，公将复命，固请，师中不敏，尚能为公志之"。另外，他又曾撰七律两首送之，诗云：

> 诏从东海付南麾，戎乘前驱上将威。异俗已传吾父至，斯文更咏我公归。岁时职贡还朱绂，昼日

（接上页）下；《宋会要辑稿》，第十六册，《蕃夷四·交趾》，页9791；《长编》，卷一百八十九，嘉祐四年二月甲戌条，页4550—4551；卷一百九十，嘉祐四年九月戊申条，页4593；卷一百九十二，嘉祐五年七月癸巳条，页4634—4635；辛丑条，页4636；十一月丙戌朔至戊子条，页4647—4648；十二月辛酉条，页4653；己酉条，页4654；卷一百九十三，嘉祐六年四月庚申条，页4664—4665；卷一百九十四，嘉祐六年七月丁亥条，页4690；己亥条，页4692—4693；《宋史》，卷三百三十二《李师中传》，页10676—10678，卷三百三十四《萧注传》，页10733；卷四百八十八《外国传四·交趾》，页10468，卷四百九十五《蛮夷传三·甲峒蛮》，页14218。张鸣凤（？—1552后）编，杜海军、阎春点校：《桂故》（与《桂胜》合本）（北京：中华书局，2016年12月），卷八《杂志·宋·平交趾记·提点刑狱李师中撰》，页343—344；《全宋文》，第四十八册，卷一千三十《李师中·华景洞题名 嘉祐六年正月》，页29；第五十一册，卷一千一百一十九《赵璞·余靖等八人游龙隐岩题名 嘉祐五年十月晦日》，页377。赵璞这则题名录自《桂林石刻》卷上。又见《桂胜》卷二，《粤西丛载》卷二。按李师中在嘉祐六年正月在华景洞的题名，他的职衔仍是提点刑狱。

恩光赐衮衣。昔往今来亦何速,长亭杨柳尚依依。

拜命南来得老臣,肃将庙略制妖氛。淮西将吏尊儒帅,并土儿童认使君。新赐锦衣光照日,旧行棠树茂如云。应怜孤宦潮阳寺,憔悴无人与上闻。①

李师中称许余靖为儒将,其实他自己也以儒将自比。虽然王畴对李师中有意见,但李师中摄广西帅后,就将乱事化解。当时交趾耀兵于边,声言将入寇。李师中方宴客,却饮酒自若,中起更衣,自草六榜文,命人驰揭境上,然后畅饮如初。民吏开始时惊恐欲躲避,见李师中镇静无事,民情就安定下来。交趾见到榜文,以李知其情伪,逡巡不敢动,即日向宋廷贡方物。交趾使者至,李不见,为草恶具,教将吏接待之,并谕前害宋士尧之罪未治。申绍泰闻之大惧,就弃巢穴而去。起初侬智高子宗旦聚保火峒,或出入省地尚猥,其众无所属,之前曾窥伺讨击以幸赏,于是固守。李师中向他晓

---

① 《全宋诗》,卷三百九十六《李师中一·送桂州安抚余靖侍郎还京》,页4876—4877。张鸣凤编:《桂故》,卷八《杂志·宋·平交趾记·提点刑狱李师中撰》,页343—344。

谕祸福后,马上率族三百并酋长六十九人以地降。其后安平州及古万等峒争相效顺,李师中请宋廷纳之。边人感李师中之德,多画像立祠以事之,称李师中为李大夫,不敢名。据与他交好的苏轼所记,多年后苏经过太平州(今安徽马鞍山市当涂县),见到郭祥正(1036—1113)。郭言及他当年从章惇(1035—1105)辟,入梅山溪洞中晓谕其首领,见洞主苏甘家有神画像。该神像被服如士大夫,苏甘事之甚严。郭问是谁。苏甘回答说:"此知桂府李大夫也。"再问其名,苏甘就说:"此岂可名哉!"然后叩头称死罪数四,始终不敢名。苏轼后来考其年月本末,那位李大夫就是李师中。苏甘以李师中曾任广西提刑,并权知桂州,故称他为桂府李大夫。苏轼说他认识李师中,知他是一时豪杰。然小人多异议,不知夷獠这样畏信之,因他们的利害不相及而已。①

值得一提的是,三司使包拯在六年四月庚辰(廿二)拜枢密副使。据载身在广西的李师中收到邸报,知悉包拜枢副(《宋史·李师中传》误作参政),有人说

---

① 《右司郎中李公墓志铭》,页254;《宋史》,卷三百三十二《李师中传》,页10677—10678;苏轼:《苏轼文集》,第六册,卷七十二《杂记·溪洞蛮神事李师中》,页2285。

朝廷自此多事了。他却说包拯能做什么，可虑的是现时知鄞县的王安石。似乎他有点看不起包拯，而对王安石心存成见。①

李师中在广西付出极大的心血。他在嘉祐六年六月壬子（初一）撰《劝农事文》，这是地方长吏一篇极好的教化人民的文字。桂林龙隐岩是他常游玩并且于此赋诗的地方，其地释迦寺的沙门□修将这篇文字上石，文云：

> 每因读刑禁句状，见人民多因小事争斗，致有杀伤，虽骨肉至亲，不相容忍。此深可哀悯，盖劝农亲民官不本教化所致。今后令佐，须晓谕乡老，令劝率子弟，勤于田农，孝养父母，内外和顺，不相欺凌。民无交争，则无横死，自然天道与人事相应，无水旱凶灾。令佐不得立轻远方，以为不可教诲。况此人民晓事，教诲必听，切在遵禀。②

---

① 《宋史》，卷十二《仁宗纪四》，页247；卷三百三十二《李师中传》，页10679。

② 《全宋文》，第四十八册，卷一千三十《李师中·劝农事文》，页26—27。该文见《桂林石刻》卷上，亦见《嘉庆广西通志》卷二百十七《粤西金石略》卷三。考《全宋诗》卷三百九十六《李师中（转下页）

李师中在嘉祐七年(1062)真除转运使并迁度支员外郎。他在六月丙子(初一),撰宋颂三篇,分别是《太祖神武颂》《太宗文明颂》及《真宗仁功颂》,勒石于桂州龙隐岩上,他的署衔已是"广南西路转运使兼劝农使、尚书度支员外郎",并由前知廉州合浦县事陈惇正书。①

李师中以岭南多旷土,茅菅茂盛,却蓄藏瘴毒,于是募民开垦,在县置籍,期永无税,以种田及三十亩为田正,可免科役。在这项优惠政策下,田地得开辟,而瘴毒减少。但宋廷以他擅除免税而没有奏闻,七月甲寅(初九),他与转运判官都官员外郎刘牧各罚铜二十斤。而交趾每因瘴毒甚时,必声言入寇。李师中早知其情,到他权经略使时,邕州果然派军校乘驿言交趾将入寇。李师中不理会,只责问军校擅乘驿之罪。八月甲午(二十),时继知桂州的户部员外郎直昭文馆吴及(1013—1062)在桂林伏波山北建蒙亭,李师中又以转运使度支

(接上页)一》收有《龙隐岩》《留题龙隐岩》《龙隐岩》三首(页4866—4868),卷三百九十七《李师中二》收有《中隐岩》《留题龙隐岩寺》《留题龙隐岩□□》三首,页4871—4872。

① 《全宋文》,第四十八册,卷一千三十《李师中·宋颂》,页30—31;该颂录自《桂故》卷四《先政·李师中》,页283,及《粤西文载》卷六十、《搜古类编》卷五十二、《金石续编》卷十五及光绪《临桂县志》卷九。另参见本文所附拓片(见339页),该拓片现藏中国国家图书馆。

宋頌

宋頌
廣南西路勸農使尚書屯田外郎上柱□□□□□
神武頌其古之聰明睿智神武而不殺者夫
有休功太祖也汉灭扩授太宗丞□□□
發赫神武不顯其功太宗也惟天命在躬圖惟感終不謀付命太帝之心天地之公天地始作樂告
其文用功成明德音不忘
以昭丈明繼序其皇既商典常底定四方清廟
仁以頌萬民真宗也能申上帝之祐以和戎
秋於安萬民□□天震驚萬庶靡不喜悅而戎狄
及鳥獸仁功已任功草木胃茂如文武之圖
嘉祐七年□月□日勒于桂州之龍□□

嘉祐七年（1062）六月初一李师中于广西桂林龙隐岩勒《宋颂》碑

员外郎撰写《蒙亭记》以志。①

李师中在平定广西乱事后,请还知郡,于七年十一月获授知济州。他曾撰诗四章以志四年之岁月,其一云:

> 镇抚四夷吾道在,可怜壮志日因循。四年尽瘁今归去,不负斯民只负身。(自注:薛许昌诗云不负嘉州只负身。予冒瘴烟于此四年,无大功略,但以安民为事耳。)

其二云:

> 侵地还来开境远,贡琛上去革音初。但无浮馘充归献,辜负君恩死布余。(自注:侵地颇收复,又来入贡,但未能斩馘以献,岂非留贼遗君父矣。)

---

① 《右司郎中李公墓志铭》,页254;《长编》,卷一百九十七,嘉祐七年七月甲寅条,页4768—4769;《全宋文》,第四十八册,卷一千三十《李师中·蒙亭记·嘉祐七年八月》,页29;张鸣凤:《桂故》,卷四《先政上·吴及》,页284。该记录自《粤西文载》卷三十,又见嘉庆《广西通志》卷二百三十三及《桂林石刻》卷上。

其三云：

乞得衰身出瘴烟，一麾仍许视于蕃。（自注：蒙恩理为转运使）家园在望松楸近，自问如何报上恩（自注：济川先茔及汶阳别墅才百里）。

其四云：

山岫白云犹缭绕，离群飞鸟尚鸣悲。四年人去宁无憾，况是梅花满树时。（自注：时岭梅盛开，杜牧诗云一年人住岂无情）①

嘉祐八年（1063）三月戊申（初六），当年提拔李师中的庞籍去世，回到济州的李师中有挽诗悼之，诗云：

独立无朋但任真，不持身势掩君亲。若将坤体

---

① 《全宋诗》，第七册，卷三百九十七《李师中二·嘉祐三年九月受命来岭外七年十一月得请知济州感恩顾己喜不自胜留诗四章以志岁月》，页4871—4872。

论臣道,公是朝廷第一人。

庞籍死后不到一月,就在是月辛未(廿九),仁宗亦崩逝。李师中亦撰挽词一首,词云:

尧民丧考无生意,杞国忧天有坏时。闻道宗祧归圣嗣,一时收泪贺重熙。①

英宗即位后,李师中迁司封及祠部郎中。他以疾请辞,乃授提举兖州仙源县景灵宫太极观,然后知州事。济水堙塞已久,李师中访查故道,于是自兖城西南开凿之,时礼部尚书张方平知郓州,出仓粟三千斛,日役千工,募人疏浚淤塞的寿张县(今山东聊城市阳谷县寿张镇)南道,在李师中协力下,十日而功成。时已迁刑部郎中的李师中奉命撰记,刻石于寿张。②

---

① 《宋史》,卷十二《仁宗纪四》,页250;《全宋诗》,卷三百九十六《李师中一·颍国庞公挽词》,页4869;卷三百九十七《李师中二·昭陵挽词》,页4870。
② 《右司郎中李公墓志铭》,页256;《宋史》,卷三百三十二《李师中传》,页10678;张方平:《张方平集》,状志传记《王巩撰·张方平行状》,页800。

神宗继位后,李师中起初颇受重用。治平四年(1067)四月壬子(初五),李师中加直史馆徙知凤翔府。他尚未赴新职,神宗在是月丙寅(十九),又命他为京东体量安抚使。是年十月癸酉(廿八),知青涧城(今陕西榆林市清涧县城)种谔(1027—1083)复绥州(今陕西榆林市绥德县),拉开了神宗往后十八年拓边西北鸿图的序幕。但李师中对种谔此举,却不同意。他以西夏方入贡,叛状未明。恐怕西夏以此为借口,启其衅端。这时鄜延路侦知西夏驻兵绥州与银州(今陕西榆林市横山县党岔乡党岔村大寨梁,在无定河与榆溪河交汇处的西南岸,城居毛乌素沙漠与黄土高原的分界线上,无定河在其东北2公里处接纳榆溪河)。宋廷传檄诸路当出兵牵制。李师中疏论出兵牵制之害。时诸将均请行,李师中说不出兵,罪独在帅臣,非诸将之忧。神宗从之,于是此举罢。①

熙宁元年(1068),李师中拜天章阁待制,徙河东路都转运使。宋廷命河东转运司经画矾、盐遗利。李师

---

① 《右司郎中李公墓志铭》,页256;《宋史》,卷十四《神宗纪一》,页267;卷三百三十二《李师中传》,页10678;《宋会要辑稿》,第八册,《职官五十二·遣使》,页4450。

中上言官积矾三百斤，走卤消耗，怕之后会成为弃物。诏令商人入中粮草，以此偿之。①

熙宁二年（1069）二月庚子（初三），与李师中一直互不欣赏的王安石得到神宗的重用拜参政，据邵伯温所记，李师中在仁宗晚年尚任州县时，当从邸报知道包拯拜参政（应是枢密副使，嘉祐六年四月），有人说朝廷自此多事。他却说包拯不能做什么，反而是时知鄞县（今浙江宁波市鄞州区）的王安石，其眼多白，甚似东晋权臣王敦（266—324），预言他日乱天下就是王安石。②邵氏这则记载，为《宋史·李师中传》所采用，是否真有其事成疑。只是在反对王安石的人如邵伯温的笔下，李师中一早便反对王安石，或邵氏借一向不满王安石的李师中的话来攻击王安石。

同年四月，李师中迁右司郎中徙知西边重镇秦州兼

---

① 李师中任河东都转运使的年月，《宋史》本传系于熙宁初，在任知秦州前，但《食货志上》却作熙宁七年，似不合，《食货志下》作熙宁元年，当是。参见《宋史》，卷一百七十五《食货志上三·和籴》，页4242；卷一百八十五《食货志下七·矾》，页4535；卷三百三十二《李师中传》，页10678。

② 邵伯温：《邵氏闻见录》，卷十三，页147—148；《宋史》，卷十四《神宗纪一》，页270，卷十五《神宗纪二》，页276；卷三百三十二《李师中传》，页10679。按王安石更在熙宁三年十二月丁卯（十一）拜相。

秦凤路经略使。但同知谏院范纯仁（1027—1101）不以为然，他上奏力陈利害。他说神宗早前以原知秦州的孙永（？—1087）守边失策，当时许他责其后效，今日却闻得孙永降职移知和州，而以李师中代为秦帅。他以帅臣之职，尤须久任，方能谙熟边事，经辑远略。若因事屡更，则不惟迎送劳人，兼亦百事更变，兵民之情，不无烦扰。他指自己旧与孙永、李师中相识，各粗知其性行。他说孙永虽无应变长材，然忠谨慎静，足可使之安守；李师中虽实有材力，急难可用，但好进任术，不能靖安其职。范以为要边事稍宁，收久长之效，还是用孙永较好。他请将孙永降职，但仍令依旧知秦州，以责后效。而李师中且令在河东，徐观其政绩。[1]范纯仁批评李师中的话，其实颇客观，这正是李师中好立功名的个性。范纯仁的传记及墓志均记范力称李师中不可守边，相信是据此而言。范没有想到，李师中后来却是反对王韶好进才被神宗所黜。[2]

---

[1] 赵汝愚（1140—1196）编，北京大学中国中古史研究中心校点整理：《宋朝诸臣奏议》（上海古籍出版社，1999年12月），上册，卷六十五《百官门·帅臣·上神宗乞令孙永依旧知秦州以责后效·熙宁二年四月上时同知谏院》，页723。

[2] 据范纯仁的墓志及《宋史·范纯仁传》所载，范纯仁上（转下页）

不过，神宗正想在秦州有所作为，就不听范纯仁的意见，依旧将李师中从河东调知秦州，并诏赐李师中《班超传》，鼓励他效法东汉名将定远侯班超（32—102）抚戎。而李师中也向慕战国与东汉名将李牧（？—前229）与马援（前14—49），以持重总大体自处。以前守臣多屯重兵于境，有敌来则战，撄其锐锋，胜未易决，不战则内无重兵以遏其入。李师中谓本末失其应，且兵惟战守，就简选善守的将领列于塞上，悉废诸小堡，而使善战的居中屯内地为援，并令诸城，若敌至须坚壁固守，待其去才出兵尾袭之。据说宋军约束既熟习，就常以此取胜。他又建言，弓箭手虽是土著，而惰于耕，宜效古屯田法，率百人为屯，聚一堡，立勤惰赏罚之格，使人人加厉自好，则使公战为私斗，计以此为便。熙宁三年（1070）二月己丑（廿八），他奏上御边数策。他首先指前年置熟羊等堡，募蕃部献地，但前后三年，效果欠佳。他具体提出置屯之法，以及诸屯各

（接上页）书，论吕诲不当罢御史中丞，李师中不可守边。此说法大概源于范反对李师中为秦凤帅。参见曾肇（1047—1107）《曲阜集》，文渊阁《四库全书》本，卷三《范忠宣墓志铭》，叶二十三下；《宋史》，卷三百十四《范纯仁传》，页10284。

置屯将之制。他又请废山丹、纳述及乾川三堡，并增修伏羌寨为城（今甘肃天水市甘谷县）。神宗从之。他在是年四月又上言制置招纳蕃部及募敢死士，需要金帛以备支费。三司请赐银绢各五千。乙丑（初五），神宗批示银绢必不免科散坊郭户，于是命给度牒五百付秦凤路。神宗对李师中的工作很支持，但他在神宗派王韶开拓西边的事上并未积极配合。①

神宗与王安石想重用王韶，究竟用什么名义，最初想命王韶提举秦州西路缘边蕃部事，但文彦博与陈升之认为秦凤路都钤辖向宝（？—1079）应为提举，但王安石认为向宝素来破坏王韶招抚蕃部的事。这时李师中（按：《长编》此条将李师中讹写为李中师）上奏，认为用王韶为提举，如不令向宝都大提举，就会令向宝不肯尽力。四月戊寅（廿三），宋廷宰执妥协下，就以向

---

① 《长编》，卷二百十，熙宁三年四月乙丑条，页5094；《宋会要辑稿》，第十册，《选举三十三·特恩除职一》，页5885；第十五册，《兵二十八·备边二》，页9211—9212；《方域八·修城上·伏羌城、甘谷城》，页9427、9436—9437；第十六册，《方域二十·诸堡·山丹堡、乾川堡》，页9677—9678；《宋史》，卷一百九十《兵志四·河东陕西弓箭手》，页4713；卷三百三十二《李师中传》，页10678。

宝兼提举,而王韶加同事。①

本来王韶议开边,李师中是赞成的,但李有自己的想法。据苏辙(1039—1112)所记,李师中在秦州,曾上奏宋廷,将以往蕃部土地上所筑的堡寨付予蕃族把守,而在曹玮(973—1030)当年所筑的旧寨分屯重兵,以制蕃部。他说现在寨栅既多,屯兵就分散寡弱,反容易为蕃部所制。如果只付与蕃部,却令边寨栅兵力加强,那样蕃部会畏威而为我用。②

因看法策略分歧,李师中并不支持王韶改任提举蕃部兼营田与市易。六月壬戌(初三)及丙寅(初七),李师中先后两度上奏,对王韶欲在甘谷城(今甘肃定西市通渭县南襄南镇)等处招弓箭手开闲地一千五百顷,不以为然。他上奏指王韶此举有违诏旨,又说若依王的做法,秦州此后多事,所得不补所失。他又说王韶初献开田之议,诏未令他相度。他请再委转运司一员重行审定王韶之议。神宗即委权开封府推官王克臣(?—

---

① 《长编》,卷二百十,熙宁三年四月戊寅条,页 5101;《右司郎中李公墓志铭》,页 254—255。
② 苏辙(1039—1112)撰,俞宗宪点校:《龙川别志》(与《龙川略志》合本)(北京:中华书局,1982年4月),卷下,页 94—95。

1089）及内侍押班李若愚（？—1072后）按实此事以闻。眼见李、王相争，同日，神宗命殿前都虞候邕州观察使秦凤路副都总管窦舜卿（985—1072）代知秦州，而命李师中于永兴军待旨。王克臣回奏与李师中意见同，王安石的姻家侍御史知杂事谢景温（1021—1097）及监察御史薛昌朝也都批评王韶妄言。王安石不喜李师中，怕李师中与李所信用的向宝沮王韶，就对神宗说李师中前后论奏多侮慢，现在于王韶事又专务龃龉。如神宗要保全他，就宜加训饬，使李知道忌惮。又请神宗派人警告李师中，王韶开边事，他曾同议，事之成败，朝廷诛赏，就以他为首。王安石又指若王韶措置有害，李师中自合论奏，但李师中素无忌惮，定专侮慢朝廷，就请罢李师中秦州帅。神宗从之。丁亥（廿八），王安石再对神宗说王韶孤立，为李师中所忌。数日后，王安石又呈上李师中分析秦州事，继续指李师中的不是。八月癸亥（初六），王安石指使谢景温劾苏轼居丧服除，往复贾贩，神宗诏江淮发运湖北转运司查究，又令李师中奏报苏轼可有冒差借兵卒之事以闻。王安石要李师中顶证他所亲善的苏轼，用心可谓歹毒。辛未（十四），王安石又对神宗言，借痛责李师中，可令人知警惧。十月己卯（廿二），李师中以知秦州日稽留朝旨、奏报反复之过，落职降度支郎中徙知舒州（今安徽安庆市潜山县），反对王韶开田的向宝也落御器械为本路钤辖，王韶只被降为保平军节度推官仍提举秦州西路蕃部及市易司。①

据魏泰的说法，李师中平日议论多与王安石违戾，但当王权盛时，李师中就想迎合他。于是在舒州建傅岩亭（商王武丁识贤相傅说之地），以王安石曾通判舒州，而始封又在舒州故。②惟魏泰之说似属附会，李师中在舒州建傅岩亭容或有之，但要说一向心高气傲、反对王安石的李师中，以这样间接的方式讨好王安石，似不合理。考熙宁四年（1071）五月甲午（初十），反对王安石的右谏议大夫吕诲（1014—1071）卒。据邵伯温

---

① 《宋会要辑稿》，第八册，《职官六十五·黜降官二》，页4817、4819；《食货二·营田杂录一》，页5983—5984；第十二册，《食货五十五·市易务》，页7269；第十三册，《食货六十三·营田杂录》，页7650—7651；《长编》，卷二百十二，熙宁三年六月壬戌至丙寅条，页5143—5146；丁卯条，页5147；丁亥条，页5160—5162；卷二百十三，熙宁三年七月己亥条，页5176—5177；卷二百十四，熙宁三年八月癸亥条，页5200；辛未条，页5206—5207；卷二百十六，熙宁三年十月己卯条，页5261—5262；《宋史》，卷一百七十六《食货志上·屯田》，页4267；卷三百三十二《李师中传》，页10679；卷三百二十八《王韶传》，页10580。

② 魏泰：《东轩笔录》，卷六，页67。

说，李师中早就诋王安石"天命不足畏，祖宗不足法，人言不足恤"之论，吕死了，他就有诗哭之，借题发挥，有"奸进贤须退，忠臣死国忧，吾生竟何益，愿卜九泉游"之句。王安石党羽吕惠卿更恨之，只是未有机会对付他。据此，李师中在此时怎会刻意讨好王安石？①

熙宁四年六月己巳（十六），王安石与参政冯京（1021—1094）谈到王韶降官的事时，冯京言及李师中降官，故王韶也须降官。王安石对李师中余恨未息，就在神宗前责李师中附下罔上，坏神宗所欲为，故神宗不得不责降。又说内批特与他知舒州，已是宠以善地。王安石后来自叙李、王之争本末，就指李师中本与王韶意见相合，却为"大臣"所讽，于是极力反对王韶，奏以全无荒地。后来朝廷令沈起按问，就具得李师中和向宝欺罔之事。王安石指的大臣，就是文彦博与冯京。他言下之意，就是李师中党附文与冯等，合台官极力攻王韶。②

---

① 邵伯温：《邵氏闻见录》，卷十三，页 147—148。按此诗不载《全宋诗》卷三九六及三九七《李师中一、二》；《长编》，卷二百二十三，熙宁四年五月丙戌条，页 5417。

② 《长编》，卷二百二十四，熙宁四年六月己巳条，页 5453；丙子条，页 5458；卷二百五十九，熙宁五年正月壬寅条，页 5575；（转下页）

十月己巳（十八），知舒州的秘书监荣諲以病不能治事，为转运使所论，稍后宋廷乃以李师中徙知洪州。在他尚未赴新职时，在是年十二月甲戌（廿四）与其弟李纯中（？—1071后），往舒州其八世先祖李德修题名的岩谷致祭，并撰写一篇题名记，述说他们李氏的显赫家世：十一世祖是唐御史大夫李栖筠，生丞相李吉甫（758—814），李吉甫生丞相李德裕（787—850）和尚书李德修，李德修就是李师中的八世祖，李德修曾历任舒州、湖州及楚州三刺史，而曾在舒州天柱山的岩谷题名。李师中借此题记抒发他的牢骚，说自己不才，忝居侍从，"坐沮边议，左迁，来守兹土"。他说先祖所立的，永惟世业，未坠于地，尚有来者，怎可废此篆刻。为式昭后人，他于是就在此日作此题名记以志。据刘挚所撰的李师中墓志所记，李吉甫有孙名李煜，为宋州城令，于是李氏遂家楚丘。这个李煜当就是李师中所记八

（接上页）卷二百四十二，熙宁六年二月辛丑条，页5905。王安石在熙宁五年正月，又对神宗说当日派李若愚按视李师中及王韶事，中书见其不实，就别派沈起，结果沈以王韶无罪，而文彦博反说沈起附会。熙宁六年二月，王安石拟起用沈起为天章阁待制知桂州，但冯京反对，王安石就向神宗说当日沈起辨正李师中与王韶的曲直，故为人所攻。很明显文彦博与冯京支持李师中，而王支持沈起。

世祖李德修之子，李师中的七世祖。①

王安石却不放过已被贬的李师中，有机会便在神宗面前批评他。熙宁五年（1072）七月戊戌（廿一），当王安石痛劾内臣李若愚时，就说他前体量秦州事，盛称李师中，而诬罔王韶，是大臣与他私交所致。言下之意，就是说李师中交结内臣，为他说话。②

李师中在熙宁五年（1072）闰七月前已徙知登州（今山东蓬莱市）。他曾上言充军之沙门岛（今山东烟台市长岛县西北庙岛）流人多，戍兵少，恐怕生变，请徙往他处。宋廷命知审刑院崔台符详定。闰七月戊辰（廿一），宋廷即诏沙门岛罪人赵能等四十四人量移过海，再详情理轻重，分配诸路，姚素等依旧。六年（1073）七月己未（十八），他重申前议，说现时派来沙门岛的罪人未已，不但事关防御，更是罪人无处存

---

① 《长编》，卷二百二十七，熙宁四年十月己巳条，页5529—5530；《全宋文》，第四十八册，卷一千三十《李师中·题名记·熙宁四年十二月》，页30；刘挚：《忠肃集》，卷十二《墓志铭·右司郎中李公墓志铭》，页258。李师中这一篇题名记录自民国《潜山县志》卷二十八，民国九年（1920）铅印本，又见民国《安徽通志稿·金石古物考》卷十二《天柱山志》。

② 《长编》，卷二百三十五，熙宁五年七月戊戌条，页5714。

泊，再添戍兵，亦无着处。他请今后许本州月具沙门岛罪人姓名、乡贯及犯事缘由，申枢密院，置簿抄录，不再下本州取索额外人数，但据簿量移。如此则令出可行，行之可久。神宗诏除了朝廷指挥刺配外，诸路因德音续配的人犯，暂于登州收押，而驿奏犯由，并增兵防守。①他在登州的治绩，登州人在府事厅后建三贤堂，另建有宋三贤祠，以祀他与苏轼及马默。该祠在清代仍存。②

李师中稍后又自登州徙知齐州。熙宁七年（1074）二月己巳朔（初一），神宗复他天章阁待制徙知瀛州，③但王安石一再论他诈冒不可用。五月戊戌（初

---

① 《长编》，卷二百三十六，熙宁五年闰七月戊辰条，页5751；卷二百四十六，熙宁六年七月己未条，页5982—5983；《宋会要辑稿》，第十四册，《刑法四·配隶》，页8460。

② 和珅（1750—1799）等编纂：《大清一统志》，文渊阁《四库全书》本，卷一百三十七《登州府·陵墓》，叶二十五下；《祠庙·宋三贤祠》，叶二十六上；岳浚（1704—1753）监修：《山东通志》，文渊阁《四库全书》本，卷九《登州府·三贤堂》，页一百一上。按《大清一统志》又记其墓在登州府城西门外，以他知登州故家于此，而葬于此，实为误记。

③ 《长编》，卷二百五十，熙宁七年二月己巳朔条，页6081；于钦（1283—1333）：《齐乘》，文渊阁《四库全书》本，卷五，叶五上；《山东通志》，卷九《济南府·水香亭》，叶九十二上。据元人所记，李师中在齐州（济南府）大明湖左右建有望湖楼（清人作望湖亭）。

一）李师中再于仕途碰壁，为的是他应诏书上言，而直言干犯了神宗。李师中的这番话被认为是他最有代表性的嘉言：

> 臣闻应天以实者，见于行事，勤民以行者，不以空言。天生愚臣，盖为圣世。文武之道，识其大者，简易之理，求诸天地。陛下早用臣说，则太平之事略已施行。成、康、文、景未足企慕，朝廷阙失，岂待人言而后知之。"天难忱斯"，帝命可畏，旱既太甚，民将失所，今日之事，非有勤民之行，应天之实，臣恐不足以塞天变。一切利害，曾可足数！伏望陛下诏求方正有道之士，召诣公车对策，如司马光、苏轼、苏辙辈，复置左右，以辅圣德。如此而后，庶几有敢言者。臣泣血雨泪而拜封章，陛下闻臣此言，忍不感悟，臣未尝有一言及钱谷甲兵者，盖知事君以道，直欲以伊尹致君之事为师，不敢以近世有为之君待陛下。及得罪去国，安于报效，并心一意，以望太平，五年于兹，而未免陛下焦心劳思，不有人患，谁兴厉阶。（熙宁三年十月师中落待制，知舒州。七年二月复待制，知瀛州，

寻罢之，盖罢瀛州不罢待制也）。臣欲杀身，无益于事，长叹大恸，昊天不闻。陛下承祖宗之基，求治如此，臣愚不肖，亦未忘旧学。陛下欲为富国强兵之事，则有禁暴丰财之务，欲为代工熙载之事，则有利用厚生之道。有臣如是，陛下其舍诸！

然而他的直言没有得到神宗的欣赏，据邵伯温说，神宗本来将其章留中不发，但吕惠卿坚持要拿去中书讨论，吕吹毛求疵找到疏中一些话，以其中"天生微臣，实为陛下"之话断章取义来激怒神宗，神宗感到被愚弄，怒批"师中敢肆诞谩，辄求大用。朋邪罔上，愚弄朕躬。识其奸欺，所宜显黜"。李师中被责授检校水部员外郎、和州团练副使，本州安置，不得签书公事。王安石甚恨恶李师中，要再夺李的待制职，神宗初时未许。但在吕惠卿的坚请下，将李的待制职夺去。至于李的知瀛州差遣，就由河北都转运使史馆修撰刘瑾代之。邵伯温感慨李师中因此终身不得大用，以他正如孔子所谓刚者。①

---

① 《长编》，卷二百五十三，熙宁七年五月戊戌朔条，页6186—6188；《右司郎中李公墓志铭》，页252；《宋史》，卷三百三十（转下页）

同年十二月甲戌（十），中书检会降官、降职与降差遣人取神宗裁定。神宗诏李师中移京东路州军安置。神宗对李师中尚未绝情，于熙宁八年（1075）十月丁巳（廿九），因灾异数见，以十月壬寅大赦天下之恩典，将他自检校水部员外郎单州团练副使复为右司郎中分司南京，再提举仙源宫观。①

李师中任瀛州时，与职方员外郎郭源明（1022—1076）尤相厚善，当他贬官往单州时，郭源明正知单州。李在单州流连累月，涕泣不忍别。不幸李这位好友却在熙宁九年（1076）三月卒于任上。②

言官陈襄（1017—1080）在熙宁末年曾上书请复用李师中，他说谪官未复职者有尚书右司郎中分司南京李师中。他以人多称其有才，可当边帅之任。而往岁近臣尝有论荐，其才他日可为名臣。向因言事分务，若能起

（接上页）二《李师中传》，页10679；邵伯温：《邵氏闻见录》，卷十三，页148。

① 《长编》，卷二百五十八，熙宁七年十二月甲戌条，页6298—6299；卷二百六十九，熙宁八年十月丁巳条，页6609；《宋史》，卷十五《神宗纪二》，页289；《右司郎中李公墓志铭》，页256。

② 苏颂：《苏魏公文集》，卷五十九《墓志·职方员外郎郭君墓志铭》，页904—906。

用他，不但可责其后效，亦足以开言路。①但神宗并没有听从。

李师中在废黜后，退居于郓州，该处有园池松竹，萧然有胜概。他每日与宾友饮酒赋诗。晚年虽屡黜，据说志不以此少衰。他在元丰元年四月庚戌（初七）卒，得年六十六。临终时，还对客说以大河未塞为忧。刘挚说李之死，士大夫识与不识，皆咨嗟感慨，以不为朝廷所用为恨。李的子女后将他葬于郓州须城县某乡某里。他夫人王氏，封乐安县君。有子四人，依次为李修，官登封县尉，早卒。次李价，官左班殿直；次李俣，官济州推官；次李伉，官将作监主簿。有三女，长嫁供奉官宋玠，次许嫁进士刘泽，李之同僚刘牧之子，次尚幼。有孙男三人。李师中有文集三十卷，奏议二十卷。《宋史·艺文志七》著录他的诗三卷，现存的《两宋名贤小集》收入他的《珠溪集》诗一卷。据顾兆敏整理，《全宋诗》收录自《珠溪集》及他书的李师中诗，共廿八首，另十八句。另《粤西诗载》又收录他《菩萨蛮·桂

---

① 陈襄：《古灵集》，文渊阁《四库全书》本，卷一《熙宁经筵论荐司马光等三十三人章藁》，叶四上。

林题别》一首。①

李师中之丧,曾批评他不宜为秦凤帅的范纯仁却有挽词两首以悼,足见二人虽有意见不合之时,却是君子之交:

才识无前辈,文章有古风。爱时甘屡黜,报国仗孤忠。凤有请缨志,竟成标柱功。子孙传善庆,不独在其躬。

历阳相遇日,流落喜俱存。不起骚人叹,唯知圣主恩。蟹膏红满箸,蚁酒白盈尊。岂谓江边别,深情不再论。②

---

① 《右司郎中李公墓志铭》,页256;《长编》,卷二百五十三,熙宁七年五月戊戌朔条注,页6188;《宋史》,卷二百八《艺文志七·李师中诗三卷》,页5367;卷三百三十二《李师中传》,页10679;陈思(?—1264后)编,陈世隆(?—1364后)补编:《两宋名贤小集》,文渊阁《四库全书》本,卷二十七,《珠溪集》,叶一上至六上;《全宋诗》,第七册,卷三百九十六《李师中一》,页4866—4869;卷三百九十七《李师中二》,页4870—4873;汪森(1653—1726)编:《粤西诗载》,文渊阁《四库全书》本,卷二十五《词·菩萨蛮·桂林题别·宋李师中》,叶一上。
② 范纯仁:《范忠宣集》,卷五《李师中待制挽词二首》,叶十八上下。

李师中政见与人脉都倾向旧党，刘挚记几位元老重臣杜衍、范仲淹及富弼都交口荐他有王佐才。神宗骂他"朋邪罔上"，他的友朋，除了范纯仁与他交情不一般外，他所推荐的司马光与苏轼、苏辙也与他交好。旧党之人除了刘挚为他写墓志铭外，范镇也上言为他罢秦州不平。是故他被贬后，在神宗之世难以平反。到哲宗元祐四年（1089）五月己丑（二十），在旧党主政下，其子李俛向宋廷申诉，于是追复为天章阁待制。为他写墓志铭的刘挚当时便任中书侍郎。刘挚在其子李伉的墓志铭中便言及此事，并说"天章阁待制李公，有高才大志，仕先帝时尝显矣。晚坐言事再夺职，死谪中。吾志其墓曰：公才无不可，尤长于应变，其于治道，自谓晓然，所以深哀其既遭世而不合以死者也。没后十年，其子上书阙下，追讼其忠，章至十数，朝廷矜之，诏复以待制，告第其子，即君也"。不过，哲宗亲政后，旧党被罢黜，元符二年（1099）六月癸巳（廿二），当曾布（1036—1107）言及李师中只因推荐司马光及苏轼被贬团练副使时，哲宗却以他"以害政故须尔"。李师中与旧党人物关系太深，就免不了卷入新旧党争，故在神宗世受到打压，不能得志。①

李师中的个性强悍自负，屡任边臣而都有治绩。他曾说："为帅有体，立功有时，慎重当如泰山，见几不俟终日。"他为边帅又能提拔人才，任秦州时，便识拔了后来在宋夏战争中屡建大功、后官至殿帅的刘昌祚（1027—1094）。他又能推功僚属，据载他与广南转运判官刘牧友善，刘牧死后，他论边事就尽以功归于刘，求官刘之后人，又将女许配给刘的儿子刘泽。他在山东，又推荐山东儒者王建中与姜潜，并礼贤下士，他们都获召用。刘挚说他去官时，百姓遮泣，不得行。②

他算得上才兼文武，既有文集，又有诗集。他也颇有诗才，据载在仁宗朝，御史唐介（1010—1069）劾宰相文彦博被贬，李与梅尧臣（1002—1060）皆赋诗激赏。他有诗《送唐介》云：

---

① 《宋会要辑稿》，第九册，《职官七十六·追复旧官》，页5129；《长编》，卷四百二十七，元祐四年五月辛卯条，页10333，卷五百十一，元符二年六月癸巳条，页12167；《宋史》，卷三百三十七《范镇传》，页10788；刘挚：《忠肃集》，卷十三《墓志铭·承务郎李君墓志铭》，页281—282。

② 本章345—346页曾指出范纯仁反对他出任秦凤帅，以他好进生事，其实并非说他不宜为边臣，范并没有反对李守河东。参见《宋史》，卷三百十四《范纯仁传》，页10284；卷三百四十九《刘昌祚传》，页11053；刘挚：《右司郎中李公墓志铭》，页255。

孤忠自许众不与，独立敢言人所难。去国一身轻似叶，高名千古重于山。并游英俊颜何厚，未死奸谀骨已寒。天为吾君扶社稷，肯教夫子不生还。

晚年又常与宾客赋诗饮酒。刘挚称美他的"文章落落，忧思深远，尤喜章奏，世多传诵之"①。

对于李氏族人，他也很照顾。他大概仿效与他有亲的范仲淹的做法，买田数千亩，刊名为表，给宗族贫乏者，称为义庄。大概是这个缘故，他的儿孙虽没有显达，但仍可以隐于田园。据刘挚所记，他的儿孙都是孝子贤孙，能守家业。其中幼子李伉，见其父志不就退废，就竭力家事，疏田沼，植花木，尽力为亲娱。他事母王氏至孝，服勤侍药，衣不解者经年，前后持丧，尽礼无违。他好学，博记诵，学鼓琴，喜书隶，尤工于诗，效法屈原、陶渊明及谢灵运，有集十卷。据载先进、长老及

---

① 《右司郎中李公墓志铭》，页255；《宋史》，卷三百十六《唐介传》，页10327；《全宋诗》，卷三百九十六《李师中一·送唐介》，页4868—4869；邵伯温：《邵氏闻见录》，卷十三，页147。据邵伯温所记，唐介后来得到他严劾的文彦博的推荐复官，而此后无所言。李师中不满，就向唐介索还当日赠他的诗。唐介无所报，就说：我固不用落韵诗也，以李诗中"山"与"寒"二字韵不同。邵氏评说李师中索还己诗，可见其刚正。

李师中的宾客均与之交。他以荫出身,但不乐仕宦,到四十岁才应任单州监酒,再改郓州。他治家有法,又照顾族人,其兄李偁在太原任上死,他就驰往护丧归葬。其姊夫宋玠战死,家寓鄜州,他也亲自护丧归。宋廷恩恤宋玠家人,宋家将李伉子李周南(字正雅,1065—1116)名字列上,他听儿子周南的意见推辞不受。他友爱兄弟,严事寡嫂,嫁妹及兄子数人,又和亡父一样,喜周济贫人。他妻孙氏,有两子,长周南,举进士,登科后为单州鱼台县(今山东济宁市鱼台县)主簿,次子召南(?—1116后)亦举进士,一女一孙在其卒时尚幼。他卒于元祐八年(1093)五月己卯(初三),得年只四十六,同年八月丙午(初一)葬于郓州平阴县(今山东济南市平阴县)之李氏祖茔。①

　　李周南也有墓志铭传世。刘挚子刘跂(?—1116后)继其父为李师中及李伉父子撰写墓志铭后,又为李师中孙李周南写墓志。据刘跂所记,李周南为鱼台县主簿时,县令以罪闻,知单州有怀疑,就召他问状。他为县令辩白,县令得释罪而去。李伉丧除后,李周南任济

---

① 刘挚:《忠肃集》,卷十三《墓志铭·承务郎李君墓志铭》,页281—282。

州（今山东菏泽市巨野县南）司户参军。他每年收受民租，一定亲自入庾庭辨租粮的颜色，并亲自阅视租粮输送如流，吏人不能留难，于是百姓不需多给吏人费用，而往往能持余租归家。后来他以疾请由他官摄事，但济州民众诣州守，请不要派人摄事，宁愿宿于其邸以待其疾愈。十余年后，父老犹诵咏其事。他后徙为陈州录事参军领市易事，在他的主持下，卖价平允，所治不哗而办无抵罪者，州人德之。后以其母疾求退，民众遮泣久，乃得去。再换通仕郎监郓州盐场以便照顾母亲。其母丧服除后，再调河南府军巡判官，但他辞不赴。改堂邑县（今山东聊城市东昌府区）丞，但三年考满归，就不再出仕。他所居在郓城东北，地宽衍，自李师中时种松竹，气象静深。他安居寡人事，终年不造官府，其为诗，清约有高致。母亡后，他布衣蔬食至终身。政和六年（1116）秋，他于东平崇仁坊里第得病，十月己巳（初九），卒于家，享年五十二。有四子，名硕、颁与颂（一子之名衍去）。其弟李召南在他得病后一直延医诊治，然后在他殁后六十二日，将他葬于郓州平阴县翔鸾乡天宫村祖茔。①

---

① 刘跂：《学易集》，文渊阁《四库全书》本，卷八《堂邑县丞李正雅墓志铭》，叶七下至九下。

在李昌龄旁支的族人中，以李纮、李纬及李师中一房事功最多，而李师中祖孙三代皆有墓志传世，也是一个异数。宋人对李师中的评价大致上都不坏，为他撰写墓志的刘挚自然对他称誉备至，说他是"宋忠义忧国之臣"，称他由小吏至大官，所历见四方利弊，都一一条上经画大计，而有司也常依他所建而行。刘又说当天下君子小人尚不辨为忧，李早就以仁宗立储之事为念，而不计自身安危，故朝廷一时知他有经世之才。刘挚又说神宗将他擢为侍从出帅西北，他就更遇事发愤，却因上书论事而被罢废。刘称许李之才无不可，尤长于应变，对于治道，自以为晓然，但惋惜他不及振显而死。刘挚所言，可以说代表旧党中人对他的评价。①

哲宗亲政到徽宗朝，新党重新当权之三十年，他倒没有像元祐诸臣在身后被清算。南宋以降，宋廷在肯定旧党掌政之环境气氛下，所见之南宋人对他的评价都很正面。

南宋初年名相吕颐浩（1071—1139）更对李师中推崇备至，他所撰的《燕魏杂记》便特别为李师中写了一

---

① 刘挚：《右司郎中李公墓志铭》，页 252。

篇传记，称他"少擢进士第，兼资文武，有经济才，仕至天章阁待制。尝为秦凤路经略使、高阳关路安抚使兼知河间府，治边有威名，邦人畏爱，至今钦颂"。又提到在元丰年间王安石变法，碰有灾异，神宗诏求直言，李师中应诏上书而开罪神宗，以致被贬的始末。吕说岁余后，神宗感悟，乃令分司南京，郓州居住。李上谢表云："伏念臣抗疏仁朝，皂囊犹在；受知先帝，训诰具存。爰持此心，以事陛下。以忧国为心，故有二三之论；以爱君为志，故无喜愠之私。进微卓尔之能，退守浩然之正。易衰之柳，既已分于先颠；后拔之葵，终不移于所向。伏遇皇帝陛下，还臣旧物，分务别都。便臣家私，许在汶上。有田园衣食之计，更欲何求？虽天地父母之恩，不过如此。"又曰："臣谨当刻骨铭肌，研精覃思。颂一时之盛事，庶几清庙之声诗；告三代之成功，敢后泰山之父老？"吕颐浩说一时士大夫读其文，莫不嘉叹而怜之。吕又提到李师中是汶上人，苏轼尤其尊礼之。苏轼与交游书云李六丈者，就是指李师中。吕颐浩又说李师中文章外，诗赋尤高。说他在嘉祐间，唐介以言切直忤仁宗被责，李师中便以诗送行云："孤忠自许众不与，独立敢言人所难。去国一身轻似叶，高名千古重于山。并游英俊颜何厚,未死奸谀骨已寒。天为吾君扶社稷,肯教夫子不生还。"吕说此诗在士大夫间莫不传诵。吕又记李在知瀛州时有诗云:"鉴中双鬓已蹉跎,无计重挥却日戈。已是园林春欲暮,那堪风雨夜来多。诗成白也知无敌,花落虞兮可奈何。"在吕的笔下,李师中既是忠臣又是良士大夫。①

与吕颐浩同时的汪伯彦(1069—1141)也称许李师中的送唐介诗:

> 余少壮时,盖闻质肃公唐子方皇祐中为御史,剧诋文潞公金丝灯球锦事,贬春州别驾。李师中送行诗有曰:"并游英俊颜何厚,未死奸谀骨已寒。"天下歌咏,闻其风而悦之。②

另外,李纲(1083—1140)在绍兴五年(1134)八

---

① 吕颐浩撰,燕永成整理:《燕魏杂记》,收入戴建国主编《全宋笔记》,第二编第八册(郑州:大象出版社,2006年1月),页246—247;吕颐浩:《忠穆集》,文渊阁《四库全书》本,卷八,叶八上下。按《忠穆集》与《燕魏杂记》所记略同。
② 《全宋文》,第一百三十七册,卷二千九百八十《汪伯彦二·跋唐质肃公诗》,页36—37。

月，有感而发评论唐介直谏被贬的事时，也言及李师中以诗既"叹赏"，也"以激义夫之气"：

> 窃观唐质肃公论潞公灯球锦事，有以见当时士风，何其忠厚之至也。夫大臣邀宠，进不以正，台谏论列，乃其职也。人主未察，震怒窜贬，亦理之常，而在廷之臣中执法如王举正，史官如蔡襄，皆抗疏直前以营救之；能文如梅尧臣、李师中之流，又作为歌诗，叙述叹赏，以激义夫之气。天子悔悟，卒行其言，不旋踵徙内地，召还复用。①

政治立场倾向旧党的邵伯温（1056—1134）当评论王韶开边河湟之事时，就言及李师中当时极言不可。他称知秦州李师中是郓州名臣李诚之待制，将李师中誉为名臣。②

南宋不少桂州守臣都称道李师中治广西之功劳。绍

---

① 李纲撰，王瑞明点校：《李纲全集》（长沙：岳麓书社，2004年5月），下册，卷一百六十三《题跋下·唐子方林夫送行诗章表跋尾·绍兴五年八月十八日》，页1504。
② 邵伯温：《邵氏闻见录》，卷十三，页141。

兴二十八年(1158)九月戊午(初二),左奉议郎前通判静江府(即桂州)朱良弼上言,说广西自嘉祐间宪臣李师中、帅臣余靖奏团结训练土丁以备边,其后从熙宁、绍圣、大观以来,修为成法。每岁农隙,分之州县,更番教阅,一月而罢。百余年间,压盗镇蛮,既可免戍役之劳,又少供馈之费,庶几三代寓兵于农之意。他指出比年以来,州县视为虚文,祖宗良法几废。望饬有司约束州县,恪意奉行。朱的建议得到宋廷的采纳。①

南宋理学家张栻(1133—1180)在其《静江府厅壁题名记》中就言及在嘉祐中,转运使李师中常摄帅事。他以为摄事本不当,但以李师中之政之美而人之思,所以特将他的名字附著其间,以见善善不忘之意。②

王称与《宋史》编者称他"落落有气节,所至必设条教,劝民务农,官吏不烦,而事举,然好为大言,以故不容于时而屡黜,而气未尝少衰"③。客观平情而

---

① 李心传:《建炎以来系年要录》,第七册,卷一百八十,绍兴二十八年九月戊午条,页3452。
② 张栻:《南轩集》,文渊阁《四库全书》本,卷十一《记·静江府厅壁题名记》,叶五上。
③ 《东都事略》,卷九十一《李师中传》,叶四上(页1397);《宋史》,卷三百三十二《李师中传》,页10679。

论，李师中为边臣，为计吏，都敢作敢为，是良吏之才。因他反对王安石，亲近旧党，而刘挚为他所写的墓志铭不免多所溢美。不过，他在李昌龄的后人中，无疑是出类拔萃的。而在仁宗至神宗初年的边臣中，他也是有事功有建树的一人，不宜忽略。

最后附带一提，与李师中同时另有朝臣龙图阁直学士李中师（字君锡，1015—1075）。李中师《宋史》卷三百三十一有传。强至（1022—1076）的《祠部集》卷三十四也有他的行状。不同的是，李中师亲善王安石，而李师中始终反对王安石。笔者阅读《长编》《宋会要辑稿》之际，不时发现二书常将李中师与李师中混淆，读者阅读时需要小心在意。

附录二:
太平兴国三年进士可考亲属名目

胡旦:

 妻: 盛氏(?—1034后)。

 子: 胡粲(?—1017后),试秘书省校书郎。

    胡叔彩(?—1017后),试将作监主簿。

    胡彬(?—1024后),将作监主簿。

    胡彤(?—1027后),将作监主簿。

 侄: 胡拱辰(?—1071后),尚书郎。

田锡:

 曾祖: 田踢(?—?),不仕。

祖父： 田诚（？—？），不仕。

父： 田懿（？—？），不仕。

妻： 杨氏（？—？）；奚氏（？—？），封江陵县君。

子： 田庆远（？—1043后），官虞部郎中知抚州。

田庆馀（？—1039后），官比部郎中。

女： 长适王氏，次适庞氏，季适张氏。

媳： 许氏，田庆远妻，户部郎中许某、冯翊县太君王氏长女。

曾孙： 田衍（？—1099后），官奉议郎勾当杂买务。

赵昌言：

父： 赵叡（？—980后），太宗藩邸旧僚。

舅父： 石熙载（928—984），太宗朝枢密使。

表弟： 石中立（972—1049），仁宗朝官至参知政事。

子： 赵庆嗣（？—1009后）。

女： 赵氏（王旦妻，？—1022）。

婿:	王旦(957—1017),真宗朝宰相。
侄孙:	赵允明(?—1009后)。
外孙:	王雍(988—1045),官至国子博士、两浙转运使。
	王冲(?—?),官至左赞善大夫。
	王素(1007—1073),官至端明殿学士、工部尚书。
外孙婿:	韩亿(972—1044),仁宗时官至参知政事。
	苏耆(987—1035),太平兴国五年状元、太宗参政苏易简(958—996)子,苏舜钦(1008—1048)父,官至工部郎中。
	范令孙(?—1044后),太祖宰相范质(911—964)孙。
	吕公弼(1007—1073),仁宗朝宰相吕夷简(979—1044)子,神宗朝官至枢密使。

薛映：

八世祖： 薛元超（622—683），唐中书令。

祖父： 薛竞，不仕。

父： 薛允中（？—965后），先仕于后蜀，入宋后官至都官郎中判大理少卿。

妻父： 李沆（947—1004），真宗朝宰相。

妻： 李氏（？—1024后），李沆长女。

姜： 王氏（？—1039），封万寿县君。

子： 薛耀卿（？—1039前），（王氏子）官至秘阁校理。

薛季卿（997—1060），官至司农少卿。

媳： 李氏（？—1047），薛季卿妻，封平原县君。

孙： 薛绅（？—1053后，薛耀卿子），官至直龙图阁。

薛维（？—1070后，薛季卿子），官至水部郎中。

薛综（？—？，薛季卿子）。

薛经（？—？，薛季卿子），官录事参军。

薛纮（？—？，薛季卿子），官试将作监主簿。

薛绎、薛绚（薛季卿子），未仕。

从孙： 薛俅

孙婿： 贾黯（1022—1065），薛绅婿，庆历六年（1046）状元，官至翰林侍读学士。

孙甥： 王珪（1019—1085），神宗朝宰相。

董俨：

姻家： 王济（952—1010），官至侍御史知杂事。

兄： 董伟，殿中丞致仕。

子： 董仲容，官至太子中舍。

董仲宗，官至太子中舍。

张鉴：

祖父： 张藏英（893—962），官至瀛州团练使。

父： 张裔，官至供奉官。

子： 张士廉，官至殿中丞。

	张士宗（？—1036后），官至太子洗马。
	张士程（？—1048后），官至屯田员外郎。
媳：	朱氏，张士廉妻，监察御史朱遵式（925—978）第三女。
	朱氏，张士宗妻，朱遵式第四女。
姻亲：	田锡

牛冕：

  子： 牛昭俭（？—1036后），官至金部员外郎提点广西路刑狱。

宋太初：

  弟： 宋继让（？—1007后），试校书郎。

  子： 宋传庆，官至太子中舍。

张肃：

  子： 张畋（字无逸）

  孙： 张孝绰

张孝基

张孝孙

曾孙: 张大方（？—1108后）。

冯拯：

祖父: 冯绍

父: 冯璋（？—968后），不仕。（曾为汉湘阴公刘赞及赵普从人）

继妻: 宜氏

姻亲: 刘式（？—997后），官至刑部员外郎、领三司勾院。

子: 冯用己（？—1024后），官殿中丞。

冯恕己（？—1024后），官殿中丞。

冯端己（？—1024后），官如京使。

冯晦己（？—1024后），官供奉官。

冯称己（？—1024后），官大理寺丞。

冯勤己（？—1024后），官内殿崇班阁门祗候。

冯行己（1008—1091），官至金州观察使。

	冯虚己（？—1024后），官太常寺奉礼郎。
	冯洁己（？—1072后），官太常少卿。
侄：	冯伸己（？—1045后），官至西上阁门使果州团练使。
婿：	张起（？—1024后），官殿直。
	刘立礼（？—1037后），刘式子，官兵部员外郎、集贤校理。
	皇甫泌（？—1066后），官至尚书右丞。
孙：	冯维申，官至殿中丞。
孙媳：	江氏，冯维申妻。
外孙：	皇甫俋（？—1043后），皇甫泌子，官将作监主簿。
曾孙：	冯景温，冯维申子，官武翼郎。
曾孙媳：	余氏，冯景温妻。
曾孙女：	冯氏（？—1080后），神宗弟吴王颢（1050—1096）妃。
玄孙：	冯铎，冯景温子，官至通判蔡州，赠朝议大夫。

玄孙媳： 赵氏，冯铎妻。

来孙（五世孙）： 冯顾（？—1181后），冯铎子，朝散郎京西安抚使司参议官。

冯预（1118—1177），冯顾弟，官至宣教郎知衢州江山县。

来孙媳： 康氏（？—1175），冯预妻。

昆孙（六世孙）： 冯有年（？—1200），冯顾子，从政郎循州司理参军。

冯椿（1143—1177后），冯预长子。

冯樗（1168—1177后），冯预次子。

昆孙女： 冯氏（？—1177后），冯预女，适诸葛梭。

李昌龄：

曾祖： 李确（？—？），官至胶水令。

祖父： 李谭（？—？），官至邯郸令。

父： 李运（？—982），官至太常卿。

从父： 李寿，李克明父，太子中舍致仕，妻福昌县太君鹿氏、清河县太君张氏。

兄： 李昌图（？—？），官至国子博士。

弟： 李昌言（？—？），官至太子中舍，赠刑部尚书。

弟妇： 晋平县君聂氏（李昌言妻）。

从弟： 李克明（？—？），提点广东刑狱。

从弟妇： 金城郡太君朱氏，李克明妻。

子： 李虞卿（？—1057后），官至主客郎中利州转运使。

侄： 李晋卿（？—1051后），李昌言子，官至都官郎中。

李仲卿（？—？），李昌言子，进士及第。

李耀卿（？—？），李昌言子，进士及第。

李禹卿（？—1075后），李昌言子，官光禄少卿，婿曾巩。

李纮（？—1041后），李克明子，官至龙图阁直学士。

李纬（？—1056），李纮弟，官至东上

阁门使。

侄女： 永安县君李氏（985—1063），李昌言女，李禹卿姊，适骆与京。

侄女： 金华县君李氏（？—1036），李昌言女，范仲淹妻。

侄女： 仙源县太君，李运孙女，阎照妻，阎充国母。

侄婿： 范仲淹（989—1052），李昌言婿，仁宗朝官至参知政事。

郑戬（992—1053），李昌言婿，天圣二年榜第三人，仁宗朝官至枢密副使。

骆与京（？—？），李昌言婿，知某州。

阎照（？—？），娶仙源县太君李氏。

侄媳： 嘉兴县太君何氏，李纬妻。

清河县太君张氏，李纬继妻。

侄孙： 李遬（？—？），李晋卿子，太庙斋郎。

李逢（？—1075），余姚县主簿。（以谋反被诛）

李逵（？—1075后），李逢兄，秘书丞。

	李师中（1013—1078），李纬子，官至天章阁待制右司郎中。
	李纯中（？—1071后），李师中弟。
侄孙女：	仁寿县君李氏，李禹卿女，阎充国妻。
侄孙婿：	王陶（1020—1080），李晋卿婿，官至御史中丞、翰林学士。
	滕元发（1020—1090），李晋卿婿，官至龙图阁学士。
	曾巩（1019—1083），李禹卿婿，官中书舍人。
	阎充国（1019—1085），李禹卿婿，官至朝议大夫。
侄孙媳：	乐安县君王氏，李师中妻，李伉母。
曾侄孙：	李龚（？—1075后），李逢侄，分宜县主簿。
	李毅（？—1075后），李逢侄，汝州推官。
	李颜（？—1075后），李逢侄，永济县主簿。
	李修，李师中长子，登封县尉。

　　　　　　李价，李师中次子，左班殿直。

　　　　　　李偁（？—1093前卒），李师中三子，太原推官。

　　　　　　李伉（1048—1093），李师中四子，承务郎将作监主簿。

曾侄孙女：李氏，李师中长女，适供奉官宋玠。

　　　　　　李氏，李师中次女，适进士刘泽。

　　　　　　李氏，李师中幼女，未配。

曾侄孙媳：孙氏，李伉妻。

玄侄孙：　李周南（？—1093后），李伉长子，进士。

　　　　　　李召南（？—1093后），李伉次子，鱼台县主簿。

附录三:
参考书目

(一) 史源

1. 王定保 (870—954):《唐摭言》(上海: 上海古籍出版社,1978 年 5 月)。

2. 田锡 (940—1003)(撰), 罗国威 (校点):《咸平集》(成都: 巴蜀书社,2008 年 4 月)。

3. 柳开 (947—1000)(撰), 李可风 (点校):《柳开集》(北京: 中华书局,2015 年 11 月)。

4. 王禹偁 (954—1001):《小畜集》,《四部丛刊初编》本 (台北: 台湾商务印书馆,1965 年)。

5. 钱若水 (960—1003)(修), 范学辉 (校注):《宋

太宗皇帝实录校注》(北京: 中华书局,2012年12月)。

6. 寇准(962—1023):《忠愍公文集》,《四部丛刊》本,三编集部(台北: 台湾商务印书馆,1966年6月影印)。

7. 林逋(967—1028)(撰),沈幼征(校注):《林和靖诗集》(杭州: 浙江古籍出版社,1986年2月)。

8. 杨亿(974—1020):《武夷新集》,文渊阁《四库全书》本。

9. 杨亿(口述),黄鉴(笔录),宋庠(997—1066)(整理),李裕民(点校):《杨文公谈苑》(与《倦游杂录》合本)(上海: 上海古籍出版社,1993年8月)。

10. 王曾(978—1038)(撰),张其凡(1949—2016)(点校):《王文正公笔录》(北京: 中华书局,2017年7月)。

11. 蒋堂(980—1054):《春卿遗稿》,文渊阁《四库全书》本。

12. 夏竦(985—1051):《文庄集》,文渊阁《四库全书》本。

13. 潘汝士（？—1037后）（撰），杨倩描、徐立群（点校）：《丁晋公谈录》（与《国老谈苑》等三种合本）（北京：中华书局，2012年6月）。

14. 范仲淹（989—1052）（撰），李勇先、王蓉贵（校点）：《范仲淹全集》（成都：四川大学出版社，2002年9月）。

15. 胡宿（996—1067）：《文恭集》，文渊阁《四库全书》本。

16. 包拯（999—1062）（著），杨国宜（整理）：《包拯集编年校补》（合肥：黄山书社，1989年12月）。

17. 余靖（1000—1064）：《武溪集》，文渊阁《四库全书》本。

18. 尹洙（1001—1047）：《河南先生文集》，文渊阁《四库全书》本。

19. 梅尧臣（1002—1060）（撰），朱东润（编年校注）：《梅尧臣集编年校注》（上海：上海古籍出版社，1980年11月）。

20. 田况（1003—1061）（撰），张其凡（点校）：《儒林公议》（北京：中华书局，2017年1月）。

21. 石介（1005—1045）（撰），陈植锷（1949—1954）

(点校):《徂徕石先生文集》(北京: 中华书局,1984年7月)。

22. 江休复(1005—1060)(撰),储玲玲(整理):《江邻几杂志》,收入戴建国(主编)《全宋笔记》,第一编第五册(郑州: 大象出版社,2003年10月)。

23. 欧阳修(1007—1072)(撰),李伟国(点校):《归田录》(与《渑水燕谈录》合本)(北京: 中华书局,1981年3月)。

24. 欧阳修(撰),李逸安(点校):《欧阳修全集》(北京: 中华书局点校本,2001年3月)。

25. 王素(1007—1073)(撰),张其凡、张睿(点校):《王文正公遗事》(与《清虚杂著三编》合本)(北京: 中华书局,2017年7月)。

26. 张方平(1007—1091)(著),郑涵(点校):《张方平集》(郑州: 中州古籍出版社,1992年10月)。

27. 苏舜钦(1008—1048)(撰),傅平骧、胡问陶(校注):《苏舜钦集编年校注》(成都: 巴蜀书社,1991年3月)。

28. 韩琦(1008—1075)(撰),李之亮、徐正英(笺

注):《安阳集编年笺注》(成都:巴蜀书社,2000年10月)。

29. 赵抃(1008—1084):《清献集》,文渊阁《四库全书》本。

30. 范镇(1008—1089)(撰),汝沛(点校):《东斋记事》(与《春明退朝录》合本)(北京:中华书局,1980年9月)。

31. 龚鼎臣(1009—1086):《东原录》,《丛书集成初编》本(上海:商务印书馆,1935年)。

32. 张师正(1010—1060后)(撰),白化文、许德楠(点校):《括异志》(与《稽神录》合本)(北京:中华书局,1996年11月)。

33. 蔡襄(1012—1067)(撰),吴以宁(点校):《蔡襄集》(上海:上海古籍出版社,1996年8月)。

34. 陈襄(1017—1080):《古灵集》,文渊阁《四库全书》本。

35. 宋敏求(1019—1079)(撰),诚刚(点校):《春明退朝录》(与《东斋记事》合本)(北京:中华书局,1980年9月)。

36. 僧文莹(?—1078后)(撰),杨立扬(点校):《玉壶清话》(与《湘山野录》、《续湘山野录》同本),(北京: 中华书局,1984年7月)。

37. 僧文莹(撰),郑世刚(点校):《湘山野录》(与《续湘山野录》、《玉壶清话》合本)(北京: 中华书局,1984年7月)。

38. 曾巩(1019—1083)(撰),陈杏珍、晁继周(点校):《曾巩集》(北京: 中华书局,1984年11月)。

39. 曾巩(撰),王瑞来(校证):《隆平集校证》(北京: 中华书局,2012年7月)。

40. 王珪(1019—1085):《华阳集》,《丛书集成初编》本(北京: 中华书局,1985年重印)。

41. 司马光(1019—1086):《资治通鉴》(北京: 中华书局点校本,1956年6月)。

42. 司马光(撰),邓广铭(1907—1998)、张希清(校注):《涑水记闻》(北京: 中华书局点校本,1989年9月)。

43. 司马光(撰),李文泽、霞绍晖(校点):《司马光集》(成都: 四川大学出版社,2010年2月)。

44. 司马光(撰),王亦令(点校):《稽古录》(北京:中国友谊出版公司,1987年12月)。

45. 孙逢吉（？—1086后）：《职官分纪》，文渊阁《四库全书》本。

46. 吴处厚（？—1089后）（撰），李裕民（点校）：《青箱杂记》（北京：中华书局点校本，1985年5月）。

47. 佚名（撰），赵维国（整理）：《寇莱公遗事》，收入戴建国（主编）《全宋笔记》，第二编第一册（郑州：大象出版社，2006年1月）。

48. 孙逢吉（？—1093后）：《职官分纪》（北京：中华书局影印文渊阁《四库全书》本，1988年2月）。

49. 苏颂（1020—1101）（撰），王同策等（点校）：《苏魏公集》（北京：中华书局，1988年9月）。

50. 张礼（？—1086后）（撰），史念海（1912—2001）、曹尔琴（校注）：《游城南记校注》（西安：三秦出版社，2003年6月）。

51. 强至（1022—1076）：《韩忠献公遗事》，《丛书集成初编》本（上海：商务印书馆，1939年12月初版，1960年1月补印）。

52. 刘攽（1022—1088）：《彭城集》，文渊阁《四库全书》本。

53. 王存（1023—1101）（撰），王文楚、魏嵩山（点校):《元丰九域志》(北京: 中华书局,1984年12月)。

54. 范纯仁(1027—1101):《范忠宣集》,文渊阁《四库全书》本。

55. 吕陶(1027—1103):《净德集》,文渊阁《四库全书》本。

56. 刘挚(1030—1097)(撰),裴汝诚、陈晓平(点校):《忠肃集》(北京: 中华书局,2002年9月)。

57. 沈括(1031—1095)(撰),金良年(点校):《梦溪笔谈》(北京: 中华书局,2015年11月)。

58. 王辟之(1031—1097后)(撰),吕友仁(点校):《渑水燕谈录》(与《归田录》合本)(北京: 中华书局,1981年3月)。

59. 王得臣(1036—1116)(撰),俞宗宪(点校):《麈史》(上海: 上海古籍出版社,1986年10月)。

60. 苏轼(1037—1101)(撰),孔凡礼(点校):《苏轼文集》(北京: 中华书局,1986年3月)。

61. 孔文仲(1037—1088)、孔武仲、孔平仲(1047—1104)(撰),孙永选(校点):《清江三孔集》(济南: 齐鲁书社,2002年9月)。

62. 苏辙（1039—1112）（撰），俞宗宪（点校）：《龙川别志》（与《龙川略志》合本）（北京：中华书局，1982年4月）。

63. 孔平仲（撰），杨倩描、徐立群（点校）：《孔氏谈苑》（与《丁晋公谈录》等三种合本）（北京：中华书局，2012年6月）。

64. 黄庭坚（1045—1105）（撰），刘琳、李勇先、王蓉贵（校点）：《黄庭坚全集》（成都：四川大学出版社，2001年5月）。

65. 夷门君玉（撰），杨倩描、徐立群（点校）：《国老谈苑》（与《丁晋公谈录》三种合本）（北京：中华书局，2012年6月）。

66. 张舜民（？—1103后）：《画墁集》，文渊阁《四库全书》本。

67. 曾肇（1047—1107）：《曲阜集》，文渊阁《四库全书》本。

68. 魏泰（1050—1110）（撰），李裕民（点校）：《东轩笔录》（北京：中华书局，1983年10月）。

69. 晁补之（1053—1110）：《鸡肋集》，文渊阁《四库全书》本。

70. 彭□（？—1123 后）（撰），孔凡礼（点校）：《续墨客挥犀》（与《侯鲭录》、《墨客挥犀》合本）（北京：中华书局，2002 年 9 月）。

71. 邵伯温（1056—1134）（撰），李剑雄、刘德权（点校）：《邵氏闻见录》（北京：中华书局，1983 年 8 月）。

72. 邹浩（1060—1111）：《道乡集》，文渊阁《四库全书》本。

73. 刘跂（？—1116 后）：《学易集》，文渊阁《四库全书》本。

74. 方勺（1066—？）（撰），许沛藻、杨立扬（点校）：《泊宅编》（北京：中华书局，1983 年 7 月）。

75. 吕颐浩（1071—1139）（撰），燕永成（整理）：《燕魏杂记》，收入戴建国（主编）《全宋笔记》，第二编第八册（郑州：大象出版社，2006 年 1 月）。

76. 吕颐浩：《忠穆集》，文渊阁《四库全书》本。

77. 叶梦得（1077—1148）（撰），侯忠义（点校）：《石林燕语》（北京：中华书局，1984 年 5 月）。

78. 程俱（1078—1144）（撰），张富祥（校证）：《麟台故事校证》（北京：中华书局，2000 年 12 月）。

79. 李纲（1083—1140）（撰），王瑞明（点校）：《李纲全集》（长沙：岳麓书社，2004年5月）。

80. 委心子（？—1117后）（撰），金心（点校）：《新编分门古今类事》（北京：中华书局，1987年7月）。

81. 李攸（？—1134后）：《宋朝事实》，《国学基本丛书》本（上海：商务印书馆，1935年4月）。

82. 王铚（？—1144）（撰），朱杰人（点校）：《默记》（与《燕翼诒谋录》合本）（北京：中华书局，1981年9月）。

83. 江少虞（？—1145后）：《宋朝事实类苑》（上海：上海古籍出版社，1981年7月）。

84. 晁公武（1105—1180）（撰），孙猛（校证）：《郡斋读书志校证》（上海：上海古籍出版社，1990年10月）。

85. 胡仔（1110—1170）（纂集），廖德明（校点）：《苕溪渔隐丛话》（北京：人民出版社，1981年5月）。

86. 张津（？—1169后）：《乾道四明图经》，收入中华书局编《宋元方志丛刊》，第五册（北京：中华书局，1990年5月）。

87. 周淙（？—1169后）：《乾道临安志》，收入《南宋临安两志》（杭州：浙江人民出版社，1983年1月）。

88. 吴曾（？—1170后）：《能改斋漫录》（上海：上海古籍出版社，1979年11月据中华书局1960年11月点校本重印）。

89. 李焘（1115—1184）：《续资治通鉴长编》（北京：中华书局点校本，1979年8月至1995年4月）。

90. 韩元吉（1118—1187）：《南涧甲乙稿·附拾遗》，《丛书集成初编》本（北京：中华书局，1985年新一版）。

91. 陈公亮（？—1185后）：《淳熙严州图经》，卷一，收入中华书局编《宋元方志丛刊》，第五册（北京：中华书局，1990年5月）。

92. 杜大珪（？—1194后）：《名臣碑传琬琰之集下》，文渊阁《四库全书》本。

93. 洪遵（1120—1174）编：《翰苑群书》，收入傅璇琮（1933—2016）、施纯德（编）《翰苑三书》一（沈阳：辽宁教育出版社，2003年3月）。

94. 洪迈（1123—1202）：《容斋随笔》（上海：上海古籍出版社，1978年7月点校本）。

95. 陆游（1125—1209）：《陆游集》（北京：中华书局，1976年11月点校本）。

96. 陆游撰，李剑雄、刘德权（点校）：《老学庵笔记》（北京：中华书局，1979年11月）。

97. 范成大（1126—1193）（撰），陆振岳（点校）：《吴郡志》（苏州：江苏古籍出版社，1986年10月）。

98. 周必大（1126—1204）：《文忠集》，文渊阁《四库全书》本。

99. 王明清（1127—1204后）（撰），汪新森（校点）：《玉照新志》（与《投辖录》同本），（上海：上海古籍出版社，1991年2月）。

100. 彭百川（？—1209后）：《太平治迹统类》（扬州：江苏广陵古籍刻印社影印适园丛书本，1990年12月）。

101. 上官融（？—？）：《友会丛谈》，《宛委别藏》本，（台北：台湾商务印书馆，1981年）。

102. 李庚等（编）：《天台集·前集续集》，文渊阁《四库全书》本。

103. 高斯得：《耻堂存稿》，《丛书集成初编》本。

104. 朱熹（1130—1200）（编），李伟国（校点）：《八

朝名臣言行录·五朝名臣言行录》，载朱杰人等主编《朱子全书》（上海：上海古籍出版社，2010年12月）。

105. 张栻（1133—1180）：《南轩集》，文渊阁《四库全书》本。

106. 罗愿（1136—1184）：《新安志》，文渊阁《四库全书》本。

107. 赵汝愚（1140—1196）（编），北京大学中国中古史研究中心（校点整理）：《宋朝诸臣奏议》（上海：上海古籍出版社，1999年12月）。

108. 袁褧（？—1201后）（撰），俞钢、王彩燕（整理）：《枫窗小牍》，收入戴建国（主编）《全宋笔记》，第四编第五册（郑州：大象出版社，2008年9月）。

109. 赵善璙（？—1208后）（撰），程郁（整理）：《自警篇》，收入戴建国（主编）《全宋笔记》，第七编第六册（郑州：大象出版社，2016年2月）。

110. 陈鹄（？—1215后）撰，孔凡礼（点校）：《西塘集耆旧续闻》（与《师友谈记》、《曲洧旧闻》合本）（北京：中华书局，2002年8月）。

111. 徐自明（？—1220后）（撰），王瑞来（校补）：《宋宰辅编年录校补》（北京：中华书局，1986年12月）。

112. 王栐（？—1227后）（撰），诚刚（点校）：《燕翼诒谋录》（与《默记》合本）（北京：中华书局，1981年9月）。

113. 张镃（1153—1221？）：《仕学规范》，文渊阁《四库全书》本。

114. 李埴（1161—1238）（撰），燕永成（校正）：《皇宋十朝纲要校正》（北京：中华书局，2013年6月）。

115. 王称（？—1200后）：《东都事略》，收入赵铁寒（1908—1976）（主编）《宋史资料萃编》，第一辑（台北：文海出版社，1967年1月）。

116. 李心传（1166—1243）（编撰），胡坤（点校）：《建炎以来系年要录》（北京：中华书局，2013年12月）。

117. 李心传（撰），崔文印（点校）：《旧闻证误》（与《游宦纪闻》合本）（北京：中华书局，1981年1月）。

118. 胡榘（？—1237后）（修）：《宝庆四明志》，收入中华书局编《宋元方志丛刊》，第五册（北京：中华书局，1990年5月）。

119. 袁褧（？—1248后）（撰），俞钢、王彩燕（整理）：《枫窗小牍》，收入戴建国（主编）《全宋笔记》，第四编第五册（郑州：大象出版社，2008年9月）。

120. 祝穆（？—1255）：《古今事文类聚·前集》，文渊阁《四库全书》本。

121. 陈振孙（1179—1262）（撰），徐小蛮、顾美华（点校）：《直斋书录解题》（上海：上海古籍出版社，1987年12月）。

122. 岳珂（1183—1243）（撰），朗润（点校）：《愧郯录》（北京：中华书局，2016年1月）。

123. 马光祖（？—1269）（编）、周应合（？—1275后）（纂），王晓波（校点）：《景定建康志》，收入王晓波、李勇先、张保见、庄剑（点校）《宋元珍稀地方志丛刊》甲编（成都：四川大学出版社，2007年6月）。

124. 郑虎臣（1219—1276）（编）：《吴都文粹》，文渊

阁《四库全书》本。

125. 王应麟（1223—1296）：《玉海》（上海：上海书店据清光绪九年浙江书局本刊本影印，1988年3月）。

126. 方回（1227—1307）（撰），李庆甲（集评校点）：《瀛奎律髓汇评》（上海：上海古籍出版社，1986年4月）。

127. 马泽（？—1320）：《延祐四明志》，收入中华书局编《宋元方志丛刊》，第六册（北京：中华书局，1990年5月）。

128. 马端临（1254—1323）（撰），上海师范大学古籍研究所暨华东师范大学古籍研究所（点校）：《文献通考》（北京：中华书局点校本，2011年9月）。

129. 沈梦麟（？—1335后）：《花溪集》，文渊阁《四库全书》本。

130. 程端礼（1271—1345）：《畏斋集》，文渊阁《四库全书》本。

131. 于钦（1283—1333）：《齐乘》，文渊阁《四库全书》本。

132. 宋褧（1294—1346）：《燕石集》，文渊阁《四库全书》本。

133. 佚名（编），汪圣铎（校点）：《宋史全文》（北京：中华书局，2016年1月）。

134. 脱脱（1314—1355）等（修），刘浦江（1961—2015）等（修订）：《辽史》（北京：中华书局点校修订本，2016年4月）。

135. 脱脱等：《宋史》（北京：中华书局点校本，1977年11月）。

136. 陶宗仪（1329—1410）：《南村辍耕录》（北京：中华书局，1959年2月点校本）。

137. 陈思（？—1264后）（编），陈世隆（？—1364后）（补）：《两宋名贤小集》，文渊阁《四库全书》本。

138. 不著撰人（编），司义祖（点校）：《宋大诏令集》（北京：中华书局，1962年10月）。

139. 张鸣凤（？—1552后）（编），杜海军、阎春（点校）：《桂故》（与《桂胜》合本）（北京：中华书局，2016年12月）。

140. 林燫（？—1596后）：《万历福州府志》（北京：书目文献出版社，1990年2月，据日本内阁文库藏明万历二十四年刻本影印)。

141. 董斯张（1587—1628）：《吴兴备志》，文渊阁《四库全书》本。

142. 汪森（1653—1726）（编）：《粤西诗载》，文渊阁《四库全书》本。

143. 谢旻（？—1732后）（监修）：《江西通志》，文渊阁《四库全书》本。

144. 沈青崖（？—1736后）等（编）：《陕西通志续通志》（台北：华文书局，1969年7月影印雍正十三年本）。

145. 沈青崖等（编）：《陕西通志》，文渊阁《四库全书》本。

146. 嵇曾筠（？—1737后）（编纂）：《浙江通志》，文渊阁《四库全书》本。

147. 郝玉麟（？—1745）（编纂）：《广东通志》，文渊阁《四库全书》本。

148. 岳浚（1704—1753）（监修）：《山东通志》，文渊阁《四库全书》本。

149. 不著撰人：《无锡县志》，文渊阁《四库全书》本。

150. 嵇璜（1711—1794）、刘墉（1719—1805）（编纂）：《钦定续通志》，文渊阁《四库全书》本。

151. 王昶（1725—1806）辑：《金石萃编》（北京：中国书店，1985年3月影印1921年扫叶山房本）。

152. 和珅（1750—1799）等编纂：《大清一统志》，文渊阁《四库全书》本。

153. 徐松（1781—1848）（辑），刘琳、刁忠民、舒大刚、尹波等（校点）：《宋会要辑稿》（上海：上海古籍出版社，2014年6月）。

154. 陆增祥（1816—1882）：《八琼室金石补正》（北京：文物出版社，1985年8月影印1925年吴兴刘氏希古楼本）。

155. 杨芳灿（？—1816后）：《四川通志》（台北：华文书局，1967年12月影印嘉庆二十一年本）。

156. 寿祺（？—1871后）等撰：《福建通志》（台北：华文书局，1968年10月影印同治十年本）。

157. 黄彭年（？—1888后）：《畿辅通志》（石家庄：河北人民出版社，1989年8月排印本）。

158. 赵之谦（？—1888后）：《江西通志》（台北：华文书局，1967年12月影印光绪七年刊本）。

159. 李瀚章（1821—1899）等编：《湖南通志》（上海：上海古籍出版社，1990年3月，据上海商务印书馆1934年版重印）。

160. 郭天沅（主编）：《文献史料研究丛刊》，第三辑（福州：福建省地图出版社，1991年12月）。

161. 傅璇琮等编：《全宋诗》（北京：北京大学出版社，1993年9月）。

162. 骆承烈（汇编）：《石头上的儒家文献——曲阜碑文录》（济南：齐鲁书社，2001年4月）。

163. 马蓉、陈抗等（点校）：《永乐大典方志辑佚》（北京：中华书局，2004年4月），第二册，《临汀志》。

164. 曾枣庄、刘琳（编）：《全宋文》（上海：上海辞书出版社，2006年8月）。

165. 郭茂育、刘继保（编著）：《宋代墓志辑释》（郑州：中州古籍出版社，2016年2月）。

(二) 专书及博硕士论文

1. 吴廷燮（1865—1947）（撰），张忱石（点校）：《北宋经抚年表》（北京：中华书局，1984年4月）。

2. 蒋复璁（1898—1990）：《珍帚斋文集》，卷三，《宋史新探》(台北：台湾商务印书馆，1985年9月)。

3. 柴德赓(1908—1970)：《史学丛考》(增订本)(北京：商务印书馆，2017年6月)。

4. 傅乐焕(1913—1966)：《辽史丛考》(北京：中华书局，1984年11月)。

5. 吴天墀(1913—2004)：《吴天墀文史存稿》(成都：四川大学出版社，1998年9月)。

6. 徐规(1920—2010)：《仰素集》(杭州：杭州大学出版社，1999年5月)。

7. 金中枢(1928—2011)：《宋代学术思想研究》(台北：幼狮文化事业公司，1989年3月)。

8. 傅璇琮(1933—2016)：《唐代科举与文学》(西安：陕西人民出版社，1986年10月)。

9. 张其凡(1949—2016)：《赵普评传》(北京：北京出版社，1991年5月)。

10. 张其凡：《宋代政治军事论稿》(合肥：安徽人民出版社，2009年5月)。

11. Kenneth E. Folsom(1922 – 2013), *Friends, Guests And Colleagues: The Mu-fu System in the Late Ch'ing Period* (Berkeley：University of California

Press, 1968).

12. Andrew J. Nathan, *Peking Politics 1918 – 1923: Factionalism and the Failure of Constitutionalism* (Berkeley: University of California Press, 1976).

13. 卓遵宏:《唐代进士与政治》(台北: 台湾编译馆, 1986年3月)。

14. 何冠环:《论宋太宗朝之赵普》,香港中文大学研究院历史学部硕士论文,1979年6月(未刊稿)。

15. Ho Koon-Wan (何冠环), *Politics And Factionalism; K'ou Chun (962 – 1023) And His T'ung-nien*, The University of Arizona, Ph. D. Dissertation, unpublished, 1990.

16. 杨忠主编:《高校古籍整理十年》(南昌: 江西高校出版社,1991年10月)。

17. 吕锡琛:《道家、方士与王朝政治》(长沙: 湖南出版社,1991年12月)。

18. 何忠礼:《宋史选举志补正》(杭州: 浙江古籍出版社,1992年3月)。

19. 朱子彦、陈生民:《朋党政治研究》(上海: 华东师范大学出版社,1992年3月)。

20. 刘乃和：《励耘承学录》（北京：北京师范大学出版社，1992年7月）。
21. 李裕民：《宋史新探》（西安：陕西师范大学出版社，1999年1月）。
22. 李一飞：《杨亿年谱》（上海：上海古籍出版社，2002年8月）。
23. 何冠环：《北宋武将研究》（香港：中华书局，2003年6月）。
24. 徐红：《北宋初期进士研究》（北京：人民出版社，2009年4月）。
25. 龚延明、祖慧（编撰）：《宋登科记考》（南京：江苏教育出版社，2009年11月）。
26. 王瑞来：《宰相故事：士大夫政治下的权力场》（北京：中华书局，2010年1月）。
27. 曾枣庄：《文星璀璨：北宋嘉祐二年贡举考论》（上海：复旦大学出版社，2010年1月）。
28. 何冠环：《攀龙附凤：北宋潞州上党李氏外戚研究》（香港：中华书局，2013年5月）。
29. 龚延明、祖慧（编撰）：《宋代登科总录》（桂林：广西师范大学出版社，2014年12月）。

30. 祁琛云：《北宋科甲同年关系与士大夫朋党政治》（成都：四川大学出版社，2015年3月）。
31. 姜西良：《田锡年谱》（北京：北京语言大学出版社，2015年6月）。
32. 张希清：《中国科举制度通史·宋代卷》（上海：上海人民出版社，2017年4月）。

(三) 期刊及论文集论文

1. 张其凡：《吕端与宋初的黄老思想》，收入邓广铭、郦家驹主编《宋史研究论文集》（1982年年会编刊）（郑州：河南人民出版社，1984年7月），页385—411。
2. Suzanne E. Cahill, "Taoism at the Sung Court: The Heavenly Text Affair of 1008", *Bulletin of Sung Yuan Studies*, no. 16 (1980), pp.23-44.
3. 何冠环：《宋太宗箭疾新考》，《香港中文大学中国文化研究所学报》，第20卷，1989年，页33—58。
4. 祝尚书：《试论宋初西蜀作家田锡》，载《四川大学学报》（哲学社会科学版），1990年第2期，页64—70。

5. 祝尚书：《王禹偁事迹著作补考》，收入《稽古拓新集——屈守元教授八秩华诞纪念》（成都：成都出版社，1992年12月），页388—399。
6. 任小行：《太平兴国三年金乡进士张肃略考》，《齐鲁文化研究》，第十二辑（2012年）。
7. 李清章、李金闯：《北宋名臣冯拯事迹考论》，《兰台世界》，2012年4月，页17—18。
8. 张其凡：《科举制度的骄子——宋代贤相王曾》，收入王曾（撰），张其凡（点校）《王文正公笔录》（北京：中华书局，2017年7月），《前言》，页1—57。

后 记

在宋史研究的领域,我还只是一个初学者。我有幸先后在香港中文大学和美国亚利桑那大学,得到罗球庆老师和陶晋生老师多年来悉心的教导,才略窥宋史研究的门径。在两位老师的指导下,我的宋史研究,近十多年来集中于宋初政治史方面。我的硕士和博士论文,便分别以宋初名臣赵普和寇准为题。

1990年夏毕业回港,等到工作岗位稍安定后,即有将博士论文以中文改写的打算。等到去年(1992年)中有暇坐下来重看有关资料时,却有新的想法:想先写一篇短文,述说一下自己对宋初同年进士结党现象的看法。经过考虑,结果选了太平兴国三年(978)的登科进士作为研究个案。起初只计划写一篇不超过四万字的短文,然下笔竟不能自已,结果超出本来预算的字数三倍有多,于是短文变成小书。而在本书定稿付梓前,我已在今年(1993年)9月,自香港公开进修学院,转往新加坡南洋理工大学任教。

这本小书去年秋写就初稿后,无限感谢罗球庆老师和陶晋生老师在百忙中给我细心阅读,并指示修改之处。师恩不忘报,谨以此小书敬献给罗、陶二师。

这本小书得以出版,十分感谢暨南大学古籍研究所张其凡教授。张教授是研究宋初政治人物的权威,本书稿本得张教授拨冗细阅一遍,并推荐出版,又允诺他日赐予书评,实至感荣幸。在此,亦非常感谢中华书局汪圣铎等各位先生,为本书之审稿、校对、发行等工作所费之精神心力。

最后我要感谢我的家人和挚友,在本书撰写和出版过程中给我之鼓励和关心。

何冠环 1993 年 10 月谨识于新加坡南洋理工大学

修订本后记

本书初版于1994年由北京中华书局出版，迄今已差不多四分之一世纪。该书出版时，笔者在大学任教才四载，修订本面世时，已退休三年多。

本书出版后，承蒙张其凡教授（1949—2016）在《中国史研究》1996年第3期撰写书评推介，另也蒙不少前辈学者肯定。读者对本书的反应不错，宋史同道迄今仍多有引用本书的观点。

2015年7月笔者往榆林市府谷县参加"陕北历史文化暨宋代府州折家将文化研究国际学术会议"，会议毕经过西安时，得到西北大学刘冲博士与王道鹏博士两位宋史新进相陪，去了不少地方参观。刘冲弟还相告笔者，他阅读本书的初版时，找到一些笔误。笔者返港后，收到刘博士的电邮，赐告本书六条校对不审的笔误。笔者随即加以改正，惟当时还未有计划修订本书。去年中，上海中西书局吴志宏博士来邮，表示有兴趣重印此书。笔者以近二十多年来，相关的研究不少，而当年本书未及引用，及新出土的碑铭史料（如冯拯的墓志铭）也数量不少，若要重印，须作大幅度的修订。中西书局同意笔者的意见，于是笔者费时数月，重新校正及增补本书，是故修订本的篇幅比初版多出不少。

本书自初版以来，研究宋代同年进士的宋史同道不少，已出版的专书有徐红以太平兴国五年进士为题的《北宋初期进士研究》（北京：人民出版社，2009年4月），曾枣庄的《文星璀璨：北宋嘉祐二年贡举考论》（上海：复旦大学出版社，2010年1月），以及在此课题上用力最勤的祁琛云的《北宋科甲同年关系与士大夫朋党政治》（成都：四川大学出版社，2015年3月）。至于太平兴国三年进士的个别研究，以田锡的研究较多，已出版的有罗国威新注的《咸平集》（成都：巴蜀书社，2008年4月）所附的前言和田锡年谱，另有姜西良的《田锡年谱》(北京: 北京语言大学出版社,2015年6月)。至于单篇论文及未出版的硕博士论文就更多,不一一列出。笔者当年希望本书的出版能抛砖引玉,现在看来是愿望成真,随着龚延明及祖慧教授所编纂的巨著《宋登科记考》(南京: 江苏教育出版社,2009年11月)以及《宋代登科总录》(桂林: 广西师范大学出版社,2014年12月)毕功出版,加上张希清教授的《中国科举制度通史·宋代卷》(上海: 上海人民出版社,2017年4月)出版,有志从事此一课题的青年学人可说是如虎添翼、事半功倍。

笔者十多年前除了因研究宋夏三川口之战的宋军败将刘平(973—1040后),而稍加考索景德二年(1005)登科进士外,便较少涉猎此一课题。笔者十多年前一头钻进北宋武将研究,近年又走入宋代内臣研究的处女地,本来没想过重回当年的研究。今次承中西书局的厚爱,得以重新检视修订旧作。今次修订,笔者还附考李昌龄族孙、仁宗至神宗朝著名边臣李师中(1013—1078)的事迹,作为旧作的补充。

今次修订本书,最教人伤悼的是,当年推荐本书出版、又撰写书评大力推介的张其凡教授,已不幸于2016

年11月遽归道山。当引用他晚年与其哲嗣张睿弟点校的几种宋人笔记时，不免神伤。

谨以此修订本敬献张其凡兄。

何冠环于2018年1月28日谨识于香港惠安苑蜗居

图书在版编目(CIP)数据

宋初朋党与太平兴国三年进士 / 何冠环著. —修订本. —上海:中西书局,2018.6(2021.1 重印)
ISBN 978-7-5475-1428-3

Ⅰ.①宋… Ⅱ.①何… Ⅲ.①知识分子-政治制度史-研究-中国-北宋②进士-研究-中国-北宋 Ⅳ.①D691.71②D691.46

中国版本图书馆 CIP 数据核字(2018)第 106408 号

宋初朋党与太平兴国三年进士(修订本)
何冠环 著

责任编辑	吴志宏
装帧设计	梁业礼
出版发行	上海世纪出版集团 中西書局(www.zxpress.com.cn)
地 址	上海市陕西北路 457 号(邮编 200040)
印 刷	上海盛通时代印刷有限公司
开 本	787×1092 毫米 1/32
印 张	13.5
字 数	208 000
版 次	2018 年 6 月第 1 版 2021 年 1 月第 2 次印刷
书 号	ISBN 978-7-5475-1428-3/D·054
定 价	72.00 元

本书如有质量问题,请与承印厂联系。电话:021-37910000